Managementwissen für Studium und Praxis

Herausgegeben von Professor Dr. Dietmar Dorn und Professor Dr. Rainer Fischbach

Bisher erschienene Werke:

Arrenberg · Kiy · Knobloch · Lange, Vorkurs in Mathematik
Behrens · Kirspel, Grundlagen der Volkswirtschaftslehre, 2. Auflage
Behrens, Makroökonomie – Wirtschaftspolitik
Bichler · Dörr, Personalwirtschaft – Einführung mit Beispielen aus SAP® R/3® HR®
Blum, Grundzüge anwendungsorientierter Organisationslehre
Bontrup, Volkswirtschaftslehre
Bontrup, Lohn und Gewinn
Bontrup · Pulte, Handbuch Ausbildung
Bradtke, Mathematische Grundlagen für Ökonomen
Bradtke, Übungen und Klausuren in Mathematik für Ökonomen
Bradtke, Statistische Grundlagen für Ökonomen
Breitschuh, Versandhandelsmarketing
Busse, Betriebliche Finanzwirtschaft, 4. Auflage
Clausius, Betriebswirtschaftslehre I
Clausius, Betriebswirtschaftslehre II
Dinauer, Allfinanz – Grundzüge des Finanzdienstleistungsmarkts
Dorn · Fischbach, Volkswirtschaftslehre II, 3. Auflage
Drees-Behrens · Schmidt, Aufgaben und Fälle zur Kostenrechnung
Ellinghaus, Werbewirkung und Markterfolg
Fank, Informationsmanagement, 2. Auflage
Fank · Schildhauer · Klotz, Informationsmanagement: Umfeld – Fallbeispiele
Fiedler, Einführung in das Controlling, 2. Auflage
Fischbach, Volkswirtschaftslehre I, 11. Auflage
Fischer, Vom Wissenschaftler zum Unternehmer
Frodl, Dienstleistungslogistik
Götze, Techniken des Business-Forecasting
Götze, Mathematik für Wirtschaftsinformatiker
Gohout, Operations Research
Haas, Kosten, Investition, Finanzierung – Planung und Kontrolle, 3. Auflage
Haas, Marketing mit EXCEL, 2. Auflage
Haas, Access und Excel im Betrieb
Hardt, Kostenmanagement
Heine · Herr, Volkswirtschaftslehre, 2. Auflage
Hildebrand · Rebstock, Betriebswirtschaftliche Einführung in SAP® R/3®
Hofmann, Globale Informationswirtschaft
Hoppen, Vertriebsmanagement
Koch, Marketing
Koch, Marktforschung, 3. Auflage
Koch, Gesundheitsökonomie: Kosten- und Leistungsrechnung
Krech, Grundriß der strategischen Unternehmensplanung
Kreis, Betriebswirtschaftslehre, Band I, 5. Auflage
Kreis, Betriebswirtschaftslehre, Band II, 5. Auflage
Kreis, Betriebswirtschaftslehre, Band III, 5. Auflage
Laser, Basiswissen Volkswirtschaftslehre
Lebefromm, Controlling – Einführung mit Beispielen aus SAP® R/3®, 2. Auflage
Lebefromm, Produktionsmanagement – Einführung mit Beispielen aus SAP® R/3®, 4. Auflage
Martens, Betriebswirtschaftslehre mit Excel
Martens, Statistische Datenanalyse mit SPSS für Windows
Mensch, Finanz-Controlling
Mensch, Kosten-Controlling
Müller, Internationales Rechnungswesen
Olivier, Windows-C – Betriebswirtschaftliche Programmierung für Windows
Peto, Einführung in das volkswirtschaftliche Rechnungswesen, 5. Auflage
Peto, Grundlagen der Makroökonomik, 12. Auflage
Piontek, Controlling
Piontek, Beschaffungscontrolling, 2. Auflage
Piontek, Global Sourcing
Posluschny, Kostenrechnung für die Gastronomie
Posluschny · von Schorlemer, Erfolgreiche Existenzgründungen in der Praxis
Reiter · Matthäus, Marktforschung und Datenanalyse mit EXCEL, 2. Auflage
Reiter · Matthäus, Marketing-Management mit EXCEL
Rothlauf, Total Quality Management in Theorie und Praxis
Rudolph, Tourismus-Betriebswirtschaftslehre
Rüth, Kostenrechnung, Band I
Sauerbier, Statistik für Wirtschaftswissenschaftler
Schaal, Geldtheorie und Geldpolitik, 4. Auflage
Scharnbacher · Kiefer, Kundenzufriedenheit, 2. Auflage
Schuchmann · Sanns, Datenmanagement mit MS ACCESS
Schuster, Kommunale Kosten- und Leistungsrechnung
Specht · Schmitt, Betriebswirtschaft für Ingenieure und Informatiker, 5. Auflage
Stahl, Internationaler Einsatz von Führungskräften
Steger, Kosten- und Leistungsrechnung, 2. Auflage
Stock, Informationswirtschaft
Strunz · Dorsch, Management
Weindl · Woyke, Europäische Union, 4. Auflage
Zwerenz, Statistik, 2. Auflage
Zwerenz, Statistik verstehen mit Excel – Buch mit CD-ROM

Mathematik für Wirtschaftsinformatiker

Lehr- und Übungsbuch

Von
Professor
Dr. Wolfgang Götze

R. Oldenbourg Verlag München Wien

Die Deutsche Bibliothek – CIP-Einheitsaufnahme

Götze, Wolfgang:
Mathematik für Wirtschaftsinformatiker : Lehr- und Übungsbuch /
von Wolfgang Götze. – München ; Wien : Oldenbourg, 2001
(Managementwissen für Studium und Praxis)
ISBN 3-486-25783-8

Rosenheimer Straße 145, D-81671 München
Telefon: (089) 45051-0
www.oldenbourg-verlag.de

Gedruckt auf säure- und chlorfreiem Papier
Gesamtherstellung: Druckhaus „Thomas Müntzer“ GmbH, Bad Langensalza

ISBN 3-486-25783-8

Gliederung

Lang ist der Weg durch Lehren,
kurz und wirksam durch Beispiele.

Seneca

Vorwort

Das vorliegende Buch ist aus einer mehrjährig in Stralsund gehaltenen einsemestrigen Lehrveranstaltung „Mathematik für Wirtschaftsinformatiker“ hervorgegangen. Es umfasst fundamentales Wissen aus der Mengenlehre, der Logik und der Graphentheorie, das insbesondere auf eine anschließende Datenbankausbildung ausgerichtet ist.
Darüber hinaus werden klassische und moderne Verfahren der Codierung behandelt, die in der Internet-Ökonomie eine Rolle spielen.
Grundlegende Techniken des Formalisierens und des Algorithmierens werden an speziellen Aufgaben aus dem Bereich des Operations Research entwickelt.
Besonderer Wert wird auf eine beispielorientierte Einführung von Begriffen und Formalisierungstechniken gelegt. Eine Vielzahl von Grafiken sorgt für eine anschauliche Stoffvermittlung. Das Verständnis für die behandelten Algorithmen wird durch Struktogramme erleichtert.
Jedes Kapitel schließt mit einem umfangreichen Teil von Übungsaufgaben ab. Die meisten Aufgaben zum selbständigen Üben stehen in engem Zusammenhang mit den Demonstrationsbeispielen im Text. Ausführliche Lösungen zu den Aufgaben befinden sich am Ende des Buches.
Die Korrekturen sind von Frau Dipl.-Math. U. Knöchel mit der gebotenen Akribie durchgeführt worden. Das zum Reifen eines Lehrbuches notwendige studentische Feedback ist eng mit der mehrjährigen Tutortätigkeit von Frau Dipl.-Winf. Heike Kühntopf verbunden. Ein spezieller Dank geht an die Studenten des Immatrikulationsjahrgangs 2000, die zahlreiche nützliche Hinweise vor allem zu den Übungsaufgaben eingebracht haben.
Dem R. Oldenbourg-Verlag und speziell Herrn Weigert sei für die atmosphärisch angenehme Zusammenarbeit gedankt.

Berlin

Wolfgang Götze

1. Mengen

1.1 Der Mengenbegriff

Die Grundlagen der Mengenlehre wurden von dem deutschen Mathematiker Georg Cantor im Zeitraum von 1875 bis 1884 gelegt. Auf ihn geht eine definitorische Beschreibung des **„naiven" Mengenbegriffs** zurück:

> Unter einer **Menge** M verstehen wir jede Zusammenfassung von bestimmten, wohlunterschiedenen Objekten unserer Anschauung oder unseres Denkens, welche die Elemente der Menge genannt werden, zu einem Ganzen.

Offenbar besteht die wesentliche Eigenschaft darin, dass Objekte oder Individuen in M enthalten sind (**Elementbeziehung**).

Beispiel 1.1 In einem Unternehmen gibt es z. B. den Kundenstamm mit den Kunden als Elementen, den Mitarbeiterstamm mit den Mitarbeitern als Elementen oder die Produktpalette mit den Produkten als Elementen. Alle diese „naiven" Mengen enthalten **endlich viele** Elemente.

Beispiel 1.2 Die natürlichen Zahlen $\{0, 1, 2, 3, \ldots\}$ oder die Primzahlen $\{2, 3, 5, 7, 11, \ldots\}$ umfassen hingegen **unendlich viele** Elemente.

Als Schreibweisen für eine Menge M und die Elementbeziehung gelten

$$M = \{1, 2, 3, \ldots\}$$
$$M = \{x \mid x \text{ ist eine natürliche Zahl}\}$$
$$15 \in M \quad \text{und} \quad 3{,}1415 \notin M.$$

Von einer mathematischen Definition kann beim „naiven" Mengenbegriff keine Rede sein, denn die Zurückführung auf einen noch allgemeineren Begriff erzeugt Widersprüche. Der Brite B. Russel machte zwischen 1910 und 1913 darauf aufmerksam (**Russelsche Antinomie**). Er bildete eine Menge aus Mengen, die sich jeweils nicht selbst als Element enthalten

$$M = \{x \mid x \notin x\}.$$

Eine widerspruchsfreie Mengen-Definition ist mit Hilfe wünschenswerter Eigenschaften möglich (Mengenbildungsaxiome[1]). Die Idee dazu stammt von Ernst Zermelo (1908) und wurde von seinem Landsmann A. Fraenkel und dem Norweger T. Skolem in den Jahren 1920 und 1921 allgemeingültig formuliert.

Die Widerspruchsfreiheit des „naiven" Mengenbegriffs kann aber praktisch dadurch gewährleistet werden, dass die betrachteten Mengen jeweils Teil einer bekannten Menge sind. So ist die Menge der Verkehrssünder Teil der Menge der Verkehrsteilnehmer und die wiederum Teil der Bürgermenge eines Landes etc.

1.2 Beziehungen zwischen Mengen

Beziehungen zwischen Mengen werden elementweise definiert. Zwei Mengen M_1 und M_2 sind gleich (**Mengengleichheit**)

$$M_1 = M_2,$$

wenn sie in ihren Elementen übereinstimmen. Eine Menge M_1 ist **Teilmenge** einer Menge M_2

$$M_1 \subset M_2,$$

wenn jedes Element von M_1 auch in M_2 enthalten ist. Teilmengen können durch Zusammenfassung von speziellen Elementen einer Menge gebildet werden. Ein Spezialfall ist die **Zweiermenge** $\{x, y\}$, bestehend aus zwei beliebigen Elementen x und y von M.
Aus technischen Gründen wird die sogenannte **leere Menge** $\emptyset$ eingefügt, die ihrerseits kein Element enthält, dafür aber in jeder Menge M als Teilmenge enthalten ist

$$\emptyset \subset M.$$

Beispiel 1.3 Die Menge der Lösungen von $x^2 = 1$ und $x > 2$ ist offensichtlich leer. Sie ist in der Menge M_1 der Lösungen von $x^2 = 1$ und auch in der Menge M_2 der Lösungen von $x > 2$ enthalten.

[1] Dazu gehören das Gleichheitsaxiom, das Zweiermengenaxiom, das Vereinigungsmengenaxiom, das Potenzmengenaxiom, das Ersetzungsaxiom, das Fundierungsaxiom, das Unendlichkeitsaxiom und das Auswahlaxiom.

Die Teilmengenbildung aus einer Menge M wird durch die **Potenzmenge** P(M) ausgedrückt. Für M = {a, b, c} ergibt sich

$$P(M) = \{\emptyset, \{a\}, \{b\}, \{c\}, \{a, b\}, \dots, \{a, b, c\}\}.$$

Die wichtigsten Mengenoperationen sind:

a) **Durchschnitt**

$$M \cap N = \{x \mid x \in M \text{ und } x \in N\}$$

Wenn der Mengendurchschnitt leer ist

$$M \cap N = \emptyset,$$

heißen die entsprechenden Mengen **disjunkt**.

b) **Vereinigung**

$$M \cup N = \{x \mid x \in M \text{ oder } x \in N\}$$

Für den Durchschnitt und die Vereinigung gelten jeweils das Kommutativgesetz

$$M \cap N = N \cap M \quad \text{bzw.} \quad M \cup N = N \cup M$$

und das Assoziativgesetz für mehr als zwei Mengen

$$(M \cap N) \cap O = M \cap (N \cap O) \quad \text{bzw.}$$
$$(M \cup N) \cup O = M \cup (N \cup O).$$

Es gelten ferner zwei Distributivgesetze für vermischte Operationen

$$(M \cap N) \cup O = (M \cup O) \cap (N \cup O) \quad \text{bzw.}$$
$$(M \cup N) \cap O = (M \cap O) \cup (N \cap O).$$

Der Nachweis ist elementweise zu führen: Ein beliebiges Element der Menge auf der linken Seite der Gleichung liegt auch in der Menge auf der rechten Seite und umgekehrt.

c) **Differenz**

$$M - N = \{x \mid x \in M \text{ und } x \notin N\}$$

Für die Differenz gelten **weder** Kommutativ- noch Assoziativgesetz. Das lässt sich sehr einfach mit Hilfe von zwei **Venn-Diagrammen** zeigen. Diese Technik geht auf John Venn (1843-1923) zurück. Die Mengen werden als geschlossene Flächen in der Ebene dargestellt. Dass die Differenz nicht kommutativ sein kann, d. h.

$$M - N \neq N - M$$

zeigt der Vergleich von Bild 1.1 und Bild 1.2. Ähnlich lässt sich der Unterschied beim Setzen von Klammern für Differenzen von 3 Mengen illustrieren.

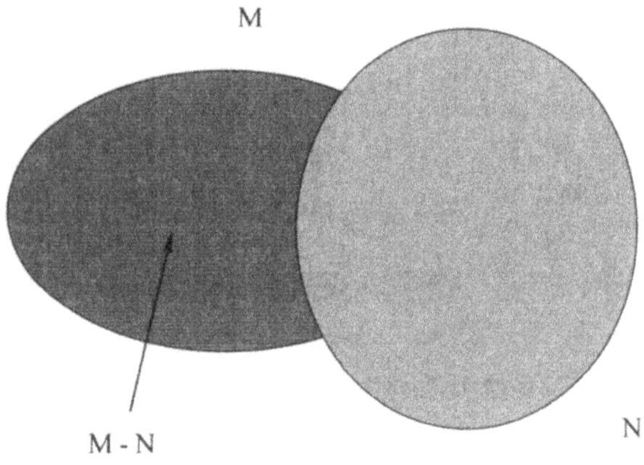

Bild 1.1 Differenz M - N

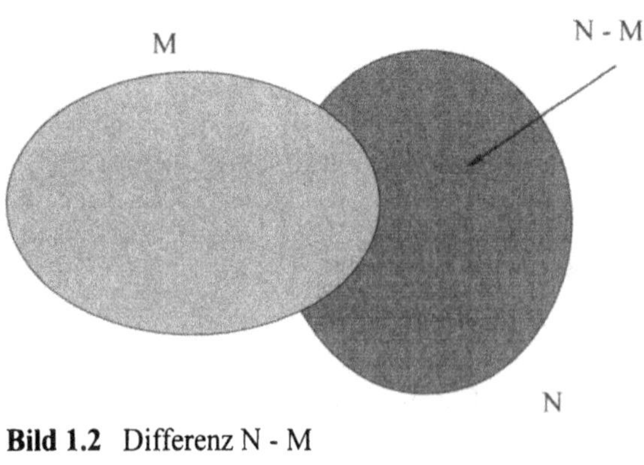

Bild 1.2 Differenz N - M

Mengenoperationen werden unter anderem bei **Datenbankabfragen** angewendet.

Beispiel 1.4 Ein Kunde des Reisebüros „Ferienwelle" sucht aus dem Katalog der TUI (Menge A) und dem Katalog von DER-Tour (Menge B) passende Hotels an der französischen Atlantik-Küste. Zunächst interessiert ihn unabhängig vom Reiseveranstalter, ob es überhaupt interessante Angebote gibt (Menge $A \cup B$). Davon wählt er Hotels aus, die in beiden Katalogen enthalten sind, in der Hoffnung, noch mehr Informationen über das jeweilige Objekt zu erhalten (Menge $A \cap B$). Als er jedoch von der Kundenberatung erfährt, dass die TUI erheblich günstigere Konditionen für Mietwagen anbietet, forstet er noch einmal systematisch die Menge $A - B$ durch.

1.3 Kardinalzahl

Für eine Menge M mit endlich vielen Elementen wird die **Kardinalzahl**, d. h. die Anzahl der enthaltenen Elemente $|M|$, gebildet.

Für die Kardinalzahl der Vereinigung gilt

$$|M \cup N| = |M| + |N| - |M \cap N|,$$

d.h. die Summe der Kardinalzahlen ist um die Doppelzählung im Durchschnitt zu reduzieren. Für die Kardinalzahl der Differenz gilt

$$|M - N| = |M| - |M \cap N|,$$

d. h. die Kardinalzahl der Menge M ist nur um die Zahl der Elemente im Durchschnitt mit N zu mindern. Wie umfangreich N außerhalb von M ist, spielt in diesem Fall keine Rolle.

1.4 Komplementbildung

Wenn eine Menge M Teilmenge einer umfassenden Menge C ist, dann kann die **Komplementmenge** M' gebildet werden

$$M' = \{x \mid x \in C \text{ und } x \notin M\}.$$

Die Komplementmenge der Verkehrssünder in der Menge aller Verkehrsteilnehmer ist die Menge der unfallfreien Fahrer.

Für die Komplementbildung gelten folgende einfache und einsichtige Rechenregeln

$$(M')' = M \quad M \cap M' = \emptyset \quad M \cup M' = C \quad \emptyset' = C \quad C' = \emptyset.$$

Mit Hilfe der Komplementbildung kann die Differenz durch

$$M - N = M \cap N'$$

ausgedrückt werden.

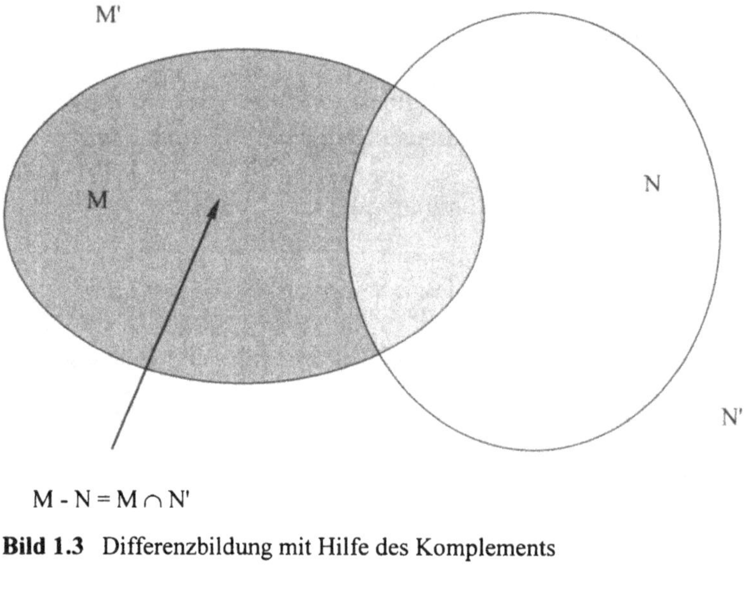

Bild 1.3 Differenzbildung mit Hilfe des Komplements

Es lässt sich ferner eine sehr nützliche **Identität** angeben (siehe Bild 1.4)

$$M = (M \cap N') \cup (M \cap N) = (M \cup N') \cap (M \cup N).$$

Es gelten weiterhin die auf Auguste de Morgan (1806-1871) zurückgehenden Regeln

$$(M \cap N)' = M' \cup N' \quad \text{und} \quad (M \cup N)' = M' \cap N'.$$

Bei der Komplementbildung einer Operation (Durchschnitt, Vereinigung) werden die Komplemente der jeweiligen Mengen gebildet und das Operationszeichen umgedreht.

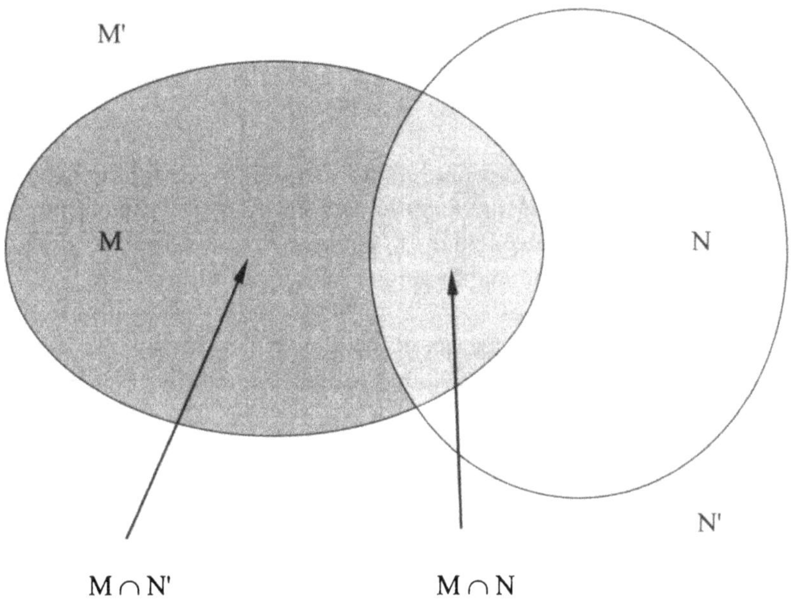

Bild 1.4 Mengenzerlegung mit Hilfe einer anderen Menge

Der Beweis der de Morgan'schen Regeln geschieht elementweise. Wenn ein Element im Komplement des Durchschnitts von M und N liegt, dann kann es nicht gleichzeitig in M und N liegen, sondern muss sich entweder außerhalb von M und/oder außerhalb von N befinden. Liegt es umgekehrt in der Vereinigung der Komplementmengen von M und N, dann kann es weder zu N nach zu M gehören.

Für die Kardinalzahl des Komplements N' einer Menge N, bezogen auf eine Umgebungsmenge M mit $N \subset M$, gilt offensichtlich

$$|N'| = |M| - |N|.$$

Aus der Identität folgt für die Kardinalzahl einer Menge M, bezogen auf eine beliebige andere Menge N, die Zerlegungsformel

$$|M| = |M \cap N| + |M \cap N'|.$$

1.5 Kreuzmengen

Aus zwei Mengen lässt sich das **kartesische Produkt** (**Kreuzmenge**) konstruieren

$$M \times N = \{(x,y) | x \in M \text{ und } y \in N\},$$

das aus Paaren von Elementen aus M und N besteht.

Beispiel 1.5 In der Verkehrssünderdatei wird die Paarbildung aus der Menge *Namen* und der Menge *zugelassene Fahrzeuge* vorgenommen, wobei nicht die volle Kreuzmenge, sondern nur eine relativ kleine Teilmenge der auf Namen zugelassenen Fahrzeuge interessiert.

Die Kardinalzahl einer Kreuzmenge ist gleich der Anzahl von Paarbildungen, d. h. dem Produkt der Kardinalzahlen der beiden Ursprungsmengen M und N

$$|M \times N| = |M| \cdot |N|.$$

Beispiel 1.6 Sei M ={x | x reell, 0 < x < 1} und N = {y | y reell, 1 < x < 2}. Dann lässt sich die Kreuzmenge M×N als ebene Fläche darstellen.

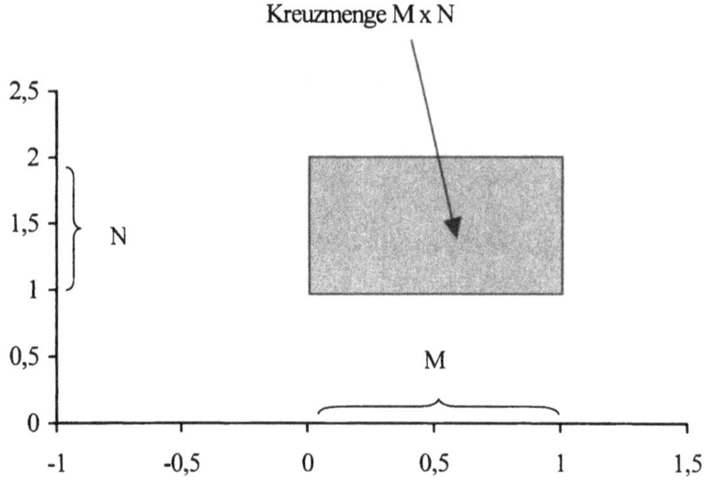

Bild 1.5 Grafische Darstellung einer Kreuzmenge

Eine Menge M kann mit sich selbst gekreuzt werden. So werden bei einem Ranglistenturnier eines Badmintonvereins aus der Menge der Mitglieder Spielerpaare gebildet.
Die Kreuzung kann auch wiederholt werden. Das ist der Fall, wenn im Badmintonclub die Doppel aus der Menge M×M×M×M gewählt werden.

Eine Zusammenfassung der wichtigsten Operationen und Rechenregeln geben die beiden Tabellen 1.1 und 1.2.

Tabelle 1.1 Symbole für Mengenoperationen

Symbol	Bezeichnung
$=$	Mengengleichheit
$\subseteq$	Teilmenge von
$\in$	Element von
$\notin$	kein Element von
$\cup$	Mengenvereinigung
$\cap$	Mengendurchschnitt
$'$	Komplementmenge von
$-$	Mengendifferenz
$\lvert\ \rvert$	Anzahl von Elementen einer Menge (Kardinalzahl)

Tabelle 1.2 Rechenregeln für Mengenoperationen

Regel	Bezeichnung
$(S \cup T)' = S' \cap T'$	1. Regel von de Morgan
$(S \cap T)' = S' \cup T'$	2. Regel von de Morgan
$S - T = S \cap T'$	Differenzregel
$S = (S \cap T) \cup (S \cap T')$	Identität
$\lvert S \cup T \rvert = \lvert S \rvert + \lvert T \rvert - \lvert S \cap T \rvert$	Additionsregel für Kardinalzahlen
$\lvert S - T \rvert = \lvert S \rvert - \lvert S \cap T \rvert$	Subtraktionsregel für Kardinalzahlen
$\lvert S \rvert = \lvert S \cap T \rvert + \lvert S \cap T' \rvert$	Zerlegungsregel für Kardinalzahlen

1.6 Übungsaufgaben

Aufgabe 1.1

A, B, C und D seien beliebige Mengen. Untersuchen Sie die folgenden Gleichungen:

$$(A - B) \cup (B - A) = (A \cup B) - (B \cap A)$$
$$A \cap (B - C) = (A \cup B) - (A \cap C)$$
$$(A \cup B) - (C \cup D) = (A - C) \cup (B - D)$$
$$A - (B - C) = (A - B) \cup (A \cap C)$$
$$(A - B) \cap (A - C) = A - (B \cup C).$$

Geben Sie grafisch ein Gegenbeispiel für den Fall der Ungleichheit an.

Aufgabe 1.2

A, B und C seien Teilmengen einer Menge M. Vereinfachen Sie folgende Ausdrücke und zeichnen Sie die Venn-Diagramme:

$$A-(A-B)$$
$$A'\cap(B-A)'$$
$$(B-A)\cup(A-B)\cup(A\cup B)$$
$$M-[(M-A)\cap B'].$$

Aufgabe 1.3

Von 200 Schülern einer gymnasialen Oberstufe belegen 84 das Fach Englisch, 60 das Fach Biologie und 56 das Fach Deutsch als Leistungskurs. Dabei belegen 16 sowohl Englisch als auch Deutsch, 20 die Fächerkombination Biologie und Deutsch und 10 die Kombination Englisch und Biologie.

Wie viele Schüler belegen

- weder Englisch noch Deutsch,

- weder Biologie noch Englisch,

- nur Englisch und ein anderes Leistungsfach,

- keines der genannten Leistungsfächer,

wenn man annimmt, dass jeder Schüler genau 2 Leistungsfächer wählen muss?

Aufgabe 1.4

50 Wirtschaftsinformatikstudenten werden im Vordiplom in den Fächern Mathematik, allgemeine Informatik und BWL geprüft. Davon bestehen 37 in Mathematik, 24 in Informatik und 43 in BWL. 19 bestehen Mathematik und Informatik, 29 Mathematik und BWL und 20 Informatik und BWL.

- Wie viele Studenten höchstens bestehen alle drei Prüfungen?

Angenommen, es fallen 6 Studenten in allen drei Prüfungen durch.

Wie viele Studenten bestehen dann

- mindestens eine Prüfung?

- alle drei Prüfungen?

Aufgabe 1.5

Beweisen Sie für beliebige endliche Mengen A, B und C

$$|A \cup B \cup C| = |A| + |B| + |C| - |A \cap B| - |A \cap C| - |B \cap C| + |A \cap B \cap C| .$$

Aufgabe 1.6

In der x-y-Ebene skizziere man die Kreuzmengen A×B für

$A = \{ 1, 2, 3 \}$ und $B = [2 ; 4) \cup \{ 5 \}$

$A = [1 ; 3] \cup \{ 4 ; 5 \}$ und $B = [0 ; 2] \cup [4 ; 7]$.

Aufgabe 1.7

Zeigen Sie anhand eines Gegenbeispiels, dass aus $A \cup B = A \cup C$ nicht $B = C$ folgen muss.

Aufgabe 1.8

Zeigen Sie grafisch und rechnerisch, dass für Kreuzmengen folgende Rechenregeln gelten:

$A \times (B \cup C) = (A \times B) \cup (A \times C)$

$A \times (B \cap C) = (A \times B) \cap (A \times C)$.

Aufgabe 1.9

Sei A die Menge aller Punkte eines Würfels der Kantenlänge 1 mit dem Mittelpunkt (0, 0, 0). Sei ferner B die Menge aller Punkte einer Kugel mit dem Durchmesser $\sqrt{2}$ und dem Mittelpunkt (0, 0, 0).

Stellen Sie $A \cap B$, $A \cup B$, $A - B$ und $B - A$ grafisch dar.

Aufgabe 1.10

Gegeben seien die Mengen $A = \{(x, y) \mid x^2 + y^2 < 1\}$ und $B = \{(x, y) \mid \max(|x|, |y|) < 1\}$. Bestimmen Sie grafisch die Menge $(A \cup B) - (A \cap B)$.

Aufgabe 1.11

Beweisen Sie, dass

$$(A \cup B) - (A \cap B) = (A - B) \cup (B - A)$$

gilt.

Setzen Sie sich mit folgenden Aussagen auseinander:

1) Die Differenzbildung von Mengen ist assoziativ.

2) Das Komplement der Differenz ist gleich der Differenz der Komplemente.

3) Die Kardinalzahl der Mengenvereinigung disjunkter Mengen ist gleich der Summe ihrer Kardinalzahlen.

4) Die Kardinalzahl einer Mengendifferenz ist gleich der Differenz der Kardinalzahlen der jeweiligen Mengen.

5) Die Kardinalzahl einer Vereinigung von endlichen Mengen lässt sich aus den Kardinalzahlen der einzelnen Mengen und den Kardinalzahlen ihrer sämtlichen Durchschnitte bestimmen.

2. Relationen

Relationen stellen Beziehungen zwischen Objekten bzw. Merkmalen her. Sie sind für die Informatik vor allem im Zusammenhang mit dem Konzept einer **relationalen Datenbank** bedeutsam, das auf Arbeiten von E. Codd (1968-73) zurückgeht.
Einige einführende Beispiele sollen den Begriff einer Relation veranschaulichen.

Beispiel 2.1 Eine Relation zwischen Fachzeitschriften und Lehrgebieten einer Fachhochschule drückt aus, wo die jeweilige Zeitschrift schwerpunktmäßig in den Lehrbetrieb integriert ist.

Beispiel 2.2 Eine Relation zwischen den Artikeln eines Getränkeherstellers und dem Umsatz in den Filialen eines Discounters deckt auf, in welcher Region die besten Geschäfte gemacht werden können.

Beiden Beispielen ist gemeinsam, dass **Paare** gebildet werden. Man spricht von einer **binären Relation**. Demgegenüber kann eine Relation auch mehr als zwei Objekte bzw. Merkmale umfassen.

Beispiel 2.3 In einer Datei immatrikulierter Studenten wird eine 4-ärige Relation zwischen Matrikelnummer, Name, Alter und Wohnsitz hergestellt.

2.1 Grundbegriffe

Mathematisch ist eine binäre Relation R zwischen zwei Mengen M und N eine Teilmenge des **Kreuzproduktes** M×N

$$R \subset M \times N.$$

Die Verallgemeinerung des Begriffs führt zunächst auf eine **ternäre** Relation zwischen drei Mengen

$$R \subset M_1 \times M_2 \times M_3$$

und schließlich auf eine **n-äre** Relation zwischen n Mengen

$$R \subset M_1 \times M_2 \times \ldots \times M_n.$$

2.2 Verknüpfung von Relationen

Zwei Relationen lassen sich verknüpfen, wenn zumindest eine Faktor-Menge in beiden Kreuzprodukten vorkommt. Sei

$$R_1 \subset M_1 \times M_2 \quad \text{und} \quad R_2 \subset M_2 \times M_3,$$

dann heißt R_1*R_2 **Produkt oder Komposition**, wenn alle Paare (x, z) zusammengefasst werden, die ein verbindendes Element y aus M_2 besitzen

$$R_1 * R_2 = \left\{ \begin{matrix} (x,z) \mid x \in M_1, z \in M_3 \text{ und es gibt ein } y \in M_2 \\ \text{mit } (x,y) \in R_1, (y,z) \in R_2 \end{matrix} \right\}.$$

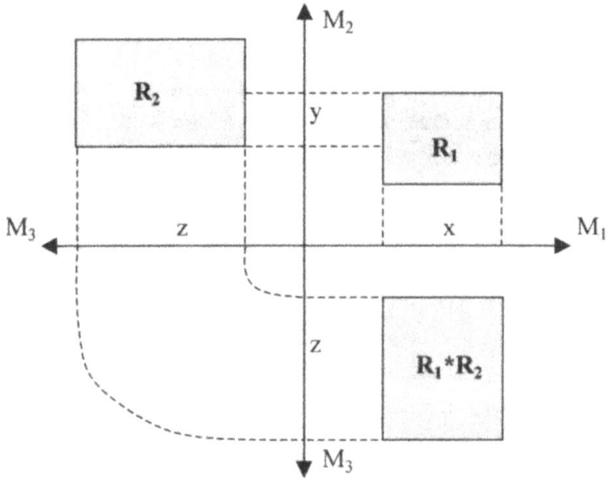

Bild 2.1 Komposition von Relationen

Beispiel 2.4 M_1 sei die Menge der Produkte der Firma Fielmann (320 Modelle), M_2 die Menge der 18 Filialen in Berlin und M_3 die Menge der Kundenaufträge im Monat September 1999 mit 26 Verkaufstagen. Es lassen sich zwei Relationen bilden: $R_1 \subset M_1 \times M_2$ (Angebot in Berlin), $R_2 \subset M_2 \times M_3$ (Auftragslage in Berlin). Durch Komposition entsteht eine neue Relation $R_3 = R_1 * R_2$ (Produktnachfrage in Berlin).

Die Produktverknüpfung kann auf eine **identische Relation I**

$$I \subset M \times M$$

führen, die aus den Paaren (x, x) der Elemente x aus M besteht. Dazu ist eine Relation R mit ihrer **inversen Relation R^{-1}** zu verknüpfen, wobei

$$R \subset M_1 \times M_2 \quad , \quad R^{-1} \subset M_2 \times M_1 \quad \text{und} \quad R * R^{-1} = I$$

gelten. Die zu R inverse Relation R^{-1} ergibt sich durch Vertauschen der Elemente bei allen Paaren von R

$$R^{-1} = \{(y,x) | \, y \in M_2, x \in M_1 \quad \text{und} \quad (x,y) \in R\}.$$

Im Beispiel 2.4 zeigt die Relation R_1 sortiert nach den Produkten an, in welchen Berliner Filialen ein bestimmtes Produkt angeboten wird (Produktstreuung über das Stadtgebiet). Die inverse Relation R^{-1} gibt sortiert nach den Filialen umgekehrt an, welches Angebot pro Filiale gehalten wird (Angebotspalette je Filiale).

Tabelle 2.1 Umsatzstatistik zum Beispiel 2.4

Produkt (Modell)	Filiale	Verkaufstag	Umsatz
M001	Baumschulenstraße 18	1.9.99	150,-
M016	Schloßstraße 28	1.9.99	560,-
M120	Turmstr. 144	1.9.99	85,-
M016	Tempelhofer Damm 149	1.9.99	310,-
. .			
M036	Passage Alexanderplatz	30.9.99	210,-
M076	Müllerstr. 37	30.9.99	52,-
M010	Teltower Damm 27	30.9.99	250,-
M052	Bölsche Straße 114	30.9.99	475,-

Die Inversion besitzt zwei Eigenschaften:

a) Die Hintereinander-Ausführung von zwei Inversionen führt auf die Identität

$$\left(R^{-1}\right)^{-1} = R.$$

b) Das Produkt von zwei Relationen wird invertiert, indem das Produkt der invertierten Relationen in vertauschter Reihenfolge gebildet wird

$$(R_1 * R_2)^{-1} = R_2^{-1} * R_1^{-1}.$$

Der Beweis wird jeweils elementweise geführt.

Für die Darstellung einer binären Relation wird ein **Matrix-Schema** verwendet. Die Zeilendefinition ergibt sich aus den Elementen von M_1 und die Spaltendefinition aus den Elementen von M_2. Falls ein Paar (x, y) in der Relation R enthalten ist, wird das entsprechende Matrixfeld mit 1, andernfalls mit 0 belegt.

Beispiel 2.5 In einer Studentengruppe von Wirtschaftsinformatikern wird danach gefragt, welche PC-Zeitschrift aus dem Lesesaal studienbegleitend zu präferieren ist. Dabei urteilen 10 Studenten (-innen) $S_1,..., S_{10}$ über 5 Zeitschriften $Z_1,..., Z_5$. Die Ergebnisse der Befragung weist folgende Relationen-Matrix aus:

Z/S	S_1	S_2	S_3	S_4	S_5	S_6	S_7	S_8	S_9	S_{10}
Z_1	1	0	1	0	0	0	1	0	0	0
Z_2	0	1	0	0	0	0	0	1	0	0
Z_3	0	0	0	1	0	0	0	0	1	1
Z_4	0	0	0	0	1	0	0	0	0	0
Z_5	0	0	0	0	0	1	0	0	0	0

Offenbar werden die Zeitschriften Z_1 und Z_3 am häufigsten genannt.

2.3 Äquivalenz-Relationen

Wenn eine Relation R nur über einer einzigen Menge M

$$R \subset M \times M$$

gebildet wird, dann lassen sich spezielle Strukturen in dieser Menge beschreiben. Besonders aufschlussreich sind in diesem Zusammenhang **Äquivalenz-Relationen**, mit deren Hilfe eine Vergröberung der Menge durchgeführt werden kann. Eine Äquivalenz-Relation zeichnet sich durch drei Eigenschaften aus, die im konkreten Fall überprüft werden müssen:

a) **Reflexivität**

$$(x, x) \subset R$$

b) **Symmetrie**

$$(x, y) \in R \Rightarrow (y, x) \in R$$

c) **Transitivität**

$$(x, y) \in R \quad \text{und} \quad (y, z) \in R \Rightarrow (x, z) \in R$$

Beispiel 2.6 Die Relation „**verwandt mit**" über einer Menge M von Personen erfüllt alle drei Eigenschaften, denn jede Person ist offenbar verwandt mit sich selbst. Eine Verwandtschaft ist beiderseitig festgelegt und damit symmetrisch. Sie vererbt sich von Paar zu Paar und ist daher transitiv.

Die drei Eigenschaften einer Äquivalenz-Relation sind nicht bei jeder beliebigen Relation erfüllt.
Die Relation „**Vater von**" zwischen zwei Personen ist weder reflexiv, noch symmetrisch, noch transitiv. Die Relation „**Bruder von**" ist zwar symmetrisch und transitiv, aber nicht reflexiv. Die Relation „**älter als**" wiederum ist transitiv, aber nicht symmetrisch und auch nicht reflexiv.
Mit Hilfe einer Äquivalenz-Relation lässt sich eine Menge M disjunkt in **Äquivalenzklassen** zerlegen. Jede Klasse wird durch einen **Repräsentanten** aus M gekennzeichnet. Sie umfasst ihrerseits alle Elemente von M, die zu diesem Repräsentanten in Relation stehen. Die Repräsentanten einer Klassenzerlegung lassen sich ihrerseits zu einer Menge zusammenfassen[1]

Im Beispiel 2.6 könnten die jeweils ältesten Familienmitglieder als Repräsentanten dienen und einer Äquivalenzklasse von blutsverwandten Personen vorstehen. Die Menge M ließe sich dann in disjunkte Teilmengen von Verwandten zerlegen. Diese Clanstruktur spielt bei soziologischen Untersuchungen in ländlich geprägten Regionen eine Rolle.

2.4 Modulo-Relation

Für die Informatik ist eine spezielle Äquivalenz-Relation zwischen ganzen Zahlen bedeutsam, die **Modulo-Relation**. Sie klassifiziert ganze Zahlen über die Restbildung bezüglich einer von null verschiedenen natürlichen Zahl n (**Nucleus**). Für positive Zahlen erfolgt die Restbildung durch Subtraktion des Nucleus, für negative Zahlen durch Addition des Nucleus. Die Operationen werden solange wiederholt, bis sich ein Rest zwischen 0 und n-1 einstellt.

[1] Das entspricht inhaltlich dem Auswahlaxiom von Zermelo.

Beispiel 2.7 Sei 7 ein Nucleus. Dann ergibt sich für 21, 14 und –28 jeweils der Rest null

$$21-3\cdot 7=0 \quad \text{und} \quad 14-2\cdot 7=0 \quad \text{und} \quad -28+4\cdot 7=0.$$

Die drei Zahlen heißen kongruent modulo 7, in Zeichen

$$14\equiv 21\equiv -28\equiv 0 \quad \bmod 7.$$

Sie unterscheiden sich jeweils um ein ganzes Vielfaches von 7

$$21=14+1\cdot 7=-28+7\cdot 7.$$

Die Zahlen 0 und 1 sind offenbar nicht kongruent modulo 7, denn die Null lässt keinen Rest und ist damit kongruent zu 14 und 21. Die Eins hinterlässt den Rest 1. Sie ist kongruent zu 15 und 22, aber auch zu -6, denn $1 = -6 + 1\cdot 7$.
Zum Nucleus 7 gibt es 7 disjunkte Äquivalenzklassen (**Restklassen**) mit den ausgezeichneten Repräsentanten 0, 1, 2, ..., 6. Sie lassen sich kreisförmig darstellen.

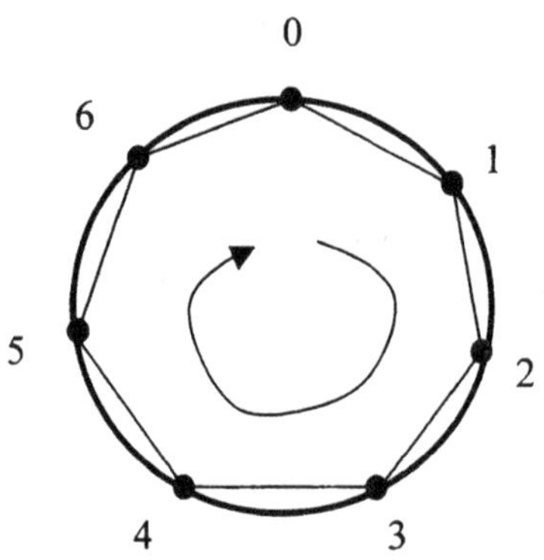

Bild 2.2 Reste zum Nucleus 7

Allgemeingültig wird definiert, x ist **kongruent** y **modulo** n, in Zeichen

$$x\equiv y \bmod n,$$

wenn gilt

$$x=y+k\cdot n \qquad \text{mit k ganzzahlig und n natürliche Zahl mit } n>0.$$

Die Differenz x – y muss offenbar restlos durch n teilbar sein. Die n Restklassen werden mit $R_0(n)$, ..., $R_{n-1}(n)$ bezeichnet.

Beispiel 2.8 Für einen Nucleus 3 ergeben sich 3 Restklassen:

$R_0(3) = \{0, 3, -3, 6, -6, ... \}$ $\qquad$ $R_1(3) = \{1, 4, -2, 7, -5, ... \}$

$R_2(3) = \{2, 5, -1, 8, -4, ... \}$.

Offensichtlich wird die Menge **G** der ganzen Zahlen durch Restbildung bezüglich eines Nucleus vollständig zerlegt.

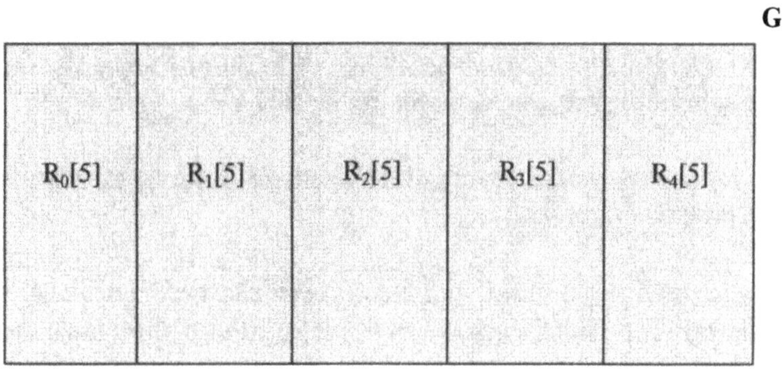

Bild 2.3 Äquivalenzklassen zum Nucleus 5

Für Restklassen lassen sich uneingeschränkt drei Rechenoperationen erklären: **Addition, Subtraktion** und **Multiplikation**. Eine **Division** ist nur **bedingt** möglich.

Die Operationen werden **elementweise** über die Kongruenzbeziehung eingeführt.

Beispiel 2.9 Sei der Nucleus 9. Dann lassen sich die beiden Kongruenzen

$$10 \equiv 1 \mod 9$$
$$25 \equiv 7 \mod 9$$

elementweise addieren zu $35 \equiv 8 \mod 9$ und elementweise subtrahieren zu $15 \equiv 6 \mod 9$. Summe und Differenz sind tatsächlich Kongruenzen zum Nucleus 9.

Die Restklassen wechseln bei der Addition und bei der Subtraktion, es sei denn, dass die Restklasse $R_0(9)$ hinzugefügt oder abgezogen wird. Die Restklasse $R_0(9)$stellt das neutrale Element bei diesen Operationen dar.
Auch die elementweise Multiplikation führt mit $250 \equiv 7 \mod 9$ wieder auf eine Kongruenz zum Nucleus 9. Dabei fungiert $R_1(9)$ als neutrales Element, denn das Produkt bleibt in $R_7(9)$.
Eine elementweise Division würde auf gebrochene Zahlen führen. Hierzu muss erst der Begriff einer inversen Restklasse eingeführt werden.

Allgemein gilt folgender **Satz**:

> Restklassen lassen sich elementweise addieren, subtrahieren und multiplizieren. Neutrales Element bezüglich der Addition ist $R_0(n)$. Neutrales Element bezüglich der Multiplikation ist $R_1(n)$.

Für eine Divisionsoperation von Restklassen wird die sogenannte inverse Restklasse eingeführt.

> Zwei Restklassen $R_k(n)$ und $R_s(n)$ heißen **invers** zueinander, wenn ihr Produkt kongruent 1 modulo n ist. Sei $x \in R_k(n)$ und $y \in R_s(n)$, dann gilt
>
> $$x \cdot y \equiv 1 \mod n.$$

Beispiel 2.9 Zum Nucleus 5 gibt es 5 Restklassen $R_0(5)$, $R_1(5)$, $R_2(5)$, $R_3(5)$ und $R_4(5)$. Es gilt offenbar, dass $R_2(5)$ und $R_3(5)$ zueinander invers sind, denn $2 \cdot 3 \equiv 1 \mod 5$.

Die Restklasse $R_0(5)$ besitzt keine Inverse, was in Analogie zur Zahlenarithmetik dem Verbot einer Division durch null gleichkommt.
Abweichend zur Arithmetik reeller Zahlen kann eine Restklasse auch zu sich selbst invers sein. Das trifft auf $R_1(5)$ zu, denn $1 \equiv 1 \mod 5$. Diese Eigenschaft besitzt aber auch $R_4(5)$, denn $4 \cdot 4 \equiv 1 \mod 5$.

Wenn der Nucleus keine Primzahl ist, dann lässt sich nicht mehr zu jeder von $R_0(n)$ verschiedenen Restklasse eine Inverse angeben.

Beispiel 2.10 Der Nucleus sei 4. Die Restklassen $R_1(4)$ und $R_3(4)$ sind jeweils zu sich selbst invers. Die Restklasse $R_2(4)$ besitzt keine Inverse, denn kein Produkt mit einer anderen Restklasse ist kongruent 1, auch nicht das Produkt mit sich selbst, denn $4 \cdot 4 \equiv 0 \mod 4$.

Es gilt folgender **Satz**:

Alle Restklassen (außer $R_0(n)$) besitzen genau dann eine eindeutig bestimmte inverse Restklasse, wenn n eine Primzahl ist.

Um festzustellen, ob eine natürliche Zahl n Primzahl ist, wird zunächst auf den **Fundamentalsatz der Algebra** verwiesen.

Jede natürliche Zahl n größer als eins lässt sich eindeutig als Produkt von Primzahlen darstellen.

Um nicht jede Primzahl kleiner als n als Teiler von n zu testen, werden Produkte von Primzahlen kleiner als n gebildet und auf gemeinsame prime Teiler mit n untersucht. Das geschieht mit Hilfe des **Euklidischen Algorithmus.** Er liefert den **größten gemeinsamen Teiler**, in Zeichen **ggT**, von n und einem Primfaktorprodukt kleiner als n. Ist der größte gemeinsame Teiler stets gleich 1, dann muss n eine Primzahl sein.

Beispiel 2.11 Die Zahl n = 2431 wird mit Hilfe der Zahl 2310 = $2 \cdot 3 \cdot 5 \cdot 7 \cdot 11 < 2431$ auf gemeinsame prime Teiler untersucht. Es ergibt sich dabei die Beziehung ggT (2431, 2310) = 11. Folglich ist 2431 keine Primzahl. Der Quotient 2431/11 = 221 wird erneut auf weitere prime Teiler untersucht. Wegen $221 = 13 \cdot 17$ lautet die vollständige Primzahlzerlegung $2431 = 11 \cdot 13 \cdot 17$.

Der Euklidische Algorithmus läuft folgendermaßen ab:

Gesucht sei der ggT (a_1, a_2) zweier natürlicher Zahlen mit $a_1 > a_2$. Nach der ersten Division mit Rest entsteht

$$a_1 = a_2 \cdot q_1 + a_3,$$

wobei $a_2 > a_3$. Nun tritt a_2 an die Stelle von a_1, und a_3 an die Stelle von a_2. Mit dem Paar a_2 und a_3 wird die Division mit Rest wiederholt

$$a_2 = a_3 \cdot q_2 + a_4.$$

Die Folge $a_1 > a_2 > a_3 > \ldots a_{k+1} > 0$ bricht nach k Divisionen mit Rest ab und führt auf a_{k+1} als ggT (a_1, a_2):

$$a_k = a_{k+1} \cdot q_k + 0.$$

Beispiel 2.12 Gesucht wird der größte gemeinsame Teiler von 2431 und 77. Die folgenden Rechenschritte

$$2431 = 77 \cdot 31 + 44$$
$$77 = 44 \cdot 1 + 33$$
$$44 = 33 \cdot 1 + 11$$
$$33 = 11 \cdot 3 + 0.$$

führen auf die Primzahl 11, d.h. ggT (2431, 77) = 11.

Um die Primzahlzerlegung von n effektiv durchzuführen, wird nicht durch jede Primzahl kleiner als n dividiert, sondern durch systematisch aufgebaute Produkte steigender Primzahlen kleiner als n. Nach jeder ggT - Bestimmung wird durch den/die ermittelten primen Teiler dividiert (evtl. mehrfach) und der Rest mit Hilfe größerer Primzahlen erneut analysiert.
Im Beispiel 2.11 sind nur zwei Durchläufe des Euklidischen Algorithmus mit $2 \cdot 3 \cdot 5 \cdot 7 \cdot 11$ und $13 \cdot 17$ als Primzahlteiler notwendig.

2.5 Sonstige Relationen

Neben den Äquivalenzrelationen sind weitere Relationen für die Informatik von Bedeutung.

Als **Ordnungsrelation** wird eine reflexive und transitive, aber nicht symmetrische Relation $R \subset M \times M$ bezeichnet.

Beim Vergleich von kardinal skalierten Daten wie Schlüsselnummern, Altersangaben oder Kapitalausstattungen spielt die Ordnungsrelation „kleiner gleich“ für reelle Zahlen eine Rolle. Wird sie zu einer Relation „kleiner als“ verschärft, geht die Reflexivität verloren.

Bei ordinal skalierten Daten, wie Examensprädikaten (sehr gut, gut, befriedigend), Güteklassen von Produkten (I, II, III), Schadensklassen einer Kfz-Versicherung etc., wird die Ordnungsrelation meist auf natürliche Zahlen abgebildet und dann die „kleiner gleich“ Relation angewendet. Sollen Namen alphabetisch aufsteigend sortiert werden, dann greift die Ordnungsrelation des Alphabets.

Ordnungsrelationen spielen in der Informatik vor allem beim Sortieren von Dateien eine Rolle.

Eine weitere bedeutsame Relation ist die Abbildung.

Unter einer **Abbildung** mit dem Definitionsbereich M und dem Wertebereich N versteht man eine eindeutige Relation $R \subset M \times N$.

Diese Relation wurde von L. Dirichlet 1837 eingeführt. In der axiomatischen Mengenlehre von Fraenkel/Skolem/Zermelo von 1921/22 spielt das Ersetzungsaxiom eine Rolle, das die Übertragung der Mengeneigenschaft vom Definitionsbereich M auf den Wertebereich N sichert.
Je nachdem, ob die **Originalmenge M** voll oder nur teilweise ausgeschöpft wird, spricht man von einer Abbildung **„von"** oder **„aus"** M. Wird die **Bildmenge N** nur teilweise verwendet, ist von einer Abbildung **„in"** N die Rede. Andernfalls liegt eine Abbildung **„auf"** N oder surjektive Abbildung vor. Ist auch die paarweise Zuordnung von y auf x eindeutig, spricht man von **eineindeutigen** (injektiven) Abbildungen.

Ein Angebotskatalog ordnet jedem Produkt seinen eindeutig bestimmten Preis zu. Es handelt sich um eine Abbildung „von - in" (siehe Bild 2.4).
Auch die Zuordnung von Studenten zur Menge der Matrikelnummern (vgl. Beispiel 2.3) ist eindeutig und darüber hinaus sogar injektiv.

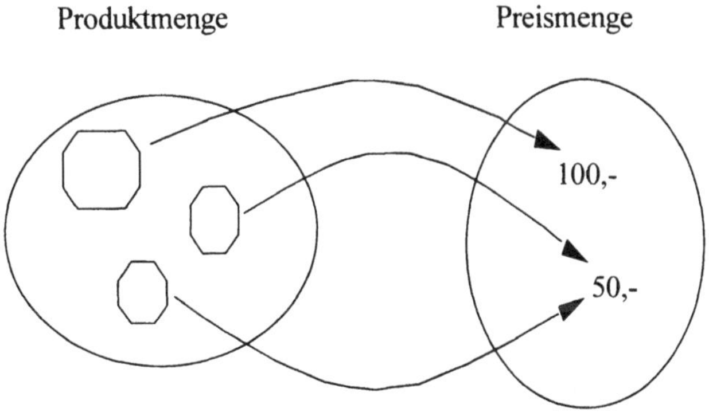

Bild 2.4 Mengendiagramm der Produktmenge M und der Preismenge N

Beispiel 2.13 Die Funktion $y = x^2$ ordnet jeder reellen Zahl x genau eine Quadratzahl y zu. Es handelt sich um eine Abbildung der reellen Zahlen in sich. Sie ist nicht surjektiv, da negative Zahlen als Bilder ausgeschlossen sind. Die Abbildung ist auch nicht injektiv, da die Wurzel aus y ein positives oder negatives Vorzeichen haben kann.

2.6 Relationenalgebra

Bei der Auswertung von relationalen Datenbanken spielen spezielle Verknüpfungen von Relationen eine Rolle.

Beispiel 2.14 In einer Softwarefirma werden zwei Dateien geführt. In der Personaldatei sind Mitarbeiternamen (Menge M_1), Geburtsdaten (Menge M_2), Anschriften (Menge M_3) und Personalnummern (Menge M_4) gespeichert. Die Projektdatei umfasst die Personalnummern aus M_4, die Projektnummern (Menge M_5), die Soll-Stundenzahlen je Projekt (Menge M_6) und die Tagessätze (Menge M_7). Um die Anteile der Mitarbeiter an einem Großprojekt zu ermitteln, ist eine Verbindung (Verbund) zwischen der Personal- und der Projektdatei über die Personalnummern aus M_4 herzustellen. Die Soll-Stunden je Mitarbeiter sind herauszulösen (Extraktion) und alle sonstigen Projekte zu streichen (Division). Von besonderem Interesse ist der Mitarbeiter mit dem höchsten Stundenanteil (Restriktion).

Allgemeingültig versteht man unter einem **Verbund** zweier Relationen R_1 und R_2 über einer gemeinsame Menge M die Relation $R = R_1[M, M]R_2$ mit den Elementen

$$r = r_1 \times r_2 \qquad \text{für} \quad r_1 \in R_1 \qquad \text{und} \quad r_2 \in R_2,$$

wobei die Zusammenfassung der Tupel r_1 und r_2 zu r über das gemeinsame Element $m \in M$ erfolgt, das in r aber nur einmal aufgeführt wird.

Der Verbund hängt an eine Tabelle über eine gemeinsame Spalte eine andere Tabelle an. Die gemeinsame Spalte wird in der Verbundtabelle nur einmal aufgeführt (siehe Bild 2.5).
Bei der **Projektion** (Extraktion, Ausdünnung) einer Relation werden eine oder mehrere Mengen aus dem Kreuzprodukt gestrichen. Wird die Relation als Tabelle interpretiert, so sind beim Projizieren gewisse **Spalten zu streichen** (siehe Bild 2.6).
Bei der **Restriktion** einer Relation, wird ein Element aus der Kreuzmenge gesucht, das eine bestimmte Bedingung erfüllt. Die Bedingung kann sich auf eine oder mehrere Elemente beziehen. In Tabellenform gilt es, eine **Zeile herauszuziehen** (siehe Bild 2.7).

Bei der **Division** einer Relation R/m, mit $m \in M$, wird die Spalte gestrichen, in welcher der Divisor m steht und dazu alle Zeilen, die den Divisor m nicht enthalten (siehe Bild 2.8). Tabellarisch betrachtet, werden eine Spalte und mehrere Zeilen gleichzeitig gestrichen.

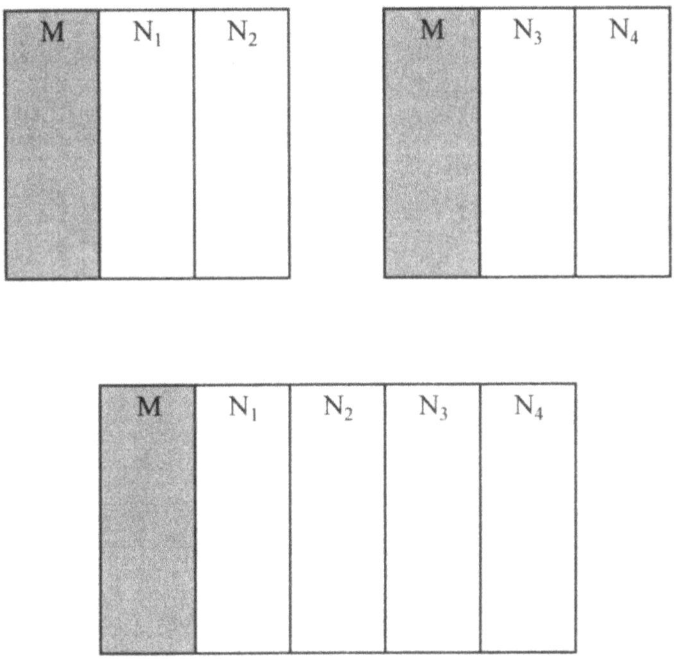

Bild 2.5 Verbund zweier Relationen über eine Menge M

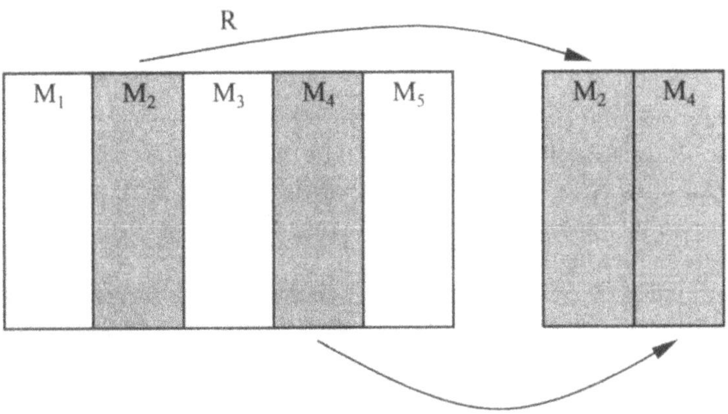

Bild 2.6 Projektion von R auf die Mengen M_2 und M_4

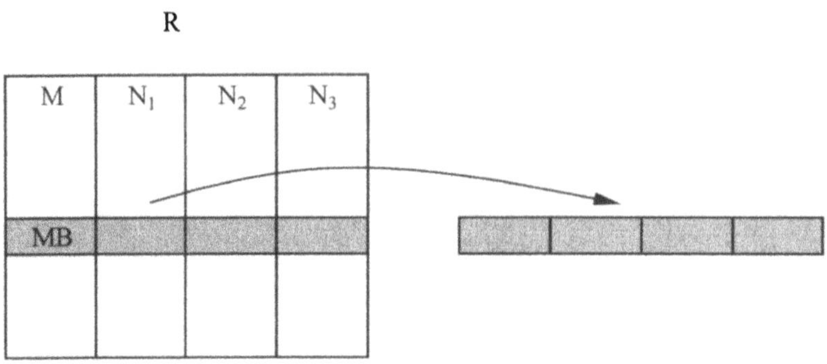

Bild 2.7 Restriktion von R auf eine Zeile MB

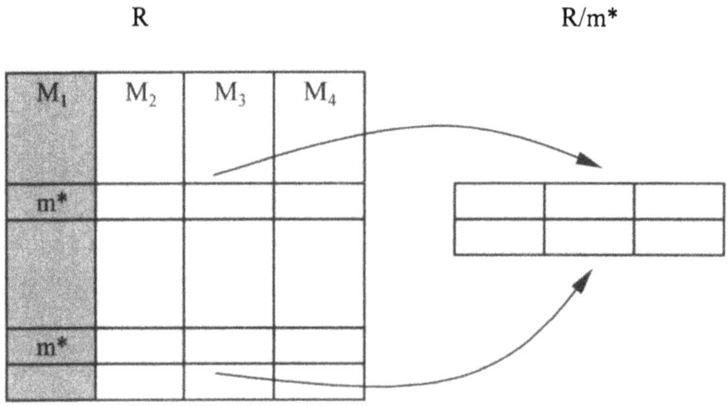

Bild 2.8 Division von R durch m* in Spalte M_1

Beispiel 2.15 Import von Sachdaten in eine geocodierte Tabelle mit Hilfe von EXCEL und RegioGraph

In das europäische Ländertableau des kartografischen Computerprogramms „RegioGraph" sind Geburts- und Sterberaten der EU-Staaten für 1995 zu übertragen. Als Schlüsselspalte fungiert eine achtstellige Länderkennung (siehe Bild 2.9). Die Sachdaten sind einer EXCEL-Tabelle zu entnehmen (siehe Bild 2.10).
Der Verbund wird zwischen der RegioGraph-Datei und der spaltenreduzierten EXCEL-Datei vollzogen (siehe Bilder 2.11 und 2.12).

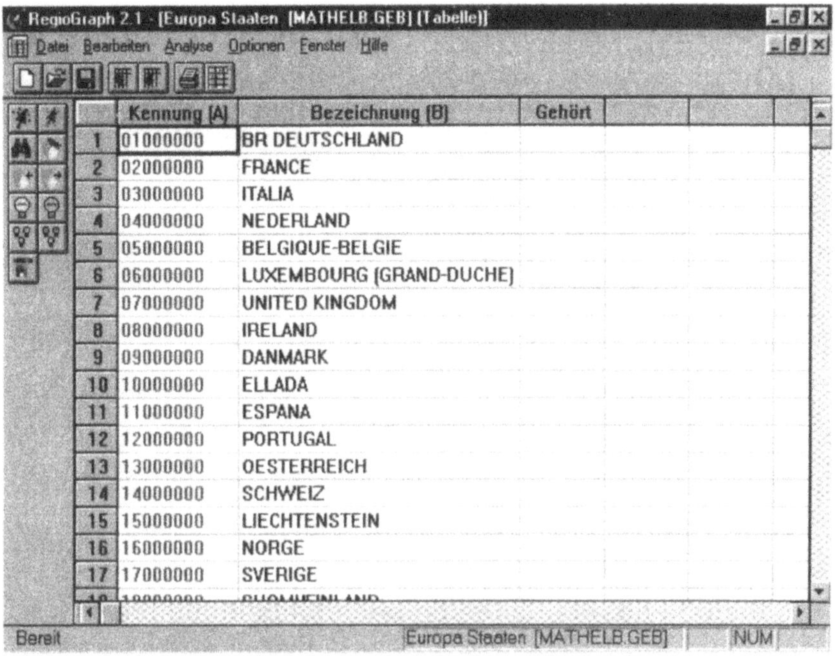

Bild 2.9 Geodatei mit der Schlüsselspalte *Länderkennung*

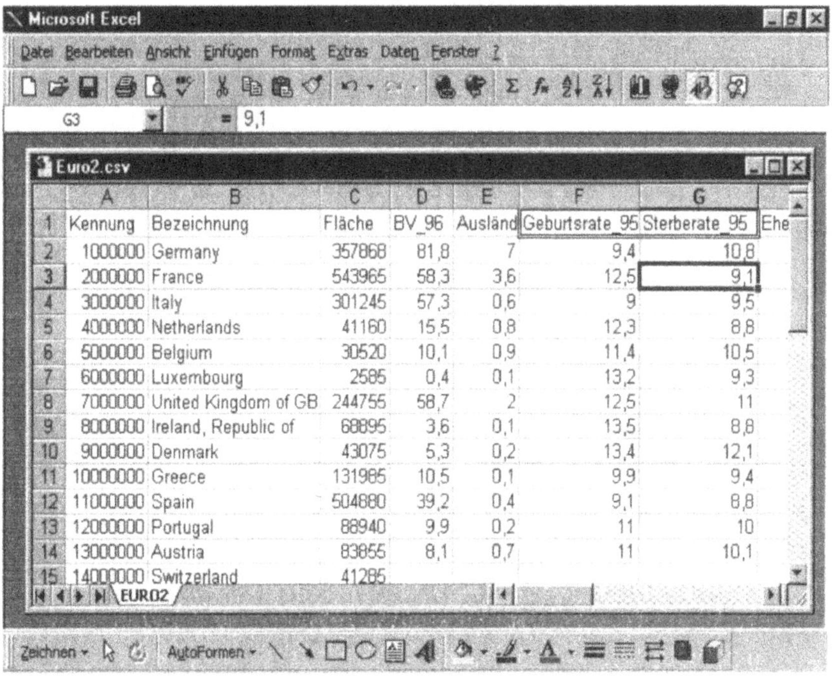

Bild 2.10 Sachdatei mit der Schlüsselspalte *Kennung*

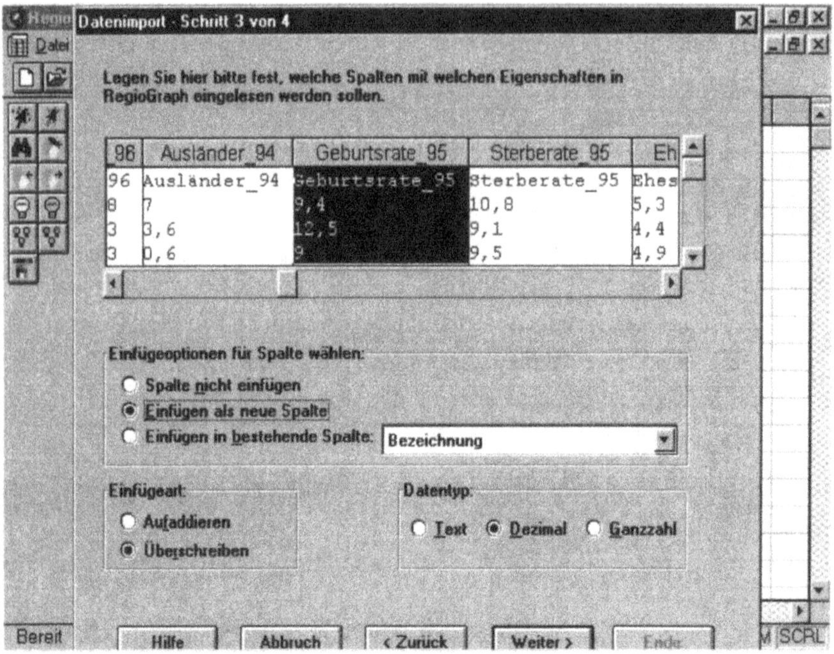

Bild 2.11 Auswahl der zu importierenden Spalten

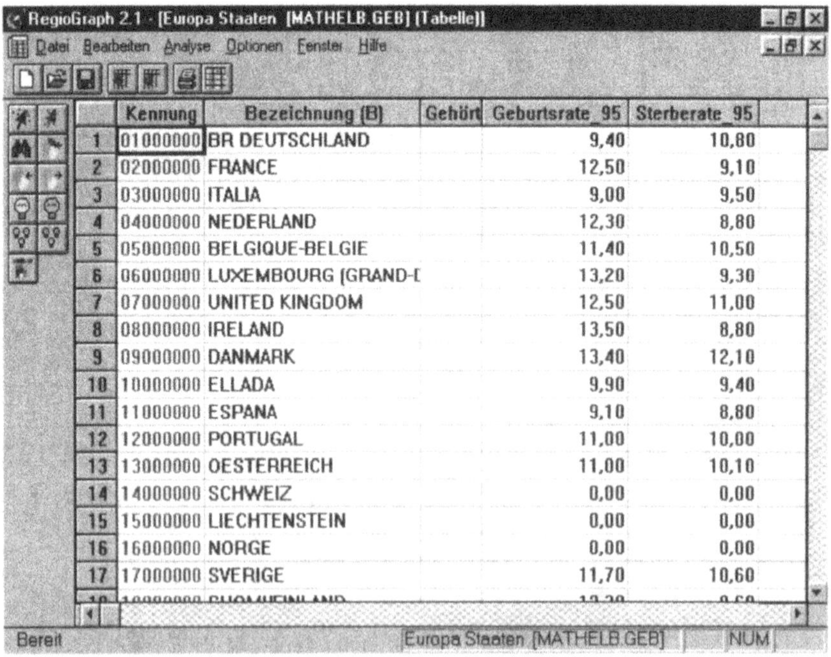

	Kennung	Bezeichnung (B)	Gehört	Geburtsrate_95	Sterberate_95
1	01000000	BR DEUTSCHLAND		9,40	10,80
2	02000000	FRANCE		12,50	9,10
3	03000000	ITALIA		9,00	9,50
4	04000000	NEDERLAND		12,30	8,80
5	05000000	BELGIQUE-BELGIE		11,40	10,50
6	06000000	LUXEMBOURG (GRAND-I		13,20	9,30
7	07000000	UNITED KINGDOM		12,50	11,00
8	08000000	IRELAND		13,50	8,80
9	09000000	DANMARK		13,40	12,10
10	10000000	ELLADA		9,90	9,40
11	11000000	ESPANA		9,10	8,80
12	12000000	PORTUGAL		11,00	10,00
13	13000000	OESTERREICH		11,00	10,10
14	14000000	SCHWEIZ		0,00	0,00
15	15000000	LIECHTENSTEIN		0,00	0,00
16	16000000	NORGE		0,00	0,00
17	17000000	SVERIGE		11,70	10,60

Bild 2.12 Dateiverbund

2.7 Übungsaufgaben

Aufgabe 2.1

Formulieren Sie folgende binäre Relationen und prüfen Sie, welche davon Äquivalenzrelationen sind :

a) Aus der Menge M aller Wirtschaftsinformatiker werden jeweils zwei betrachtet, die ihr Diplom an derselben Hochschule erworben haben.

b) Sei M die Menge der natürlichen Zahlen. Es interessieren nur solche natürlichen Zahlenpaare, die sich zu 10 summieren.

c) Sei M die Menge aller Leuchttürme an der Ostsseeküste. Erfasst werden Leuchttürme, von denen jeweils einer höher als der andere ist. Was ändert sich, wenn Höhengleichheit zugelassen wird?

Aufgabe 2.2

Zeigen Sie, dass der Schnitt bzw. die Vereinigung von Äquivalenzrelationen über einer Menge M wieder Äquivalenzrelationen sind.

Aufgabe 2.3

Gegeben sei eine Relation R mit

$$\{(x, 7), (1, 8), (4, 4), (9, 8), (7, 3), (5, 5), (9, 1), (8, 9), (8, y), (1, 9), (3, 3), (8, 8), (7, 7), (1, 1), (z, z)\}.$$

Bestimmen Sie x, y und z derart, dass eine Äquivalenzrelation entsteht.

Aufgabe 2.4

Zeigen Sie grafisch und rechnerisch, dass folgende Rechenregeln für Kompositionen der Relationen R bzw. S aus $M_1 \times M_2$ und T aus $M_2 \times M_3$ gelten:

$$(R \cup S) * T = (R * T) \cup (S * T)$$

$$(R \cap S) * T = (R * T) \cap (S * T).$$

Aufgabe 2.5 (im PC-Labor mit EXCEL)

Gegeben sei folgende Datei aus dem Dezernat *Studienorganisation* einer Hochschule (Namen, SV-Nummern etc. fiktiv):

SV-Nummer	Nachname	Vorname	Notendurchschnitt	Semesterzahl
211-58-1329	Anders	Michael	2.55	12
169-38-4248	Bauer	Beate	3.25	14
166-48-5842	Chung	Sun	3.40	11
187-52-4076	Dunkel	Dieter	2.85	12
126-63-6382	Ebers	Sabine	1.75	13
135-58-9565	Felder	Franz	2.80	12
172-48-1849	Grünlich	Gustav	2.35	12
192-60-3157	Hurtig	Henriette	2.70	12
160-60-1826	Klein	Hans-Georg	3.05	11
166-52-4147	Lauer	Lea	2.60	13
186-58-0430	Meier	Martina	2.30	12
187-58-1123	Neumann	Alfred	3.90	14
174-58-0732	Otten	Isolde	2.05	13
183-52-3865	Philipps	Rainer	1.55	12
135-48-1397	Rade	Bodo	1.85	11
182-52-6712	Schwabe	Regina	2.95	12
184-48-8539	Thorwald	Marita	3.15	13
187-48-2377	Weiß	Ralf	2.50	12
167-58-1755	Zettel	Utz	1.75	11

Ordnen Sie die Datei aufsteigend nach Noten und Semestern.

- Welche Projektion ist zur getrennten Auswertung des Notendurchschnitts bzw. der Semesterzahl angebracht?

- Führen Sie Restriktionen auf den Notenbereich 1,5 - 2,5 und die Semesterzahl > 12 durch!

- Welche Operation führt dazu, alle Studenten im 12. Semester herauszufinden?

- Die Datei soll probeweise in zwei Tabellen (Personal, Leistungsbewertung) zerlegt und getrennt gewartet werden. Da man sich nicht ganz sicher ist, ob das tatsächlich einen Effizienz-Gewinn bringt, soll der Verbund beider Tabellen gesichert sein. Wie sehen die Tabellen aus?

Aufgabe 2.6

Zeigen Sie, dass die Addition und Multiplikation von Restklassen kommutativ und assoziativ sind.

Aufgabe 2.7

Zeigen Sie, dass aus $a \cdot x \equiv a \cdot y \mod n$ die Kongruenz $x \equiv y \mod n$ folgt, sofern $ggT(a, n) = 1$ gilt (Kürzungsregel).

Aufgabe 2.8

Bestimmen Sie die Reste für $3^{15} \mod 13$ und $15^{83} \mod 13$.

Aufgabe 2.9

Zerlegen Sie die Menge der ganzen Zahlen **G** in Restklassen

mod 11 , mod 13 und mod 15.

Bestimmen Sie jeweils inverse Restklassen für die Restbildung

mod 11 und mod 13.

Begründen Sie, weshalb inverse Restklassen mod 15 nicht gebildet werden können.

Aufgabe 2.10

Zerlegen Sie die Zahlen 341, 561, 45, 1105, 2431 und 4669 in Primfaktoren mit Hilfe des Euklidischen Algorithmus.

Aufgabe 2.11

Bestimmen Sie die größten gemeinsamen Teiler von

1008 und 840, 481 und 1755, 2940 und 1617,

1366596 und 1211364, 128818 und 10395.

Aufgabe 2.12

Bestimmen Sie den Typ folgender Abbildungen $\mathbf{R} \Rightarrow \mathbf{R}$

a) $y = |x|$ b) $y = 2x + 1$ c) $y = \ln x$ d) $y = +\sqrt{x}$.

Geben Sie eine Bedingung an, unter der die Relation $x \equiv y \bmod n$ für ganze Zahlen x und y eine injektive Abbildung wird!

Aufgabe 2.13

Gegeben seien folgende Relationen für prozentuale Änderungen von Indikatoren der EU-Geldpolitik als Orientierungsgrößen für 1999:

$0 \leq \text{BIP} \leq 2{,}5 - 1{,}25 \cdot \text{Preis}$, $0 \leq \text{Preis} \leq 2 - 0{,}364 \cdot \text{Kredit}$,

$0 \leq \text{Kredit} \leq 5{,}5 - 1{,}571 \cdot \text{Geldmenge}$, $0 \leq \text{Geldmenge} \leq 3{,}5 - 1{,}4 \cdot \text{BIP}$.

Stellen Sie alle vier Relationen grafisch in einem Spinnendiagramm dar.

Setzen Sie sich mit folgenden Aussagen auseinander:

1) Kongruenzen dürfen potenziert werden.

2) Der größte gemeinsame Teiler von einer zusammengesetzten Zahl und einer Primzahl ist prim.

3) Die Modulo-Relation ist eine Abbildung.

4) Ordnungsrelationen sind stets reflexiv und transitiv.

5) Die Komposition zweier Relationen ist eine leere Menge, wenn der Durchschnitt der Bildmenge von R_1 und der Originale von R_2 leer ist.

6) Zwei Kongruenzen mod n dürfen ineinander eingesetzt werden.

3. Einführung in die Codierung

Die Umwandlung von sogenanntem Klartext in Zeichenketten, die aus Elementen einer Menge W (**Code, Ciffre**) bestehen, nimmt in der Informatik breiten Raum ein. Man denke an die Umwandlung von Namen in Matrikel- oder Personalnummern, an die Umwandlung von Produkten in Artikelnummern, von Steuerzahlern in Veranlagungsnummern etc.
Der Klartext stammt meist aus der Menge von Buchstaben des lateinischen Alphabets und der Code aus der Ziffernmenge von 0 bis 9. Es sind aber auch gemischte Codemengen, in denen sowohl Buchstaben als auch Zahlen verwendet werden, gebräuchlich.

Es geht bei dieser Umwandlung oder Verschlüsselung zunächst um eine **Vereinfachung** der Informationsverarbeitung, die vor allem in relationalen Datenbanken genutzt wird.
So sind zum Beispiel Mitarbeiterdateien eines Unternehmens über Personalnummern oder Studentendateien einer Fachhochschule über Matrikelnummern verknüpft.

Daneben erfüllt die Codierung eine **Schutzfunktion**. So wird beispielsweise beim Aushängen von Prüfungsergebnissen der Studierende mit Hilfe seiner Matrikelnummer anonymisiert.
Oft ist eine Informationsübertragung mit einem hohen Schutzbedürfnis verbunden, dem das Codierungsverfahren Rechnung tragen muss. Finanzielle Transaktionen per Internet (z. B. Home-Banking) sollen nur für eingeweihte Personen nachvollziehbar sein.

3.1 Prüfziffernverfahren

Bei der Codierung können folgenschwere **Übertragungsfehler** auftreten, die sich durch Prüfziffernverfahren vermeiden lassen. Häufige Fehlerquellen sind

- die einfache Vertauschung von Ziffern,

- die mehrfache Vertauschung von Ziffern,

- zu viele oder zu wenige Ziffern.

Einen Überblick über die Häufigkeit von Codierungsfehlern gibt folgende Tabelle aus einer Studie von Verhoeff (siehe Schulz [1991]):

Tabelle 3.1 Relative Häufigkeit von Eingabefehlern

Fehlertyp	Symbol	Relative Häufigkeit
Verwechslung einer Ziffer	a → b	79,0%
Vertauschung benachbarter Ziffern	ab → ba	10,2%
Vertauschung einer Ziffer mit der übernächsten Ziffer	acb → bca	0,8%
Zwillingsfehler	aa → bb	0,6%
Phonetische Fehler	a0 ↔ 1a (a = 2, ..., 9)	0,5%
Sprung-Zwilling-Fehler	aca ↔ bcb	0,3%
Sonstige Fehler		8,6%

Durch Anhängen einer Prüfziffer können die meisten Codierungsfehler erkannt werden. Je nach Branche haben sich verschiedene Verfahren zur Bildung von Prüfziffern etabliert, die typischerweise auf Modulo-Relationen beruhen.

3.1.1 ISBN-Nummern

Die Internationale Standard-Buchnummer ISBN wurde 1967 in England eingeführt und trat von dort ihren Siegeszug um die Welt an. Im deutschen Buchhandel wird mit der ISBN seit 1969 gearbeitet.
Die ISBN-Nummer besteht aus 9 **Informationsziffern** z_1 bis z_9 und einer **Prüfziffer** z_{10}. Die Ziffern können Werte zwischen 0 und 9 annehmen. Die erste Informationsziffer kennzeichnet Länder bzw. Ländergruppen. Standardmäßig geben die folgenden drei Ziffern den Verlag bzw. die Verlagsgruppe an. Die restlichen 5 Ziffern enthalten eine Titelinformation. Beim Nachdruck von Büchern aus anderen Verlagen kann an Stelle des Dreistellers auch ein Vier- oder Fünfsteller stehen (siehe Bsp. 3.2).

Beispiel 3.1 Das Buch „Zahlentheorie für Einsteiger" von Bartholome u.a. hat die ISBN-Nummer 3-528-16680-0. Die Anfangsziffer 3 kennzeichnet die Gruppe deutschsprachiger Länder (Deutschland, Österreich und Schweiz). Die 528 weist den Vieweg-Verlag aus. Der Titel schließlich ist mittels 16680 codiert. Den Abschluss bildet die Prüfziffer 0.

Beispiel 3.2 Das Buch „A first look at graph theory" von Clark/Holton ist 1991 bei World Scientific Publishing erschienen und in deutscher Übersetzung unter dem Titel „Graphentheorie" 1994 im Spectrum-Verlag herausgekommen. Es hat die ISBN-Nummer 3-86025-331-X.

Die Prüfziffer wird mit Hilfe einer **Modulo-Relation** zum **Nucleus 11** definiert. Die **Platzziffern** 1, 2, ..., 9 werden mit den Informationsziffern z_i für i = 1, ..., 9 multipliziert und zur **Prüfsumme** addiert. Durch Subtraktion der Prüfziffer von der Prüfsumme ergibt sich eine durch 11 teilbare Zahl:

$$1 \cdot z_1 + 2 \cdot z_2 + \ldots + 9 \cdot z_9 - z_{10} \equiv 0 \mod 11.$$

Zur Kontrolle einer ISBN wird der Rest r berechnet

$$1 \cdot z_1 + 2 \cdot z_2 + \ldots + 9 \cdot z_9 \equiv r \mod 11$$

und mit z_{10} verglichen. Für den möglichen Rest 10, wird das Symbol X gesetzt.

Im Beispiel 3.1 ergibt sich

$$1 \cdot 3 + 2 \cdot 5 + 3 \cdot 2 + 4 \cdot 8 + 5 \cdot 1 + 6 \cdot 6 + 7 \cdot 6 + 8 \cdot 8 + 9 \cdot 0$$

$$= 198 = 18 \cdot 11 \equiv 0 \mod 11.$$

Im Beispiel 3.2 gilt

$$1 \cdot 3 + 2 \cdot 8 + 3 \cdot 6 + 4 \cdot 0 + 5 \cdot 2 + 6 \cdot 5 + 7 \cdot 3 + 8 \cdot 3 + 9 \cdot 3 = 131 \quad \text{und}$$

$$131 - 10 = 121 \equiv 0 \mod 11.$$

Die Fehlererkennung des Prüfziffernverfahrens ist sehr leistungsfähig. Das liegt am primen Teiler 11 und der unterschiedlichen Wichtung jeder einzelnen Ziffer. Es gilt folgender **Satz:**

Die ISBN-Nummer zeigt folgende Codierungsfehler an:

1) Verwechslung einer Ziffer,

2) Vertauschung benachbarter Ziffern,

3) Vertauschung einer Ziffer mit einer beliebigen anderen Ziffer.

Beweis:

Es wird jeweils versucht, das Gegenteil zu beweisen (indirekter Beweis) und dabei ein Widerspruch konstruiert.

1) Verwechslung einer Informationsziffer $z_i \neq z_i'$

Sei r der Rest einer korrekten ISBN-Nummer und r' der Rest nach Änderung der Informationsziffer z_i in z_i'. Angenommen, die Prüfziffer modulo 11 könnte den Fehler nicht erkennen, dann müsste r = r' gelten.
Die Differenz der beiden Kongruenzen führt auf

$$\begin{array}{lll} \ldots + i \cdot z_i + \ldots & \equiv r & \mod 11 \\ \ldots + i \cdot z_i' + \ldots & \equiv r' & \mod 11 \\ \hline (-) \quad i \cdot (z_i - z_i') & \equiv 0 & \mod 11 \end{array}$$

mit $i \in \{1, 2, 3, ..., 9\}$ und $z_i - z_i' \in \{\pm 1, \pm 2, \pm 3, ..., \pm 9\}$.

Das kann aber nicht stimmen, denn keiner der beiden Faktoren ist durch 11 teilbar. Der Widerspruch löst sich erst, wenn die falsche Annahme r = r' aufgegeben wird.
Folglich schlägt sich die Veränderung einer Informationsziffer in der Prüfziffer der ISBN nieder.

2) Vertauschung benachbarter Informationsziffern $z_i \neq z_{i+1}'$.

Die Differenz der beiden Kongruenzen für die richtige und die fehlerhafte ISBN ergibt auf der linken Seite

$$i \cdot z_i + (i+1) \cdot z_{i+1} - i \cdot z_{i+1} - (i+1) \cdot z_i = z_{i+1} - z_i \, .$$

Daraus folgt bei angenommener Restgleichheit r = r'

$$z_{i+1} - z_i \equiv 0 \mod 11 .$$

Da die Differenz der Informationsziffern verschieden von null und dem Betrag nach kleiner als 11 ist, entsteht bei der Division durch 11 zwangsläufig ein von null verschiedener Rest. Der Widerspruch löst sich erst, wenn die Annahme r = r' fallen gelassen wird.
Folglich reagiert die Prüfziffer der ISBN auf Zifferndreher.

3) Vertauschung beliebiger Informationsziffern $z_i \neq z_j$ für $i \neq j$

Falls sich zwei beliebige Ziffern z_i und z_j in der ISBN unerkannt vertauschen ließen, dann müsste für $j = i + k$ die Differenz der Kongruenzen auf der linken Seite

$$i \cdot z_i - (i+k) \cdot z_i + (i+k) \cdot z_{i+k} - i \cdot z_{i+k} = k \cdot (z_{i+1} - z_i) \text{ mit } i, k \in \{1, 2, ..., 9\}$$

ergeben und bei angenommener Restgleichheit $r = r'$ auf

$$k \cdot (z_{i+1} - z_i) \equiv 0 \quad \text{mod } 11$$

führen. Das ist aber nicht möglich, da weder k noch die Differenz der Informationsziffern durch 11 teilbar sind. Folglich wirken sich beliebige Drehfehler auf die Prüfziffer in der ISBN aus.

Eine gleichzeitige Änderung von zwei beliebigen Informationsziffern wird in Ausnahmefällen allerdings nicht angezeigt:

Seien $z_1 = 3$ und $z_3 = 2$, dann ergibt sich beim Wechsel auf $z_1' = 6$ und $z_3' = 1$ keine Reständerung. Die Differenz der Reste ist null und durch 11 teilbar. Mithin versagt der Prüfziffernalgorithmus in diesem Fall.

3.1.2 EAN-Nummern

Die Europäische Artikelnummer EAN dient zur Kennzeichnung von Produkten des täglichen Bedarfs. Sie besteht standardmäßig aus 13 Ziffern. Abweichungen gibt es unter anderem bei Zigaretten mit nur 8 Ziffern. Die Ziffern 1 und 2 kennzeichnen des Erzeugerland, die Ziffern 3 bis 7 den Produzenten und die Ziffern 8 bis 12 das Produkt. Die Prüfziffer steht an letzter Stelle.

Beispiel 3.3 Kraft *Tomatenketschup*

4 0	00339	05482	4
Deutschland	Kraft Jacobs Suchard Bremen	Tomaten-ketschup 500 ml	↓ Prüfziffer

Beispiel 3.4 Eiffel *Dijon-Senf*

3 0	36810	20538	7
Frankreich	Segma- Maille BD Eiffel Dijon	Senf Provencale	↓ Prüfziffer

Die Prüfziffer wird im Unterschied zur ISBN mit einer **Modulo-Relation** zum **Nucleus 10** definiert. Die Informationsziffern mit **ungeraden** Platzziffern werden ungewichtet aufaddiert. Die Informationsziffern mit **gerader** Platzziffer erhalten bei der Summenbildung das Gewicht 3. Durch Addition von Prüfsumme und Prüfziffer entsteht eine durch 10 teilbare Zahl:

$$(z_1 + z_3 + \ldots + z_{11}) + 3 \cdot (z_2 + \cdot z_4 + \ldots + z_{12}) + z_{13} \equiv 0 \mod 10.$$

Zur Kontrolle einer EAN wird der Rest r berechnet:

$$(z_1 + z_3 + \ldots + z_{11}) + 3 \cdot (z_2 + \cdot z_4 + \ldots + z_{12}) + z_{13} = r \equiv 0 \mod 10.$$

Ist dieser Rest ein Vielfaches von 10, dann liegt eine fehlerfreie EAN vor.

Im Beispiel 3.3 geht die Division durch 10 wegen

$$(4 + 0 + 3 + 9 + 5 + 8) + 3 \cdot (0 + 0 + 3 + 0 + 4 + 2) + 4$$

$$= 29 + 27 + 4 = 60 = 6 \cdot 10$$

restlos auf. Im Beispiel 3.4 lässt sich mit

$$(3 + 3 + 8 + 0 + 0 + 3) + 3 \cdot (0 + 6 + 1 + 2 + 5 + 8) + 7$$

$$= 17 + 3 \cdot 22 + 7 = 90 = 9 \cdot 10$$

ebenfalls ein durch 10 teilbarer Rest bilden.

Die EAN zeigt weniger Fehler als die ISBN an. Das liegt am geradzahligen Nucleus 10 und dem einfacheren Gewichtungsschema. Es gilt folgender **Satz**:

1) Das Prüfziffern-Verfahren der EAN deckt die Vertauschung einer Ziffer stets auf.

2) Die Vertauschung benachbarter Ziffern wird mit Ausnahme der Paare 05, 16, 27, 38 und 49 ebenfalls angezeigt.

3) Die Vertauschung beliebiger Ziffern wird nicht angezeigt, wenn beide entweder an ungerader oder an gerader Stelle platziert sind. Wechselt die Vertauschung von einer geraden zu einer ungeraden Platzziffer (oder umgekehrt), dann gelten die Ausnahmen von Punkt 2.

4) Wenn benachbarte Paare vertauscht werden, dann reagiert das Prüfziffern-Verfahren nicht.

Beweis:

1) Wenn eine Ziffer z_i durch eine andere Ziffer z_i' ersetzt wird und Restgleichheit $r = r'$ unterstellt wird, dann sind zwei Fälle zu unterscheiden:

a) Ist i eine gerade Platzziffer, dann führt die Differenz der Kongruenzen auf

$$z_i - z_i' \equiv 0 \mod 10.$$

Da die Differenz $z_i - z_i'$ von null verschieden und dem Betrag nach kleiner als 10 ist, ergibt sich ein Widerspruch, der sich löst, wenn die Restgleichheit $r = r'$ fällt.

b) Ist nun i eine gerade Platzziffer, so resultiert aus der Differenz der Kongruenzen bei angenommener Restgleichheit $r = r'$

$$3 \cdot (z_i - z_i') \equiv 0 \mod 10.$$

Auch das kann nicht gelten, da $z_i - z_i'$ nicht restlos durch 10 teilbar ist.

Insgesamt zeigen a) und b), dass der Prüfziffernalgorithmus den Einzelfehler in der EAN aufdeckt.

2) Sind zwei benachbarte Ziffern z_i und z_{i+1} vertauscht worden und die Reste r und r' gleich, dann sind folgende Fälle zu unterscheiden:

a) Für eine ungerade Platzziffer i führt die Differenz der Kongruenzen wegen

$$z_i + 3 \cdot z_{i+1} - (z_{i+1} + 3 \cdot z_i) = 2 \cdot (z_{i+1} - z_i) \neq 0$$

auf

$$2 \cdot (z_{i+1} - z_i) \equiv 0 \mod 10.$$

Das trifft auf die fünf Ziffernfolgen 50, 61, 72. 83 und 94 zu, sonst allerdings nicht.

b) Für eine gerade Platzziffer i müsste analog

$$2 \cdot (z_i - z_{i+1}) \equiv 0 \mod 10$$

mit den selben fünf Lösungen wie oben gelten.

Zusammen genommen zeigen a) und b), dass mit Ausnahme von 5 Paarvarianten der Prüfziffernalgorithmus einen Drehfehler anzeigt.

3) Der Tausch beliebiger Ziffern wird analog zu 2) bewiesen.

4) Bei einem Paartausch etwa von $z_i z_{i+1}$ mit $z_{i+2} z_{i+3}$ ändert sich der Rest r nicht. Die Differenz ist null und damit durch 10 teilbar.

Einen Vergleich der Leistungsfähigkeit der Prüfziffernverfahren für ISBN- und EAN-Nummern gibt folgende Tabelle.

Tabelle 3.2 Leistungsvergleich von Prüfziffernverfahren

Verfahren	Teiler	Verwechslung einer Ziffer	Vertauschung benachbarter Ziffern	Vertauschung beliebiger Ziffern	Verwechslung von zwei Ziffern	Vertauschung benachbarter Ziffernpaare
ISBN	11	stets	stets	stets	in Sonderfällen nicht	in Sonderfällen nicht
EAN	10	stets	in Sonderfällen nicht	oft nicht	oft nicht	überhaupt nicht

3.1.3 Postbank-Konten

Ein **zweistufiges Prüfziffernverfahren** wird bei Postbank-Konten[1] angewendet. In einem **ersten Schritt** werden **Reste modulo 11** gebildet. Dabei ist jede Ziffer z_i mit ihrer Platzziffer i zu multiplizieren und dieselbe zum Produkt zu addieren. Die **Platzziffern i** werden modulo 3 mit dem Repräsentanten 3 für $R_0(3)$ eingesetzt:

$z_1 \cdot 1 + 1 \equiv r_1 \bmod 11 \quad z_2 \cdot 2 + 2 \equiv r_2 \bmod 11 \quad z_3 \cdot 3 + 3 \equiv r_3 \bmod 11$

$z_4 \cdot 1 + 1 \equiv r_4 \bmod 11 \quad z_5 \cdot 2 + 2 \equiv r_5 \bmod 11 \quad z_6 \cdot 3 + 3 \equiv r_6 \bmod 11$

usw.

In einem **zweiten Schritt** wird die **Summe der Reste** gebildet. Diese Summe muss kongruent **modulo 10** zur angehängten Prüfziffer sein:

$r_1 + r_2 + r_3 + \ldots + r_n \equiv z_p \quad \bmod 10.$

Beispiel 3.5 Das Postbank-Konto der Berliner Firma *Autos+Weine* ist 36 95 00 100. Im ersten Schritt ergeben sich folgende Reste

$3 \cdot 1 + 1 \equiv 4 \bmod 11 \quad 6 \cdot 2 + 2 \equiv 3 \bmod 11 \quad 9 \cdot 3 + 3 \equiv 8 \bmod 11$

$5 \cdot 1 + 1 \equiv 6 \bmod 11 \quad 0 \cdot 2 + 2 \equiv 2 \bmod 11 \quad 0 \cdot 3 + 3 \equiv 3 \bmod 11$

$1 \cdot 1 + 1 \equiv 2 \bmod 11 \quad 0 \cdot 2 + 2 \equiv 2 \bmod 11.$

Für die Restsumme 30 ist die Prüfbedingung des zweiten Schritts mit der Prüfziffer 0 offenbar erfüllt, d.h. $30 \equiv 0 \bmod 10$.

3.1.4 Codierung von Geldscheinen

Die Deutsche Bundesbank codiert seit 1990 jeden Geldschein mit einer 11-stelligen Zeichenkette aus Buchstaben und Ziffern. Die ersten beiden Zeichen sind Buchstaben aus einer **Alphabetmenge** M = {A,

[1] Das Prüfziffern-Verfahren wurde in der Vergangenheit auch für Postscheck-Konten und Post-Giro-Konten verwendet.

D, G, K, L, N, S, U, Y, Z}. Danach folgen 7 Ziffern, erneut ein Buchstabe aus der Alphabetmenge M, und den Abschluss bildet eine Prüfziffer.

Beispiel 3.6 Ein Zehn-Mark-Schein weist folgende Kennung auf: DK0148253Y5.

Bild 5.1 10 DM- Schein

Das Prüfziffernverfahren besteht aus drei Schritten.
Im **ersten Schritt** wird die gemischte Buchstaben-Ziffern-Folge in eine reine Ziffernfolge umgewandelt. Den Code enthält nachfolgende Tabelle.

Tabelle 3.3 Codierung der Geldscheinkennung

A	D	G	K	L	N	S	U	Y	Z
0	1	2	3	4	5	6	7	8	9

Im **zweiten Schritt** wird jede Ziffer (außer der Prüfziffer) mit Hilfe einer speziellen **Permutation** T der Zahlen 0 bis 9 umgewandelt[2]. Die erste Ziffer wird unmittelbar durch Anwendung von T permutiert. Dabei geht die 0 in die 1, die 1 in die 5 usw. und am Ende die 9 in die 4 über.

0	1	2	3	4	5	6	7	8	9
1	5	7	6	2	8	3	0	9	4

Für die Umwandlung der zweiten Ziffer wird die Permutation T zweimal hintereinander angewendet. Die Zusammenfassung dieser beiden Operationen wird als Permutation T^2 bezeichnet.

[2] Die zyklischen Permutationen T lassen sich geometrisch mit Hilfe eines Fünfecks deuten (siehe Schulz [1991]). Sie ergeben sich aus den 5 Drehungen und 5 Klappungen an den Symmetrieachsen.

Dabei geht die 0 in die 5, die 1 in die 8 usw. und am Ende die 9 in die 2 über.

0	1	2	3	4	5	6	7	8	9
5	8	0	3	7	9	6	1	4	2

Entsprechend ist auf die dritte Ziffer die Permutation T^3, auf die vierte Ziffer die Permutation T^4 anzuwenden usw. Die beiden letzten Permutationen im Verfahren ergeben sich wegen der zyklischen Eigenschaft von T als $T^9 = T$ und $T^{10} = T^2$.

Im **dritten Schritt** schließt sich eine Restbildung modulo 5 an. Sie wird stufenweise für benachbarte Ziffernpaare (i, j) durchgeführt. Für die Berechnung der Reste sind vier Fälle zu unterscheiden:

Tabelle 3.4 Codierung von Ziffernpaaren modulo 5

(i, j)	$0 \le j \le 4$	$5 \le j \le 9$
$0 \le i \le 4$	$i + j \equiv r \mod 5$	$i + j \equiv r^* \mod 5$ $r = 5 + r^*$
$5 \le i \le 9$	$i - j \equiv r^* \mod 5$ $r = 5 + r^*$	$i - j \equiv r \mod 5$

Auf die Restpaare wird erneut eine Restbildung modulo 5 angewandt usw. In jeder Stufe der Restbildung reduziert sich die Zahl der Ziffern: Bei gerader Anzahl auf die Hälfte, bei ungerader Anzahl auf die der Hälfte folgende gerade Zahl.
Am Ende bleibt ein Rest übrig. Ist er null, dann ist das Prüfziffernverfahren erfolgreich abgeschlossen. Andernfalls liegt ein Fehler vor.
Um die Berechnung von Beispiel 3.6 zu erleichtern, werden die Permutationen und Restbildungen tabellarisch zusammengestellt.

Tabelle 3.5 Permutationen $T, T^2, T^3, ..., T^8$

0	1	2	3	4	5	6	7	8	9
1	5	7	6	2	8	3	0	9	4

0	1	2	3	4	5	6	7	8	9
5	8	0	3	7	9	6	1	4	2

0	1	2	3	4	5	6	7	8	9
8	9	1	6	0	4	3	5	2	7

0	1	2	3	4	5	6	7	8	9
9	4	5	3	1	2	6	8	7	0

0	1	2	3	4	5	6	7	8	9
4	2	8	6	5	7	3	9	0	1

0	1	2	3	4	5	6	7	8	9
2	7	9	3	8	0	6	4	1	5

0	1	2	3	4	5	6	7	8	9
7	0	4	6	9	1	3	2	5	8

0	1	2	3	4	5	6	7	8	9
0	1	2	3	4	5	6	7	8	9

Tabelle 3.6 Restbildung für Paare (i, j) modulo 5

i/j	0	1	2	3	4	5	6	7	8	9
0	0	1	2	3	4	5	6	7	8	9
1	1	2	3	4	0	6	7	8	9	5
2	2	3	4	0	1	7	8	9	5	6
3	3	4	0	1	2	8	9	5	6	7
4	4	0	1	2	3	9	5	6	7	8
5	5	9	8	7	6	0	4	3	2	1
6	6	5	9	8	7	1	0	4	3	2
7	7	6	5	9	8	2	1	0	4	3
8	8	7	6	5	9	3	2	1	0	4
9	9	8	7	6	5	4	3	2	1	0

Die Prüfziffernkontrolle des 10-Mark-Scheins aus Beispiel 3.6 ergibt im ersten Schritt:

D	K	0	1	4	8	2	5	3	Y	5
1	3	0	1	4	8	2	5	3	8	5

Im zweiten Schritt ist die Ziffer 1 mit Hilfe der Permutation T zu transformieren. Die Ziffer geht über in 5. Die zweite Ziffer ist mit Hilfe von T^2 zu transformieren und geht über in 3 usw.

1	3	0	1	4	8	2	5	3	8	5
5	3	8	4	5	1	4	5	6	4	5

Im dritten Schritt wird nun paarweise modulo 5 ausgewertet. Für das erste Paar (5, 3) wird 5 - 3 ≡ 2 mod 5 bestimmt und der Rest r* um 5 vermehrt. Der korrigierte Rest r = 7 wird eingetragen. Dann wird das Paar (8, 4) ausgewertet. Es ergibt sich zunächst Rest 4 und nach Addition von 5 der korrigierte Rest 9 usw. In der letzten Zeile weist der Rest Null darauf hin, dass der Geldschein korrekt codiert worden ist.

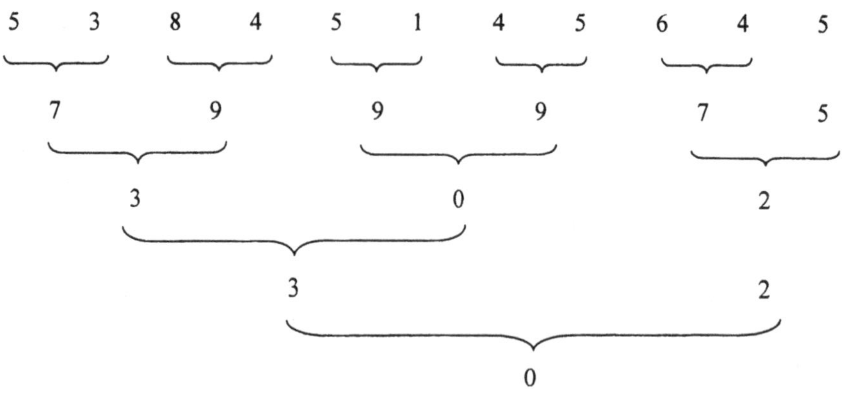

3.2 Symmetrische Verschlüsselung

Um Informationen vor unbefugtem Zugriff zu schützen, sind zahlreiche **kryptografische Verfahren** entwickelt worden. Ein besonders hohes Sicherheitsbedürfnis machten stets Politiker und Feldherren geltend. Ihr Informationsaustausch durfte nicht im Klartext erfolgen. Die Botschaften mussten verschlüsselt werden, um den politischen Gegner oder militärischen Feind über die eigenen Absichten im Unklaren zu halten.
Die historisch verbürgten Verfahren hatten nur einen Nachteil: Der gemeinsame Code für Sender und Empfänger war so einfach aufgebaut, dass er sich nach geraumer Zeit entschlüsseln ließ. Der intelligente Gegner konnte „mitlesen" und wurde dadurch unberechenbar. Es blieb den Akteuren dann nichts weiter übrig, als die Schlüssel so schnell zu wechseln, dass der Gegner mit dem Decodieren nicht mehr nachkam.
Ein bemerkenswertes Beispiel dafür, wie brisant ein entschlüsselter Code sein kann, ist die im 2. Weltkrieg von der Deutschen Wehrmacht eingesetzte **ENIGMA-Maschine**. Sie diente zur Codierung von Funksprüchen mit täglich wechselnden Schlüsseln. Ihre Verfahrensweise wurde von der Britischen Abwehr bereits 1942 aufgedeckt. Dieser für den Ausgang des Krieges bedeutsame Fakt ist allerdings erst in den siebziger Jahren an die Öffentlichkeit gelangt.

3.2.1 Caesar-Chiffre

Eines der ältesten Verfahren wurde der Überlieferung nach vom römischen Feldherrn Julius Caesar benutzt. Die Alphabet-Menge M dieser als **Caesar-Chiffre** in die Literatur eingegangenen Verschlüsselungsmethode umfasst alle 26 Buchstaben von A bis Z. Die Buchstaben werden alphabetisch aufsteigend angeordnet und dann in sich verschoben, ohne die Rangfolge anzutasten.

Beispiel 3.7 Eine Alphabetverschiebung nach links um drei Buchstaben führt auf nachstehende Codierungsvorschrift:

A B C D E F G H I J K L M N O P Q R S T U V W X Y Z

D E F G H I J K L M N O P Q R S T U V W X Y Z A B C.

Das D steht an der Spitze des neuen Alphabets. Ihm folgen E, F usw. Den Schluss des Alphabets bildet der Buchstabe C.
Die Verschiebung des Alphabets (Richtung und Position) ist der sogenannte **Schlüssel (Code)**. Er muss Absender und Empfänger einer Nachricht gleichsam bekannt sein, um die verschlüsselte Nachricht decodieren zu können. Man spricht von einem **symmetrischen**, auf beiden Seiten identischen **Schlüssel**.

Beispiel 3.7 (Fortsetzung) Das Wort „DATENBANK“ soll mit Hilfe der obigen Caesar-Chiffre verschlüsselt werden. Dabei geht D über in G, A in D usw. Die verschlüsselte Nachricht lautet „GDWHQEDQN“.

Für die Entschlüsselung wird umgekehrt vorgegangen. Dem G in der unteren Zeile wird das D in der oberen Zeile des Schlüssels zugeordnet, entsprechend dem D das A usw.

Die Caesar-Chiffre wurde noch im ersten Weltkrieg zur Verschlüsselung von Funksprüchen eingesetzt (siehe Beyrer [1999]). Die beiden Alphabete befanden sich dabei auf Kreisscheiben, die gegeneinander gedreht werden konnten.

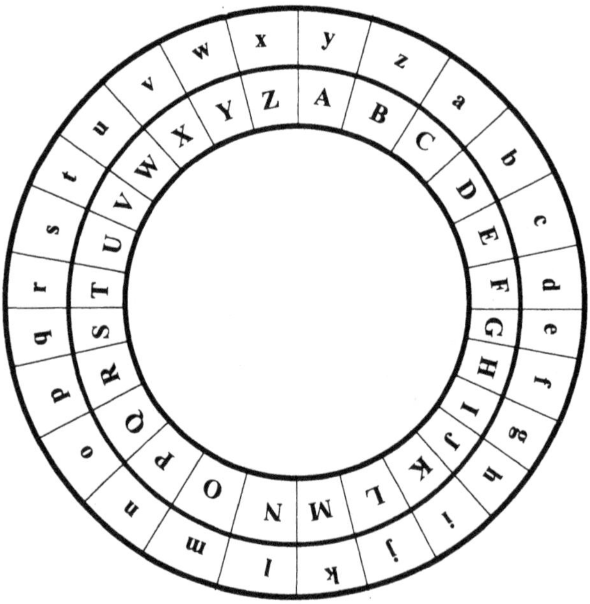

Bild 3.2 Verschlüsselungsscheibe für die Caesar-Chiffre

In das erweiterte Alphabet der Chiffre fanden neben den 26 Buchstaben auch die Umlaute „ä“, „ö“, „ü“, sowie „ch“ und die Ziffern 0 bis 9 Eingang.

Ein erheblicher **Nachteil** der Caesar-Chiffre besteht darin, dass sich die unterschiedliche Häufigkeit, mit der einzelne Buchstaben in einer Sprache verwendet werden, nicht verschleiern lässt. Wenn genügend codierter Text vorliegt, kann mittels **Häufigkeitsanalyse** auf die jeweilige Alphabet-Verschiebung geschlossen werden.
Die beiden Beispiele in Tabelle 3.7 und Bild 3.3 zeigen, dass in der deutschen Sprache die Buchstaben „e“ und „n“ ganz besonders häufig verwendet werden. Daneben fallen die Häufigkeiten der Buchstaben „a“, „i“, „r“, „s“ und „t“ auf.

Tabelle 3.7 Häufigkeitsanalyse eines speziellen Textes (Wobst [1997])

Die zehn häufigsten Buchstaben und Zeichen		Die zehn häufigsten Paare von Buchstaben und Zeichen	
Zeichen	Häufigkeit	Zeichenpaar z_1-z_2	Häufigkeit
Leerzeichen , ,	13,78%	e-n	3,11%
e	13,17%	e - r	2,65%
n	8,09%	n-, ,	2,57%
i	6,65%	c - h	2,35%
r	5,67%	e-, ,	2,18%
t	5,17%	e - j	1,56%
s	4,39%	r-, ,	1,54%
a	4,03%	t - e	1,49%
h	3,77%	i - e	1,47%
l	2,99%	, ,-d	1,35%

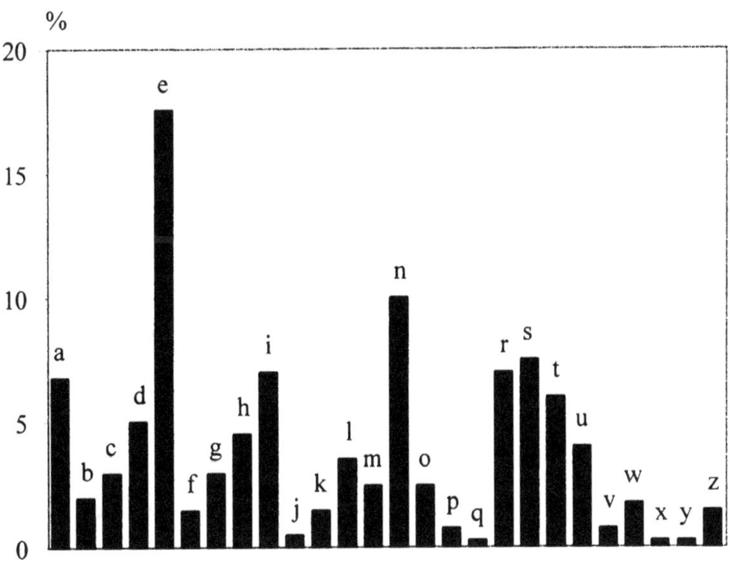

Bild 3.3 Häufigkeiten der Buchstaben nach Kippenhahn (siehe Beyrer [1999])

3.2.2 Vigenere-Chiffre

Die Vigenere-Chiffre wurde 1586 vom gleichnamigen französischen Diplomaten Blaise de Vigenere, einem Vertrauten Heinrich III., eingeführt. Mit ihrer Hilfe sollte die Buchstabenhäufigkeit im codierten Text verschleiert werden.
Das besagte Verfahren benötigt ein **Schlüsselwort**, dass nur Absender und Empfänger kennen, und eine allgemein bekannte Codierungstafel, das **Vigenere-Quadrat**. Im Quadrat sind alle 26 Stellungen des Alphabets mit stets aufsteigender Rangfolge der Buchstaben enthalten (siehe Tabelle 3.8).

Die **Codierung** erfolgt paarweise. Jedes Paar besteht aus einem Text-Buchstaben und einem Schlüsselwort-Buchstaben. Dazu wird das Schlüsselwort unter dem zu codierenden Text positioniert und ggf. vervielfacht. Jedem Buchstabenpaar (s_i, z_j) ist ein Element c_{ij} aus dem Vigenere-Quadrat zugeordnet. Beim Dechiffrieren wird das Schlüsselwort über dem zu decodierenden Text angeordnet. Zum Buchstaben s_i des Schlüsselwortes (Zeilenbestimmung) und dem zugehörigen Text-Buchstaben c_{ij} im Vigenere-Quadrat ist der entsprechende Buchstabe z_j (Spaltenbestimmung) zu ermitteln.

Beispiel 3.8 Das Wort „Datenbank" soll nach Vigenere verschlüsselt werden. Als Schlüssel fungiert das Wort „Informatik". Beide Zeichenketten werden übereinander positioniert

D	A	T	E	N	B	A	N	K	
I	N	F	O	R	M	A	T	I	K

und paarweise codiert. Das erste Paar (D, I) wird im Vigenere-Quadrat mit Zeilenkennung D und Spaltenkennung I auf den Buchstaben L abgebildet. Dem zweiten Paar (A, N) wird per Zeilenkennung A und Spaltenkennung N der Buchstabe N zugeordnet usw. Es entsteht die verschlüsselte Nachricht

L N Y S E N A G S.

Der Buchstabe A des Originaltextes wird einmal in N und einmal in A überführt. Umgekehrt wird den Buchstaben E und K jeweils der Buchstabe S im codierten Text zugeordnet. Auf diese Weise wird eine Häufigkeitsanalyse ganz erheblich erschwert.

Für die **Decodierung** sind entsprechend das Schlüsselwort und die Botschaft in Deckung zu bringen:

I	N	F	O	R	M	A	T	I	K
L	N	Y	S	E	N	A	G	S.	

Die Auswertung beginnt mit dem Paar (I, L), wobei I als Zeilenkennung und L als Element in der Vigenere-Tafel dienen. Die zugehörige Spaltenkennung ist D, der erste Buchstabe des Originaltextes.

Tabelle 3.8 Vigenere-Quadrat

A	B	C	D	E	F	G	H	I	J	K	L	M	N	O	P	Q	R	S	T	U	V	W	X	Y	Z
B	C	D	E	F	G	H	I	J	K	L	M	N	O	P	Q	R	S	T	U	V	W	X	Y	Z	A
C	D	E	F	G	H	I	J	K	L	M	N	O	P	Q	R	S	T	U	V	W	X	Y	Z	A	B
D	E	F	G	H	I	J	K	L	M	N	O	P	Q	R	S	T	U	V	W	X	Y	Z	A	B	C
E	F	G	H	I	J	K	L	M	N	O	P	Q	R	S	T	U	V	W	X	Y	Z	A	B	C	D
F	G	H	I	J	K	L	M	N	O	P	Q	R	S	T	U	V	W	X	Y	Z	A	B	C	D	E
G	H	I	J	K	L	M	N	O	P	Q	R	S	T	U	V	W	X	Y	Z	A	B	C	D	E	F
H	I	J	K	L	M	N	O	P	Q	R	S	T	U	V	W	X	Y	Z	A	B	C	D	E	F	G
I	J	K	L	M	N	O	P	Q	R	S	T	U	V	W	X	Y	Z	A	B	C	D	E	F	G	H
J	K	L	M	N	O	P	Q	R	S	T	U	V	W	X	Y	Z	A	B	C	D	E	F	G	H	I
K	L	M	N	O	P	Q	R	S	T	U	V	W	X	Y	Z	A	B	C	D	E	F	G	H	I	J
L	M	N	O	P	Q	R	S	T	U	V	W	X	Y	Z	A	B	C	D	E	F	G	H	I	J	K
M	N	O	P	Q	R	S	T	U	V	W	X	Y	Z	A	B	C	D	E	F	G	H	I	J	K	L
N	O	P	Q	R	S	T	U	V	W	X	Y	Z	A	B	C	D	E	F	G	H	I	J	K	L	M
O	P	Q	R	S	T	U	V	W	X	Y	Z	A	B	C	D	E	F	G	H	I	J	K	L	M	N
P	Q	R	S	T	U	V	W	X	Y	Z	A	B	C	D	E	F	G	H	I	J	K	L	M	N	O
Q	R	S	T	U	V	W	X	Y	Z	A	B	C	D	E	F	G	H	I	J	K	L	M	N	O	P
R	S	T	U	V	W	X	Y	Z	A	B	C	D	E	F	G	H	I	J	K	L	M	N	O	P	Q
S	T	U	V	W	X	Y	Z	A	B	C	D	E	F	G	H	I	J	K	L	M	N	O	P	Q	R
T	U	V	W	X	Y	Z	A	B	C	D	E	F	G	H	I	J	K	L	M	N	O	P	Q	R	S
U	V	W	X	Y	Z	A	B	C	D	E	F	G	H	I	J	K	L	M	N	O	P	Q	R	S	T
V	W	X	Y	Z	A	B	C	D	E	F	G	H	I	J	K	L	M	N	O	P	Q	R	S	T	U
W	X	Y	Z	A	B	C	D	E	F	G	H	I	J	K	L	M	N	O	P	Q	R	S	T	U	V
X	Y	Z	A	B	C	D	E	F	G	H	I	J	K	L	M	N	O	P	Q	R	S	T	U	V	W
Y	Z	A	B	C	D	E	F	G	H	I	J	K	L	M	N	O	P	Q	R	S	T	U	V	W	X
Z	A	B	C	D	E	F	G	H	I	J	K	L	M	N	O	P	Q	R	S	T	U	V	W	X	Y

Das Vigenere-Verfahren wird auch heute noch eingesetzt, allerdings meist in Verbindung mit anderen, asymmetrischen Codierungsverfahren (siehe Kapitel 3.3).

3.2.3 ENIGMA-Rotoren

Die Verschlüsselungsidee der ENIGMA-Maschine besteht darin, das Alphabet nicht in sich zu verschieben, sondern zu permutieren. Mit der Auflösung der starren Rangfolge im Code musste zwangsläufig die Sicherheit steigen.

Technisch wurde die **Permutation** erstmalig von A. Scherbius (1919) mit Hilfe von Alphabet-Rotoren realisiert, die in Reihe geschaltet und über elektromagnetische Schleifkontakte miteinander verbunden waren. Jeder Rotor enthielt eine fest verdrahtete Buchstabenpermutation. Die Stellung eines Rotors zum nachfolgenden Rotor ließ sich verändern.

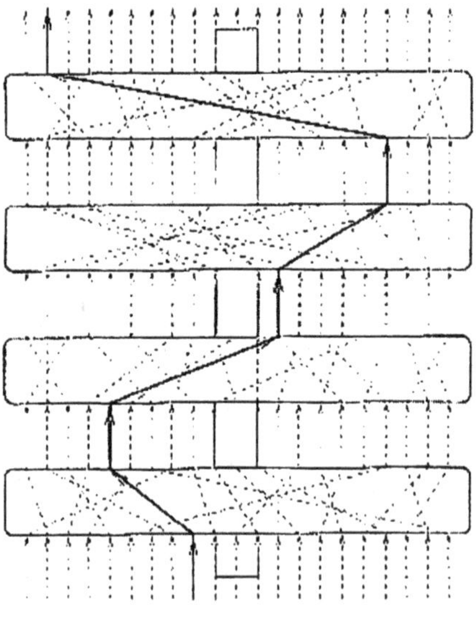

Bild 3.4 Wirkprinzip der ENIGMA-Rotoren (siehe Wobst [1997])

Es gab zahlreiche Verfeinerungen der Grundidee. So wurden zunächst 3, später vier Permutationsrotoren eingebaut. Hinzu kam ein Steckbrett, dass im Anschluss an die Rotorverschlüsselung Zweiergruppen von Buchstaben in einen Buchstaben codierte. Damit ließ sich eine bemerkenswerte kombinatorische Vielfalt von ENIGMA-Schlüsseln erzeugen.

Tabelle 3.9 Schlüsselzahl einer ENIGMA mit 3 Rotoren

Quelle von Varianten	Anzahl von Varianten
Stellung der drei Rotoren mit 26 Buchstaben gegeneinander	26^3
Auswahl von 3 Rotoren aus 5 möglichen	10 (Binomialkoeffizient 5 über 3)
Rotorreihenfolge	3!
Paarzusammenfassungen von 26 Buchstaben auf dem Steckbrett	$26!/(13!\cdot 2!)$
Produkt aller Varianten	$8\cdot 10^8$

Der Einbau einer **Umkehrwalze**, mit der die Rotoren in umgekehrter Reihenfolge ein zweites Mal durchlaufen wurden, brachte allerdings nicht den erhofften Sicherheitsgewinn. Denn von diesem Zeitpunkt an konnte kein Buchstabe mehr in sich selbst übergehen, ohne einen Kurzschluss zu verursachen. Die kombinatorische Vielfalt wurde auf diese Weise wieder reduziert.
Die entscheidende Ursache dafür, dass die Codierung der ENIGMA-Maschine von A. Turing Ende 1942 nachvollzogen werden konnte, lag allerdings nicht allein in ihren konzeptionellen und technischen Mängeln, sondern in einer fatalen Überschätzung ihrer Sicherheit. Sie galt in der Deutschen Wehrmacht als unschlagbar und wurde unbedenklich für jeden Zweck und unter allen Bedingungen eingesetzt, z. B. auch zur Codierung von Wettermeldungen. Angesichts der enormen Anzahl abgesetzter Sprüche war es nur eine Frage der Zeit, bis das Codierungsverfahren von den Alliierten aufgedeckt werden konnte. Eine nachlässige Bedienung in den ersten beiden Kriegsjahren und stupide Vorschriften taten ein Übriges, um den Code und seine periodischen Änderungen immer schneller zu entschlüsseln.
Zu erwähnen ist aber auch, dass es bereits vor dem 1. Weltkrieg hochkarätige Angriffe auf den ENIGMA-Code durch den polnischen Geheimdienst (M. Rejewski) gegeben hat, auf dessen Ergebnisse A. Turing zurückgreifen konnte.

Tabelle 3.10 Angriffspunkte der ENIGMA (siehe Wobst [1997])

Kein Zeichen wurde in sich selbst überführt.
Jeder Rotor wurde vom linken Nachbar in rotorspezifischer Stellung weitergedreht und konnte dadurch identifiziert werden.
Spruchschlüssel (Dreiergruppen) zur Markierung der Rotorstellung wurden zweimal hintereinander an den Anfang des Spruches geschrieben und somit leicht identifiziert.
Spruchschlüssel wurden stereotyp gewählt (beieinander liegende Tasten, z. B. QWE).
Viele Nachrichten hatten den gleichen Anfang „ANX“ und enthielten andere stereotype Teile (Grußformeln).
Klartext wurde manchmal untergeschoben.
Zahlreiche Grundschlüssel wurden auf Wetterschiffen erbeutet. Eine ENIGMA (U 110) geriet unversehrt in die Hand der Engländer.

Die technische Ausführung einer ENIGMA lehnte sich an eine Schreibmaschine an. Sie bestand aus einem Tastenfeld für die Texteingaben, einem Steckbrett und den 3 – 4 Rotoren zur Codierung, sowie einem mit Glühlampen bestückten Anzeigefeld.

Tabelle 3.11 Tastenlage der ENIGMA

Q	W	E	R	T	Z	U	I	O
A	S	D	F	G	H	J	K	
P	Y	X	C	V	B	N	M	L

Bild 3.5 Marine-ENIGMA mit 4 Rotoren von 1942 (siehe Beyrer [1999])

Der Stromfluss verlief von der Tastatur über die Walzen (Hin- und Rückrichtung) und über das Steckbrett hin zu den Anzeigelämpchen.

3.3 Asymmetrische Verschlüsselung

Der Ausgangspunkt für den Übergang zur asymmetrischen Verschlüsselung bestand darin, den riskanten Schlüsseltausch zwischen beiden Partnern zu vermeiden. Es wurde die Idee geboren, jeden Teilnehmer mit einem **Paar passfähiger Schlüssel** auszustatten: einem öffentlichen und einem nicht öffentlichen, privaten Schlüssel. Der Absender codiert mit dem öffentlichen Schlüssel des Empfängers, und der Adressat decodiert mit seinem privaten Schlüssel. Nur durch die Passfähigkeit beider Schlüssel kann eine Nachricht codiert bzw. decodiert werden. Eine Schlüsselübermittlung ist damit hinfällig.

Das Verfahren setzt ein großes Reservoir von Schlüsseln mit entsprechendem Sicherheitsstandard voraus, aus dem jeder Teilnehmer seinen **„öffentlichen" Schlüssel** und seinen **„privaten" Schlüssel** erhält.

Das derzeit bekannteste und weltweit führende asymmetrische Verschlüsselungsverfahren wurde 1978 von Rivest, Shamir und Adleman vorgeschlagen. Entsprechend den Anfangsbuchstaben seiner Entwickler ist es als **RSA-Verfahren** in die Kryptographie eingegangen. Das RSA-Verfahren beruht auf Modulo-Relationen mit sehr großen Primzahlschlüsseln. Der aktuelle Sicherheitsstandard nutzt Primzahlen mit mehr als 100 Stellen.

3.3.1 Zahlentheoretische Grundlagen

Primzahlen lassen sich mit Hilfe des **Siebes von Erathostenes** (276 – 194 v. u. Z.) erzeugen.
Es werden alle natürlichen Zahlen aufsteigend angeordnet und nacheinander alle Vielfachen von 2, dann alle Vielfachen von 3, alle Vielfachen von 5 usw. gestrichen. Auf diese Weise entsteht die Folge der Primzahlen:

Stufe 0

2 3 4 5 6 7 8 9 10 11 12 13 14 15 16 17 18 19 20
21 22 23 24 25 26 27 28 ...

Stufe 1

2 3 5 7 9 11 13 15 17 19
21 23 25 27 ...

Stufe 2

2 3 5 7 11 13 17 19
23 25 ...

Stufe 3

2 3 5 7 11 13 17 19
23 ...

Eine Zusammenstellung der Primzahlen von 2 bis 1000 enthält nachfolgende Tabelle.

Tabelle 3.12 Primzahlen von 2 bis 997

2	31	73	127	179	233	283	353	419	467	547	607	661	739	811	877	947
3	37	79	131	181	239	293	359	421	479	557	613	673	743	821	881	953
5	41	83	137	191	241	307	367	431	487	563	617	677	751	823	883	967
7	43	89	139	193	251	311	373	433	491	569	619	683	757	827	887	971
11	47	97	149	197	257	313	379	439	499	571	631	691	761	829	907	977
13	53	101	151	199	263	317	383	443	503	577	641	701	769	839	911	983
17	59	103	157	211	269	331	389	449	509	587	643	709	773	853	919	991
19	61	107	163	223	271	337	397	457	521	593	647	719	787	857	929	997
23	67	109	167	227	277	347	401	461	523	599	653	727	797	859	937	
29	71	113	173	229	281	349	409	463	541	601	659	733	809	863	941	

Für sehr große Primzahlen ist diese Methode von Erathostenes allerdings zu aufwendig.

Die theoretische Grundlage des RSA-Algorithmus bildet ein **Satz von Euler bzw. Fermat.** Dieser Satz lautet:

Für zwei Primzahlen p und q und eine natürliche Zahl m (Basis), die weder p noch q als Primfaktor enthält, gilt

$$m^{(p-1)\cdot(q-1)} \equiv 1 \mod (p\cdot q).$$

Als Spezialfall (Satz von Fermat) gilt ferner

$$m^{q-1} \equiv 1 \mod q.$$

Beispiel 3.9 Sei $q = 5$ und $m = 4$, so folgt $4^4 = 256$. Die Zahl $256 - 1$ ist ganzzahlig durch 5 teilbar. Sei weiter $p = 3$, so folgt $4^{2\cdot 4} = 65536$. Auch $65536 - 1$ ist ganzzahlig durch 5 teilbar.

Beweis des Satzes von Euler bzw. Fermat:

Zunächst wird der **Satz von Fermat** hergeleitet. Seien mit z_1, z_2, z_3, ..., z_{q-1} die natürlichen Zahlen von 1 bis q-1 bezeichnet. Dann ergeben sich durch Multiplikation von m mit z_i jeweils Reste x_i modulo q

$$m \cdot z_i \equiv x_i \mod q \qquad \text{für} \quad i = 1, ..., q\text{-}1,$$

die stets kleiner als q sind. Die q-1 Kongruenzen lassen sich elementweise multiplizieren zu

$$m^{q-1} \cdot z_1 \cdot z_2 \cdot z_3 \cdot \ldots \cdot z_{q-1} \equiv x_1 \cdot x_2 \cdot x_3 \cdot \ldots \cdot x_{q-1} \mod q.$$

Es bleibt nur noch zu zeigen, dass die Produkte aus z_i und x_i gleich sind, denn dann kann dieser Faktor auf beiden Seiten der Kongruenz gekürzt werden.

Angenommen, es wären die Faktoren x_i und x_j gleich x, d. h.

$$m \cdot z_i \equiv x \mod q \quad \text{und} \quad m \cdot z_j \equiv x \mod q.$$

Dann müsste wegen der Differenz beider Kongruenzen

$$m \cdot (z_i - z_j) \equiv 0 \mod q$$

q ein Primzahlteiler der von null verschiedenen Differenz $z_i - z_j$ sein. Da q größer als jedes z_i ist, geht das nicht. Folglich sind alle x_i für i von 1 bis q-1 verschieden voneinander und ihr Produkt ist gleich dem der Zahlen von 2 bis q-1. Damit ist der Satz von Fermat bewiesen.

Für den Beweis des **Satzes von Euler** wird die Kongruenz

$$m^{q-1} \equiv 1 \mod q$$

p-1 mal mit sich selbst multipliziert. Es folgt nach der Multiplikationsregel für Kongruenzen

$$(m^{q-1})^{p-1} \equiv 1 \mod q.$$

Umgekehrt gilt aber auch

$$(m^{p-1})^{q-1} \equiv 1 \mod p.$$

Wenn nun $m^{(p-1)(q-1)} - 1$ sowohl durch die Primzahl p als auch durch die Primzahl q teilbar ist, dann muss auch die Teilbarkeit bezüglich des Primzahlprodukts p·q gelten und die zu beweisende Behauptung folgen

$$m^{(q-1)\cdot(p-1)} \equiv 1 \mod (q\cdot p).$$

3.3.2 Der RSA-Algorithmus

Der Text wird zunächst symmetrisch in Zweiergruppen codiert. Dabei gehen A in 01, B in 02, ... und Z in 26 über (**Standardschlüssel).**

Beispiel 3.10 Der Klartext „GOODBYE" soll codiert und decodiert werden. Mit Hilfe des symmetrischen Standardschlüssels ergibt sich zunächst eine Folge von Ziffernpaaren

07 15 15 04 02 25 05.

Jede dieser zweistelligen Zahlen ist mit dem RSA-Verfahren zu verschlüsseln. Die Entschlüsselung liefert ihrerseits Zweiergruppen, die mit dem Standardschlüssel in Klartext zu transformieren sind.
Das **RSA-Verfahren** beruht auf Primzahlschlüsseln, die sich folgendermaßen erzeugen lassen:
Gegeben sei ein **Nucleus n**, der nur in zwei Primzahlen **p** und **q** zerfällt. Mit Hilfe dieser Primzahlen lassen sich der **Codierungsschlüssel e** und der **Decodierungsschlüssel d** über folgende Modulo-Relation bilden:

$$e\cdot d \equiv 1 \mod (p-1)\cdot(q-1).$$

Die **Codierung** einer **Nachricht m** (vierstellige oder zweistellige Zahl) in eine **Nachricht c** erfolgt mit dem Schlüssel e und der Modulo-Relation

$$m^e \equiv c \mod n.$$

Die **Decodierung** geschieht mit Hilfe des Schlüssels d der Modulo-Relation

$$c^d \equiv m' \mod n.$$

Der **öffentliche Schlüssel** des RSA-Verfahrens besteht aus **n und e**, der **private Schlüssel** aus **d**.

Die Funktionsfähigkeit des RSA-Verfahrens sichert folgender **Satz**:

$$m \equiv m' \mod n.$$

Der Beweis dieser Identität wird mit Hilfe des Satzes von Euler bzw. Fermat geführt:

Die Multiplikationsregel für Kongruenzen erlaubt, die Codierungsformel d-mal mit sich selbst zu multiplizieren, so dass

$$(m^e)^d \equiv c^d \mod n$$

gilt und nach Anwendung der Potenz-Gesetze für reelle Zahlen

$$m^{e \cdot d} \equiv m' \mod n$$

folgt. Wird die Konstruktion der Schlüssel e und d mod $(p-1)\cdot(q-1)$ berücksichtigt

$$e \cdot d = 1 + k \cdot (p-1) \cdot (q-1),$$

dann ergeben sich

$$m^{1 + k \cdot (p-1) \cdot (q-1)} \equiv m' \mod n$$

bzw.

$$m \cdot m^{k \cdot (p-1) \cdot (q-1)} \equiv m' \mod n.$$

Die Potenz $m^{(p-1)\cdot(q-1)}$ ist nach dem Satz von Euler kongruent 1 mod n. Das gilt auch für die Potenz mit dem Exponenten k. Demnach gilt

$$m \equiv m' \mod n.$$

Die beiden Nachrichten m und m' unterscheiden sich nur um ganzzahlige Vielfache von n. Für m < n bzw. m' < n sind sie gleich. Die behauptete Identität ist damit bewiesen.

Beispiel 3.10 (Fortsetzung) Mit dem RSA-Verfahren soll die Botschaft „GOODBYE" codiert werden.
Es sei $n = 91 = 7 \cdot 13$ der Nucleus. Die beiden Schlüssel e und d müssen sich dann aus

$$e \cdot d \equiv 1 \mod 6 \cdot 12 \quad \Rightarrow \quad e \cdot d - 1 = k \cdot 72 \qquad \text{für} \quad k = 1, 2, \ldots$$

ergeben. Für $k = 1$ gibt es keine Lösungen e und d. Aber für $k = 2$ fallen wegen

$$e \cdot d = 1 + 144 = 145 = 5 \cdot 29$$

zwei Primzahlschlüssel $e = 5$ und $d = 29$ an. Die Verschlüsselung wird der Einfachheit halber nicht auf die Viersteller, sondern auf Zweisteller angewandt. Zu codieren ist somit 07 15 15 04 02 25 05:

$$7^5 \equiv 63 \mod 91 \qquad 15^5 \equiv 71 \mod 91 \qquad 15^5 \equiv 71 \mod 91$$

$$4^5 \equiv 23 \mod 91 \qquad 2^5 \equiv 32 \mod 91 \qquad 25^5 \equiv 51 \mod 91$$

$$5^5 \equiv 31 \mod 91.$$

Die verschlüsselte Nachricht lautet 63 71 71 23 32 51 31.

Der Empfänger decodiert

$$63^{29} \equiv 7 \mod 91 \qquad 71^{29} \equiv 15 \mod 91 \qquad 71^{29} \equiv 15 \mod 91$$

$$23^{29} \equiv 4 \mod 91 \qquad 32^{29} \equiv 2 \mod 91 \qquad 51^{29} \equiv 25 \mod 91$$

$$31^{29} \equiv 5 \mod 91.$$

Nach Anwendung des symmetrischen Standardschlüssels auf jedes Ziffernpaar ergibt sich die Botschaft „GOODBYE".

Die **Buchstabenhäufigkeit** lässt sich beim RSA-Verfahren z. B. dadurch verschleiern, dass die Zweiergruppen zu **Vierergruppen** zusammengefasst werden.

Beispiel 3.10 (Fortsetzung) Um die letzte Verergruppe bilden zu können, wird dem Alphabet ein Leerzeichen mit der Codierung 00 vorangestellt. Die Botschaft wird auf „GOODBYE_" erweitert und in die Viersteller

0715 1504 0225 0500

übertragen. Sei nun n = 1679 = 23·73. Die Primzahlzerlegung von 22·72 + 1 = 1585 führt auf e = 5 und d = 317. Das RSA-Verfahren

$$715^5 \equiv 1504 \mod 1679 \qquad 1504^5 \equiv 537 \mod 1679$$

$$225^5 \equiv 1498 \mod 1679 \qquad 500^5 \equiv 1447 \mod 1679$$

liefert die codierte Botschaft 1504 0537 1498 1447, in welcher die Buchstabenhäufigkeit nicht mehr erkennbar ist.

Die **hohe Sicherheit** des RSA-Verfahrens beruht darauf, dass

- eine Auflösung der Codierungsvorschrift $m^e \equiv c \mod n$ nach der Nachricht m und
- eine Zerlegung (Faktorisierung) von n in Primfaktoren p und q

für einen Nucleus mit **mehr als 150 Stellen** beim Stand der gegenwärtigen Rechentechnik in praktisch relevanter Zeit unwahrscheinlich ist.

Zudem kann das RSA-Verfahren mit dem Innovationstempo in der Computerbranche (enorme Steigerung der Rechenzeit und Speicherkapazität) durchaus Schritt halten, da nur von Zeit zu Zeit die Stellenzahl der Primzahlen erhöht werden muss. Welchen organisatorischen und kostenmäßigen Aufwand das bereiten wird, ist allerdings noch nicht überzeugend abgeschätzt worden.

Tabelle 3.13 Entwicklung des Rechenzeitaufwands für eine Exponential-Operation (siehe Bauer [1995])

n	$e^{(\ln n \cdot \ln(\ln n))1/2}$	Rechenzeit 1984	Rechenzeit 1994	Rechenzeit 2004
10^{50}	$1{,}42\cdot10^{10}$	181 sec	5,66 sec	181 msec
10^{70}	$2{,}69\cdot10^{12}$	9,5 h	0,297 h	34,2 sec
10^{100}	$2{,}34\cdot10^{15}$	344 Tage	10,75 Tage	8,3 h
10^{140}	$5{,}49\cdot10^{14}$	$2{,}2\cdot10^3$ Jahre	68,75 Jahre	803 Tage
10^{200}	$1{,}2\cdot10^{23}$	$4{,}8\cdot10^7$ Jahre	$1{,}5\cdot10^6$ Jahre	$4{,}8\cdot10^4$ Jahre

Um Primzahlen mit mehr als 150 Stellen für eine Schlüsselvergabe zu gewinnen, bieten sich zunächst Zufallsexperimente an. Eine vollständige Teilbarkeitsuntersuchung der erzeugten Zahlen scheidet aus Effizienzgründen allerdings aus. Es werden statt dessen sogenannte **Primzahl-Tests** vorgenommen.

Ein solcher Primzahl-Test für eine ungerade Zahl n könnte z. B. mit Hilfe der Test-Kongruenz

$$2^{n-1} \equiv 1 \mod n$$

aufgebaut werden (siehe Bartholome [1996]). Diese Kongruenz wird nicht nur von Primzahlen, sondern auch von relativ selten vorkommenden zusammengesetzten Zahlen, den **Pseudoprimzahlen**[1], erfüllt (siehe Tabelle 3.14).

Ist die obige Test-Kongruenz für eine ungerade dreistellige Zahl n erfüllt, dann ist n mit Wahrscheinlichkeit 1 – 0,003 eine Primzahl. Für eine neunstellige ungerade Lösung der Test-Kongruenz steigt die Wahrscheinlichkeit prim zu sein auf $1 - 0{,}14885 \cdot 10^{-5}$.

Tabelle 3.14 Häufigkeiten von Primzahlen und Pseudoprimzahlen

n	Anzahl ungerader Pseudoprimzahlen kleiner gleich n	Anzahl ungerader Primzahlen kleiner gleich n
10^3	3	167
10^4	22	1228
10^5	78	9591
10^6	245	78497
10^7	750	664578
10^8	2057	5761454
10^9	5597	50847533
10^{10}	14885	455052510

Es gibt darüber hinaus zahlreiche weitere probabilistische Primzahl-Tests (siehe Forster [1996]). Alle diese Testverfahren liefern jedoch nur eine Wahrscheinlichkeitsaussage über die Teilbarkeit. Wird jedoch erfolgreich mit mehreren Verfahren und hinreichend kleiner Irrtumswahrscheinlichkeit getestet, so liegt praktisch eine Primzahl vor.

Das RSA-Verfahren wird auch für eine **„digitale" Unterschrift** (Signatur) verwendet. Die Unterschrift wird mit dem privaten Schlüssel des Absenders codiert. Der zugehörige Text kann verschlüsselt oder

[1] Die kleinste Pseudoprimzahl ist 341. Zu den drei unter 1000 liegenden Pseudoprimzahlen gehören noch 561 und 645.

unverschlüsselt übermittel werden. Der Empfänger decodiert mit dem entsprechenden öffentlichen Schlüssel des Absenders. Auf diese Weise können die Signatur beim Transport nicht verfälscht und der autorisierte Unterzeichner identifiziert werden.

Ein erheblicher **Nachteil** des RSA-Verfahrens liegt im **Zeitaufwand** für das Codieren und Decodieren umfangreicher Texte. Mit Hilfe von kryptografischen **Hash-Funktionen**[2] ist eine Text-Kompression möglich (siehe Horster [1999]).
Eine effiziente Nutzung ist aber auch dann möglich, wenn die Verschlüsselung auf Textbestandteile mit hohem Schutzbedürfnis, wie Namen, Adressen, Termine und Beträge beschränkt wird.

3.4 Übungsaufgaben

Aufgabe 3.1

Überprüfen Sie folgende Ziffercodes mit Hilfe ihrer Prüfziffer:

- ISBN 3-446-13388-7,
- ISBN 3-540-52974-8,
- ISBN 0-534-09630-x,
- ISBN 3-411-76411-2,
- EAN 4100590100411,
- EAN 4006512000022,
- EAN 4007817309274,
- EAN 4004764218215.

Gibt es Hinweise auf Zusammengehörigkeit (Verlag, Hersteller und Bankinstitut)?

Aufgabe 3.2

Bestimmen Sie die Ziffern x und y für

ISBN 3-486-23408-x, ISBN 3-9266y2-21-1,

EAN 497776652598x, EAN 4304493y55749.

[2] Eine kryptografische Hash-Funktion bildet Nachrichten beliebiger Länge eineindeutig (kollisionsfrei) auf Nachrichten fester Länge ab.

Aufgabe 3.3

Überprüfen Sie die ISBN auf Vertauschung benachbarter Ziffernpaare und geben Sie Beispiele an, in denen das Prüfziffernverfahren versagt.

Aufgabe 3.4

Überprüfen Sie die Postbank-Konten 63776-208 (Verlag Handwerk und Technik GmbH Hamburg) und 129000-207 (Zeitschrift „Die Zeit") mit Hilfe des entsprechenden zweistufigen Prüfziffernverfahrens.

Aufgabe 3.5

Zeigen Sie, dass das Prüfziffernverfahren für Postbank-Konten Einzelfehler anzeigt, aber bei Drehfehlern für folgende Ziffernpaare $z_1z_2 = 54$, $z_2z_3 = 67$, $z_2z_3 = 23$, $z_3z_4 = 17$ und $z_3z_4 = 28$ versagt.

Aufgabe 3.6

Überprüfen Sie AU5041474U7, AU8742457G7 und GG3140845K7 mit dem Prüfziffernverfahren der Deutschen Bundesbank.

Aufgabe 3.7

Codieren Sie die Botschaft „Sicherheit hat ihren Preis" mit der Caesar-Chiffre und dem Verfahren von Vigenere. Verschieben Sie das Alphabet um drei Buchstaben nach links und benutzen Sie als Schlüsselwort „Wirtschaftsinformatik".

Aufgabe 3.8

Codieren Sie die Nachricht „DIELAGEINJERUSALEMISTEXPLOSIV" mit Hilfe des Schlüssels „ESISTWASFAULIMSTAATEDAENEMARK". Benutzen Sie dabei den numerischen Standardschlüssel. Codieren (decodieren) Sie durch Addition (Subtraktion) der Ziffernpaare jeweils ohne Zehnerübertrag.

Aufgabe 3.9

Codieren und decodieren Sie die Wörter „KLAUSUR“ und „PRÜFUNG“ mit Hilfe des RSA-Algorithmus. Verwenden Sie als Nucleus 35 und verschlüsseln Sie die Ziffernpaare.

Aufgabe 3.10

Codieren Sie die Nachricht „KOMMUNIKATION“ mit Hilfe des RSA-Algorithmus. Nutzen Sie n = 55 für eine Zweiergruppenverschlüsselung und n = 1469 für eine Vierergruppenverschlüsselung.

(Hinweis: Berechnen Sie die Reste modulo 1469 mit Hilfe von EXCEL).

Aufgabe 3.11

Verifizieren Sie ohne Verwendung des Satzes von Fermat, dass die Primzahlen zwischen 83 und 97 die Kongruenz $2^{n-1} \equiv 1 \mod n$ erfüllen.

Aufgabe 3.12

Zeigen Sie mit Hilfe des Satzes von Euler/Fermat, dass $x^{561} \equiv x \mod n$ für n = 3, 11 und 17 gilt.

Welche Schlussfolgerung ergibt sich für die Teilbarkeit durch 561?

Setzen Sie sich mit folgenden Aussagen auseinander:

1) Das RSA-Verfahren verschleiert die Häufigkeit von Buchstaben im Klartext.

2) Mit der Vigenere-Chiffre können keine Zahlen codiert werden.

3) Prüfziffernverfahren mod 11 sind sicherer als Prüfziffernverfahren mod 10.

4) Eine Kongruenz bleibt erhalten, wenn auf beiden Seiten ein beliebiger Faktor gekürzt wird.

4. Scharfe Logik

Logisches Schließen wurde bereits in der Philosophischen Schule des Platon im antiken Griechenland gelehrt. Überliefert ist der Kettenschluss, wonach aus einer Voraussetzung A eine Schlussfolgerung C folgt, wenn über einen Umweg zunächst von A auf eine Schlussfolgerung B und von B als Voraussetzung auf C geschlossen werden kann.

Die Idee zur Formalisierung philosophischer Schlussregeln geht auf G. Leibnitz (1646-1716) zurück. Die mathematischen Grundlagen wurden aber erst viel später beginnend mit G. Boole (1854) gelegt. Nach ihm wurde ein Kalkül für zweiwertige Aussagen (Boolsche Algebra) benannt.
Weiterführende Beiträge vor allem zur Prädikatenlogik stammen von G. Frege (1848-1925). Den Anwendungsbezug zur Informatik stellte C. E. Shannon 1938 mit der **Schaltalgebra** her.

Ein Teil der Logik befasst sich damit, allein den Wahrheitswert von Aussagen festzustellen (**Aussagenlogik**). Ein anderer Teil setzt daneben auch auf eine inhaltliche Interpretation von Aussagen (**Prädikatenlogik**). Ein für die Informatik besonders wichtiger Teil der Logik lässt zu, dass zwischen den Extremen „wahr" und „falsch" zahlreiche Übergangswerte definiert und für die Auswertung von Aussagen herangezogen werden können (**Fuzzy-Logik**).

Nachfolgend wird zwischen scharfer bzw. klassischer Logik (Aussagen- und Prädikatenlogik) und unscharfer Logik (Fuzzy-Logik) unterschieden.
Die klassische Logik nutzt den im Kapitel 1 und 2 behandelten Mengen- und Relationenbegriff.
Die Fuzzy-Logik hingegen benötigt einen eigenen „verunschärften" Mengen- und Relationenbegriff, der erst noch eingeführt werden muss. Allerdings sind auch dafür die Ergebnisse der beiden ersten Kapitel wegweisend.

Beispiel 4.1 Eine Internet-Firma sucht über die Anzeigen der Wochenzeitschrift „Die Zeit" einen Star-Programmierer, der evtl. Erfahrungen als Administrator besitzt, aber kein Systemtechniker ist. Dazu werden die Anzeigen der letzten vier Wochen durchgeforstet.

Die Eingabe-Maske nimmt die logischen Verknüpfungen der Aussagen Programmierer oder Administrator, aber nicht Systemtechniker auf (siehe Bild 4.1).

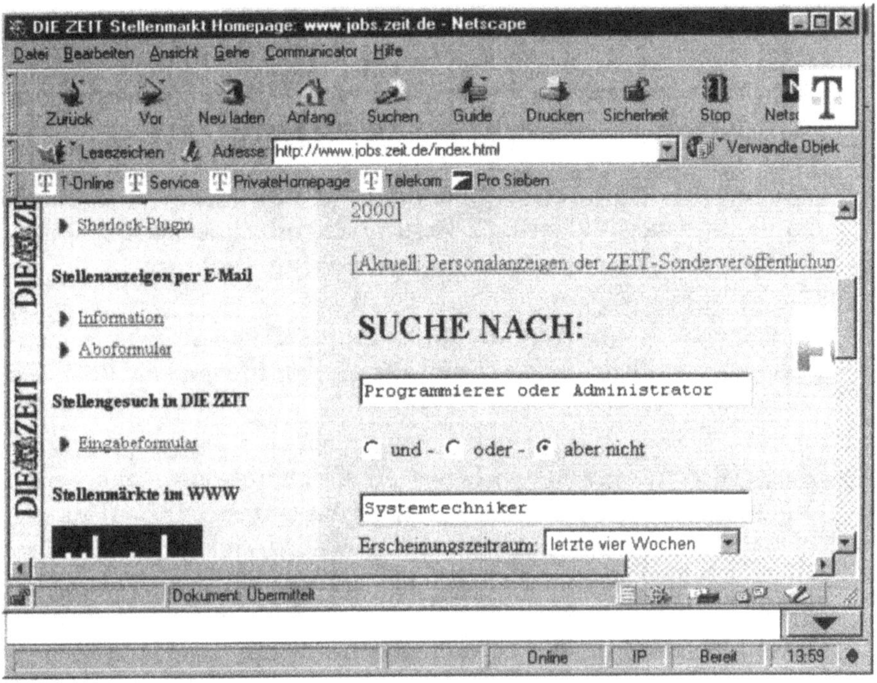

Bild 4.1 Jobsuche in der Zeitschrift „Die Zeit“ mittels logischer Verknüpfungen

4.1 Aussagenlogik

Der heute übliche Aussagenbegriff der zweiwertigen Logik stützt sich auf Arbeiten von Russel und Whitehead, die am Anfang des 20. Jahrhunderts für Aufsehen sorgten (siehe Whitehead [1990]).

> Aussagen werden definiert als Gebilde irgendwelcher Sprachen, von denen man sagen kann, dass sie entweder **wahr** (w) oder **falsch** (f) sind.

In der Informatik werden Aussagen mitunter auch als Atome oder Formeln bezeichnet. Als Symbole für Aussagen haben sich große lateinische Buchstaben A, B, C, ... durchgesetzt.
Nicht jeder Feststellung kann ein Wahrheitswert wahr oder falsch zugeordnet werden.

Beispiel 4.2 Die Ausdrücke „0815“, „Wie spät ist es?“, „Ruhe!“, „x < y“, „??!!—„ sind offenbar keine Aussagen.

Die **Entscheidbarkeit** auf wahr oder falsch kann mit hohem Nachweisaufwand verbunden sein.

Beispiel 4.3 Formel I-Fahrer und Profi-Boxer dopen nicht.

Neben der **zweiwertigen** Logik, die nur die beiden Wahrheitswerte wahr oder falsch kennt, gibt es auch **höherwertige** Logiken.

Beispiel 4.4 Ein Insider-Tipp von Marco Polo kann von Touristen positiv oder negativ bewertet werden. Es besteht aber auch die Möglichkeit, dass er gar nicht als Insider-Tipp aufgefasst wird.

Mathematisch betrachtet sind Aussagen **Relationen** zwischen einer Menge sprachlicher Konstrukte M und einer Menge von Wahrheitswerten W.

Das **Ziel** der zweiwertigen Logik besteht darin, **wahre Aussagen** zu ermitteln. Sie untersucht dabei, welche zusammengesetzten Aussagen nur auf Grund ihrer Struktur wahr sind und welche Behauptungen strukturbedingt aus welchen Aussagen folgen.
Bezogen auf die Informatik kann die Aussagenlogik als Lehre von den **korrekten Datenstrukturen** aufgefasst werden.

Beispiel 4.5 Im Sinne der zweiwertigen Aussagenlogik ist folgender Schluss seiner Struktur nach richtig und damit formal korrekt, auch wenn die einzelnen Aussagen inhaltlich nicht interpretiert werden können:

Aus „Alle Wummis sind schrief" und „Pauz ist ein Wummi" folgt „Pauz ist schrief".

4.1.1 Aussagenverbindungen

Aussagen treten typischerweise zusammengesetzt in **Aussagenverbindungen** auf. Der Wahrheitswert einer Aussagenverbindung wird tabellarisch ermittelt (**Wahrheitswerte-Tabelle**). Die wichtigsten Aussagenverbindungen werden nachfolgend besprochen.

Unter der **Negation** einer Aussage A, in Zeichen **¬A**, versteht man die Umkehrung des Wahrheitswertes. Aus einer falschen Aussage wird eine wahre Aussage und umgekehrt.

Beispiel 4.6 Die Negation der Aussage A: „Oslo ist eine Weltstadt" führt auf ¬A: "Oslo ist keine Weltstadt".

Die Wahrheitswerte sind in der nachfolgenden Tabelle enthalten.

Tabelle 4.1 Wahrheitswerte einer Negation

A	¬A
w	f
f	w

Die **Konjunktion** zweier Aussagen, in Zeichen **A∧B**, ist nur dann wahr, wenn beide Aussagen wahr sind. Ansonsten hat sie den Wahrheitswert Falsch. Die Konjunktion wird auch als Und-Verknüpfung bezeichnet. Sie erfordert keinen inneren Zusammenhang zwischen den beiden Aussagen A und B und ist meistens falsch.

Beispiel 4.7 Die Konjunktion von A: „Heute ist Sonntag“ und B: “Franz hat einen Schnurrbart“ ist von Montag bis Samstag falsch, auch wenn Franz tatsächlich Bartträger ist.

Das Gegenstück zur Und-Verknüpfung ist die **Alternative**, in Zeichen **A∨B**. Sie ist wahr, wenn wenigstens eine Aussage wahr ist und wird auch als Oder-Verknüpfung oder Disjunktion bezeichnet. Alternativen sind im Gegensatz zu Konjunktionen meistens wahr.

Beispiel 4.8 Die Alternative von A: „Heute ist Sonntag“ und B: “Franz hat einen Schnurrbart“ ist an jedem Wochentag wahr, sofern der Franz Bartträger ist.

Die Wahrheitswerte beider Verbindungen weichen voneinander ab, wenn wahre und falsche Inputaussagen zusammentreffen.

Tabelle 4.2 Wahrheitswerte von Konjunktion und Alternative

A	B	A∧B	A∨B
w	w	w	w
w	f	f	w
f	w	f	w
f	f	f	f

Für das logische Schließen ist die **Implikation** von Aussagen, in Zeichen **A ⇒ B**, bedeutsam. Sie ist ebenso wie die Alternative meistens wahr. Der Ausnahmefall tritt ein, wenn aus einer wahren Voraussetzung A ein falscher Schluss B gezogen wird.
Damit ist A als Voraussetzung **hinreichend**, aber nicht notwendig, denn aus einer falschen Voraussetzung kann im Sinne der Implikation

richtig geschlussfolgert werden. Das deckt sich nicht immer mit den Intentionen der Umgangssprache und der Alltagserfahrung.

Beispiel 4.9 Die Implikation „Millionäre sind in jeder Stadt willkommen" weist darauf hin, dass der Millionär als vermeintlich guter Steuerzahler nirgendwo abgewiesen wird, aber auch ein freundlicher Nichtmillionär überall willkommen sein kann.

Ist die Voraussetzung A **notwendig** und **hinreichend** zugleich für eine Schlussfolgerung B, spricht man von einer **Äquivalenz**, in Zeichen **A ⇔ B**. Diese Verbindung wird wahr, wenn beide Aussagen in den Wahrheitswerten übereinstimmen.

Beispiel 4.10 Die Aussagenverbindung „Steuern werden am Erstwohnsitz veranlagt" ist eine Äquivalenz, denn der Erstwohnsitz ist gesetzlich vorgeschrieben. Der Erstwohnsitz ist eine hinreichende und notwendige Voraussetzung zur Ermittlung des Veranlagungsortes.

Die Wahrheitswerte für eine Implikation und eine Äquivalenz werden in nachfolgender Tabelle ausgewiesen.

Tabelle 4.3 Wahrheitswerte von Implikation und Äquivalenz

A	B	A⇒B	A⇔B
w	w	w	w
w	f	f	f
f	w	w	f
f	f	w	w

Die Zuweisung von Wahrheitswerten zu den Aussagen einer Aussagenverbindung heißt **Interpretation**. Die Interpretation einer Aussageverbindung führt insgesamt auf einen Wahrheitswerte wahr oder falsch. Bei einer Aussagenverbindung mit n Aussagen sind offenbar 2^n Interpretationen möglich.
Falls eine Aussagenverbindung unter allen Interpretationen zu wahr ausgewertet wird, heißt sie **Tautologie** oder allgemeingültig, in Zeichen **©**. Wird hingegen eine Aussagenverbindung stets zu falsch ausgewertet, dann heißt sie **Kontradiktion** oder inkonsistent, in Zeichen **O**.

Es lässt sich nachweisen, dass Allgemeingültigkeit und Inkonsistenz in der Aussagenlogik stets entscheidbar sind. Die Überprüfung dieser beiden Eigenschaften ist eines der wichtigsten Probleme der wissensbasierten Systeme in der Informatik.

4.1.2 Aussagenlogisch äquivalente Umformungen

Um die Interpretation von Aussagenverbindungen zu vereinfachen, werden **aussagenlogisch äquivalente Umformungen** durchgeführt.

Zwei Aussagenverbindungen A und B heißen aussagenlogisch äquivalent, wenn sie unter jeder Interpretation die gleichen Wahrheitswerte besitzen, in Zeichen A = B.

Diese logische Gleichheit von Aussagenverbindungen entspricht der Äquivalenzbeziehung zwischen einfachen Aussagen. Es gelten zahlreiche **Rechengesetze** für Aussagenverbindungen, die sich mit Hilfe von Wahrheitswerte-Tabellen nachweisen lassen. Dazu gehören:

- **Kommutativgesetze** der Konjunktion und Alternative

$A \wedge B = B \wedge A$ und $A \vee B = B \vee A$

- **Assoziativgesetze** der Konjunktion und Alternative

$A \wedge (B \wedge C) = (A \wedge B) \wedge C$ und $A \vee (B \vee C) = (A \vee B) \vee C$

- **Distributivgesetze**

$(A \wedge B) \vee C = (A \vee C) \wedge (B \vee C)$ und $(A \vee B) \wedge C = (A \wedge C) \vee (B \wedge C)$

- **Reduktion** einer Implikation bzw. einer Äquivalenz auf konjunktive und/oder disjunktive Verknüpfungen

$A \Leftrightarrow B = (A \Rightarrow B) \wedge (B \Rightarrow A) = (\neg A \wedge \neg B) \vee (A \wedge B)$

$A \Rightarrow B = \neg A \vee B$

- **Regeln von de Morgan**

$\neg(A \wedge B) = \neg A \vee \neg B$ und $\neg(A \vee B) = \neg A \wedge \neg B$

- **Sonstige Beziehungen**

$A \wedge A = A$ $A \wedge \neg A = \mathbf{O}$ $A \vee A = A$ $A \vee \neg A = ©$ $\neg\neg A = A$

$A \vee \mathbf{O} = A$ $A \wedge \mathbf{O} = \mathbf{O}$ $A \vee © = ©$ $A \wedge © = A$

- Identitäten

$$A\vee(A\wedge B) = A \qquad A\wedge(A\vee B) = A$$

$$(A\wedge B)\vee(A\wedge\neg B) = A \qquad (A\vee B)\wedge(A\vee\neg B) = A$$

Beispielhaft wird die Identität $(A\wedge B)\vee(A\wedge\neg B) = A$ mit Hilfe der Wahrheitswerte-Tabelle nachgewiesen.

Tabelle 4.4 Wahrheitswerte einer Identität

A	B	¬B	A∧B=C	A∧¬B=D	C∨D
w	w	f	w	f	w
w	f	w	f	w	w
f	w	f	f	f	f
f	f	w	f	f	f

Wie elegant sich durch logisch äquivalentes Umformen eine Tautologie nachweisen lässt, dass zeigt nachfolgendes Beispiel.

Beispiel 4.11[1]

$$[(A\vee B) \wedge (A\Rightarrow C) \wedge (B\Rightarrow C)] \Rightarrow C$$

$$= \neg\,[\ ]\vee C = [\neg(\ )\vee\neg(\ )\vee\neg(\ )]\vee C$$

$$= [(\neg A\wedge\neg B)\vee\neg(\neg A\vee C)\vee\neg(\neg B\vee C)]\vee C$$

$$= [(\neg A\wedge\neg B)\vee(A\wedge\neg C)\vee(B\wedge\neg C)]\vee C$$

$$= [(\neg A\wedge\neg B)\vee(A\wedge\neg C)]\vee [(B\wedge\neg C)]\vee C]$$

$$= [\ ]\vee[(B\vee C)\wedge(\neg C\vee C)] = [\ ]\vee[(B\vee C)\wedge ©]$$

$$= [(\neg A\wedge\neg B)\vee (A\wedge\neg C)]\vee B\vee C = [(\neg A\wedge\neg B)\vee B]\vee [(A\wedge\neg C)\vee C]$$

$$= [(\neg A\vee B)\wedge(\neg B\vee B)]\vee[(A\vee C)\wedge(\neg C\vee C)]$$

$$= (\neg A\vee B)\vee(A\vee C) = (\neg A\vee A)\vee(B\vee C) = ©\vee(B\vee C) = ©.$$

Alternativ dazu müsste eine umfangreiche Wahrheitswerte-Tabelle mit 8 Zeilen und 9 Spalten ausgewertet werden.

[1] Zur Reduktion des Schreibaufwands werden unveränderte Klammerausdrücke mit Leerzeichen abgekürzt

4.1.3 Normalformen

Die Auswertung von Aussagenverbindungen lässt sich wesentlich erleichtern, wenn eine Darstellung in **Normalform** vorliegt, in der nur noch Konjunktionen, Alternativen und Negationen vorkommen.
Mit Hilfe der Ersetzungsregeln für Implikation und Äquivalenz ist das durch logisch äquivalente Umformungen stets erreichbar (siehe Beispiel 4.11). Weiterhin lassen sich mit Hilfe der Rechenregeln für Konjunktion und Disjunktion verschiedene Typen, die konjunktive bzw. disjunktive Normalform, erzeugen.

Eine Aussageform liegt in **disjunktiver Normalform** vor, in Zeichen **DNF**, wenn sie aus rein disjunktiven Verknüpfungen von höchstens konjunktiv verbundenen bzw. negierten Aussagen besteht.
Eine Aussageform liegt in **konjunktiver Normalform** vor, in Zeichen **KNF**, wenn sie aus rein konjunktiven Verknüpfungen von höchstens disjunktiv verbundenen bzw. negierten Aussagen besteht.

Beispiel 4.12

$$(A \vee \neg B) \Rightarrow C = \neg(A \vee \neg B) \vee C = (\neg A \wedge B) \vee C \qquad \text{DNF}$$

$$= (\neg A \vee C) \wedge (B \vee C) \qquad \text{KNF}$$

Es gilt offenbar folgender **Satz**:

Jede Aussageform lässt sich auf eine Normalform bringen.

Die Struktur einer Normalform ist nicht eindeutig bestimmt. Zudem können die Aussagenverbindungen in den inneren Klammern unterschiedlich kompliziert ausfallen.

Das Beispiel 4.12 lässt sich fortsetzen, indem eine Tautologie der Form © = $A \vee \neg A$ an die DNF angehängt wird.

$$(\neg A \wedge B) \vee (C \wedge ©) = (\neg A \wedge B) \vee (C \wedge (A \vee \neg A))$$
$$= (\neg A \wedge B) \vee (C \wedge A) \vee (C \wedge \neg A) \qquad \text{DNF}$$

Eine eindeutige Darstellung mit Klammer-Termen gleicher Kompliziertheit wird durch **Vervollständigen** einer Normalform erreicht. Die Aufgabe besteht darin, in jedem Klammer-Term sämtliche einfachen Aussagen der Aussagenverbindung zu installieren.

Das führt zwangsläufig zu einer Aufblähung der Darstellung. Der offensichtliche Nutzen vollständiger Normalformen besteht in ihrer Strukturhomogenität und Eindeutigkeit und kommt vor allem bei der Auswertung elektrischer Schaltungen (Schaltalgebra) zum Tragen.

Technisch wird die Vervollständigung durch **sukzessives Anhängen** von **Tautologien** bzw. **Kontradiktionen** an die Terme in den inneren Klammern erreicht. Falls dabei strukturgleiche Klammer-Terme entstehen, wird gestrichen. Auf diese Weise entstehen die **vollständige disjunktive Normalform**, in Zeichen **VDNF**, bzw. die **vollständige konjunktive Normalform**, in Zeichen **VKNF**.

Im Beispiel 4.12 wird bei der disjunktiven Normalform an den ersten Klammer-Term eine Tautologie $\copyright = C \vee \neg C$ und an den zweiten Klammer-Term eine Tautologie $\copyright = A \vee \neg A$ konjunktiv angehängt:

$$(\neg A \wedge B \wedge \copyright) \vee (C \wedge \copyright) = (\neg A \wedge B \wedge (C \vee \neg C)) \vee (C \wedge A) \vee (C \wedge \neg A).$$

Danach sind der zweite und dritte Klammer-Term durch eine Tautologie $\copyright = B \vee \neg B$ konjunktiv zu erweitern:

$$= (\neg A \wedge B \wedge (C \vee \neg C)) \vee (C \wedge A \wedge (B \vee \neg B)) \vee (C \wedge \neg A \wedge (B \vee \neg B)).$$

Die weitern Umformungen ergeben

$$= (\neg A \wedge B \wedge C) \vee (\neg A \wedge B \neg C) \vee (C \wedge A \wedge B) \vee (C \wedge A \neg B) \vee (C \wedge \neg A \wedge B) \\ \vee (C \wedge \neg A \wedge \neg B)$$

$$= (\neg A \wedge B \wedge C) \vee (\neg A \wedge B \neg C) \vee (C \wedge A \wedge B) \vee (C \wedge A \wedge \neg B) \\ \vee (C \wedge \neg A \wedge \neg B) \qquad \text{VDNF.}$$

Bei der konjunktiven Normalform von Beispiel 4.12 sind in die erste Klammer eine Kontradiktion $\mathbf{O} = B \wedge \neg B$ und in die zweite Klammer eine Kontradiktion $\mathbf{O} = A \wedge \neg A$ adjunktiv einzufügen:

$$(\neg A \vee C) \wedge (B \vee C) = (\neg A \vee C \vee (B \wedge \neg B)) \wedge (B \vee C \vee (A \wedge \neg A)).$$

Die weiteren Umformungen führen zu

$$= (\neg A \vee C \vee B) \wedge (\neg A \vee C \vee \neg B) \wedge (B \vee C \vee A) \wedge (B \vee C \vee \neg A) \text{ bzw.}$$

$$= (\neg A \vee C \vee B) \wedge (\neg A \vee C \vee \neg B) \wedge (B \vee C \vee A) \qquad \text{VKNF.}$$

Es gilt folgender **Satz**:

Jede Normalform lässt sich vervollständigen.

Das Beispiel 4.12 weist darauf hin, dass die Zahl der Klammer-Terme in der VDNF und der VKNF verschieden sein kann. Da stets beide Normalformen erzeugt werden können (vgl. Wessels [1998]), ist aus praktischer Sicht die kürzere von beiden vorzuziehen.

Mitunter kann eine der beiden Normalformen nur durch triviale Strukturerweiterung erzeugt werden.

Beispiel 4.13 Die konjunktive Normalform $A \wedge B$ lässt sich nur trivial in eine disjunktive Normalform $(A \wedge B) \vee (A \wedge B)$ überführen.

4.1.4 Aussagenlogisches Schließen

Aussagenlogisches Schließen dient dazu, aus verschiedenen gegebenen Aussagen (**Prämissen**) eine neue Aussage (**Conclusio**) zu erhalten.

Beispiel 4.14 Aus den Prämissen P_1: „Der Bewerber hat die allgemeine Hochschulreife erworben" und P_2: „Der Bewerber hat ein Vorpraktikum absolviert" ergibt sich als Conclusio G: „Der Bewerber kann sich in einem Fachhochschul-Studiengang ohne Zulassungsbeschränkung immatrikulieren lassen".

Dabei kommt es darauf an, dass aus stets wahren Prämissen eine wahre Schlussfolgerung gezogen wird. Diesem Ziel dient vornehmlich die Implikation, die aus einer wahren Voraussetzung keine falsche Folgerung zulässt. Allgemein wird von $P_1, ..., P_n$ auf G geschlossen, d. h.

$$P_1 \wedge P_2 \wedge \ldots \wedge P_n \Rightarrow G.$$

Von besonderer Bedeutung sind **tautologische Implikationen** (logische Gesetze), die unter allen Interpretationen zu wahr ausgewertet werden.

Aus Beispiel 4.14 lässt sich folgende tautologische Implikation ableiten: Wenn aus P_1 und P_2 die Aussage G folgt, dann zieht die Negation von G (Ablehnung eines Bewerbers) nach sich, dass mindestens eine der beiden Voraussetzungen P_1 bzw. P_2 nicht erfüllt war. Formal bedeutet dies, dass

$$(P_1 \wedge P_2 \Rightarrow G) \Rightarrow (\neg G \Rightarrow (\neg P_1 \vee \neg P_2))$$

eine Tautologie sein muss. Es handelt sich hierbei um den sogenannten **Umkehrschluss**. Durch logisch äquivalente Umformungen

$$(P_1 \wedge P_2 \Rightarrow G) \Rightarrow (\neg G \Rightarrow (\neg P_1 \vee \neg P_2))$$

$$= \neg(P_1 \wedge P_2 \Rightarrow G) \vee (\neg G \Rightarrow (\neg P_1 \vee \neg P_2))$$

$$= \neg(\neg(P_1 \wedge P_2) \vee G) \vee (\neg\neg G \vee \neg P_1 \vee \neg P_2)$$

$$= [(P_1 \wedge P_2) \wedge \neg G) \vee G] \vee (\neg P_1 \vee \neg P_2)$$

$$= [((P_1 \wedge P_2) \vee G) \wedge (G \vee \neg G)] \vee [\neg(P1 \wedge P2)]$$

$$= [((P_1 \wedge P_2) \vee G) \wedge ©] \vee [\neg(P1 \wedge P2)]$$

$$= [(P_1 \wedge P_2) \vee G] \vee [\neg(P1 \wedge P2)] = G \vee © = ©$$

ergibt sich in der Tat ein allgemeingültiger Sachverhalt. Er wird als Methode des **indirekten Beweises** (Beweis vom Gegenteil) vor allem in der Mathematik häufig genutzt.

Weitere praktisch bedeutsame logische Gesetze sind

- der **Kettenschluss** (modus barbara)

$$[(A \Rightarrow B) \wedge (B \Rightarrow C)] \Rightarrow (A \Rightarrow C),$$

- die **Abtrennungsregel** (modus ponens)

$$[(B \Rightarrow A) \wedge B] \Rightarrow A,$$

- die **Aufhebungsregel** (modus tollens)

$$[(A \Rightarrow B) \wedge \neg B] \Rightarrow \neg A.$$

Durch logisch äquivalente Umformungen lassen sich die Nachweise dieser Gesetze mit wenigen Schritten führen.

Etwas komplizierter strukturiert ist der **Satz von der Resolution**

$$\{[A \Rightarrow (B \vee C)] \wedge [(B \wedge D) \Rightarrow E]\} \Rightarrow [(A \wedge D) \Rightarrow (C \vee E)].$$

Er besagt, dass ein Beweis durch das Einfügen einer Hilfsaussage B als Prämisse und Conclusio in zwei Teilbeweise zerlegt werden kann. Das ist sinnvoll, wenn sich die Teilbeweise leichter führen lassen. Eine etwas andere Deutung des Satzes ist, dass bei gleichzeitiger Verwendung einer Aussage als Prämisse und als Conclusio die Beweisführung ggf. vereinfacht werden kann.

Der Beweis ergibt sich durch logisch äquivalente Umformungen.

$$\{[A \Rightarrow (B \vee C)] \wedge [(B \wedge D) \Rightarrow E]\} \Rightarrow [(A \wedge D) \Rightarrow (C \vee E)]$$

$$= \neg[(\neg A \vee B \vee C) \wedge (\neg B \vee \neg D \vee E)] \vee (\neg A \vee \neg D \vee C \vee E)$$

$$= (A \wedge \neg B \wedge \neg C) \vee (B \wedge D \wedge \neg E) \vee \neg A \vee \neg D \vee C \vee E.$$

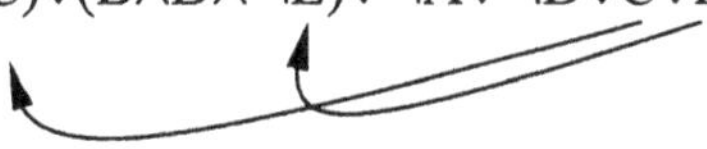

Die beiden runden Klammern werden mittels Assoziativ- und Distributivgesetz mit C bzw. E verknüpft. Das führt auf

$$= [(A \wedge \neg B) \vee C] \vee [(B \wedge D) \vee E] \vee \neg A \vee \neg D.$$

Werden wiederum die runden Klammern mit $\neg A$ bzw. $\neg D$ verbunden, folgt

$$= (\neg B \vee \neg A) \vee (B \vee \neg D) \vee E \vee C = (\neg B \vee B) \vee \neg A \vee \neg D \vee E \vee C$$

$$= \copyright \vee \neg A \vee \neg D \vee E \vee C = \copyright.$$

4.2 Prädikatenlogik

Die Schlussweisen der Aussagenlogik reichen nicht aus, um Denk- und Entscheidungsprozesse zu formalisieren. Vor allem muss die **innere Struktur** von Einzelaussagen berücksichtigt werden. Des weiteren sollte es möglich sein, eine **Quantifizierung** in Betracht zu ziehen.

Beispiel 4.15 „Max und der Vater von Gretel sind Brüder."

Zur prädikatenlogischen Beschreibung dieses Sachverhalts wird ein **Individuenbereich** als Menge D von Namen gebildet. Er enthält die Vornamen der fraglichen Personengruppe D = {Max, Moritz, Gretel, August, ...}. Die Elemente von D heißen **Subjekte**. Auf der Menge D wird das **zweistellige Prädikat** Brüder (,) gebildet. Durch Einsetzen von Subjekten entstehen aus dem Prädikat Aussagen.

Die Aussage **Brüder(Max, Moritz)** ist wahr, die Aussage **Brüder (Max, Gretel)** ist falsch.

Als nächstes lässt sich eine **einstellige Funktion** Vater ( ) auf D bilden, die einem Subjekt von D seinen Vater zuordnet.

Durch Einsetzen eines Vornamens wird das Subjekt **Vater(Gretel)** in D ermittelt.

Zusammengefasst entsteht dann mit **Brüder(Max, Vater (Gretel))** eine weitere Aussage.

Allgemeingültig besteht eine elementare Aussage der Prädikatenlogik aus

- einer Menge **D** von **Subjekten** und

- einem ein- oder mehrstelligen **Prädikat** über D.

Die Subjekte können ihrerseits eine **Funktion auf D** sein.

Formal lässt sich ein zweistelliges Prädikat als Relation R $\subset$ D×D×{wahr, falsch} auffassen. Diese Relation ordnet jedem Subjekt-Paar aus D×D eindeutig einen Wahrheitswert wahr oder falsch zu.
Die Subjekt-Funktion auf D ist eine Abbildung von D in sich und ordnet jedem Subjekt ein anderes Subjekt zu.

Um quantifizieren zu können, werden **Subjektvariablen** eingeführt, die alle Elemente von D durchlaufen können. Als Bezeichner dienen kleine Buchstaben x, y, ...

Beispiel 4.16 Betrachtet wird die Forderung der Französischen Revolution: „Alle Menschen sind Brüder."

Der Individuenbereich besteht aus allen Menschen. Das zweistellige Prädikat Brüder ist auf D definiert. Für alle x und y aus D soll das

Prädikat Brüder(x, y) wahr sein. Formal wird der Text „für alle“ durch einen sogenannter **All-Quantor**, in Zeichen $\forall$, ausgedrückt. Es entsteht auf diese Weise eine prädikatenlogische Aussageform

$$\forall x \forall y \{x \in D, y \in D \mid \text{Brüder}(x, y)\},$$

bei der die Reihenfolge des All-Quantors $\forall$ für x und y keinen Unterschied macht.

4.2.1 Aussageformen

Eine **Aussageform** ist ein Gebilde mit Variablen über dem Individuenbereich D, das eine Aussage ergibt, wenn für die Variablen Subjekte aus D eingesetzt werden. Das Einsetzen kann durch Quantoren $\forall$ (für alle), $\exists$ (es gibt ein), $\exists!$ (es gibt genau ein) geschehen.

Beispiel 4.17 Die Aussageform „Nicht jeder Mensch ist ein Säufer“ lässt sich folgendermaßen formalisieren:

Über dem Individuenbereich D werden das einstellige Prädikat Säufer(.) definiert und die logisch äquivalenten Aussageformen

$$\neg\forall x \{x \in D \mid \text{Säufer}(x)\} \quad \text{bzw.} \quad \exists x \{x \in D \mid \neg\text{Säufer}(x)\}$$

formuliert. Die Verneinung des All-Quantors $\forall$ führt auf den Existenz-Quantor $\exists$.

Offenbar gelten folgende **Verneinungsregeln** für Aussageformen

$$\neg\forall x \{x \in D \mid A(x)\} = \exists x \{x\ D \mid \neg A(x)\} \quad \text{und}$$

$$\neg\exists x \{x \in D \mid A(x)\} = \forall x \{x\ D \mid \neg A(x)\}.$$

Es werden dabei sowohl die Quantoren $\forall$ bzw. $\exists$ als auch die Aussagen negiert.
Die Verneinung des Existenz- und Einzigkeits-Quantors $\exists!$ lässt sich nicht in dieses Schema einordnen. Wenn die Einzigkeit zurückgenommen wird, bleibt immerhin noch die Existenz übrig.

Eine Aussageform wird meist nur für ausgewählte Subjekte wahr sein. Bedeutsam ist der Fall, wenn sie für alle Subjekte wahr wird. Das Gegenteil davon wäre die Nichterfüllbarkeit für jedes Subjekt.

4.2.2 Prädikatenlogische Gültigkeit

Die **logische Gültigkeit** wird deshalb in der Prädikatenlogik folgendermaßen definiert:

Eine Aussageform über einem **nicht leeren** Individuenbereich D heißt

- **erfüllbar** (konsistent), falls es **eine gültige** Interpretation gibt
- **allgemeingültig**, falls **jede** Interpretation gültig ist
- **nicht erfüllbar** (inkonsistent), falls **keine** Interpretation gültig ist.

Beispiel 4.18 Die Aussageform „Jeder Mensch liebt seine Mutter“, in Zeichen

$$\forall x(x \in D \mid \text{lieben}(x, \text{Mutter}(x))\},$$

ist konsistent, aber nicht allgemeingültig. Sie trifft nur auf Menschen aus D mit normalem Sozialverhalten zu.

Die Aussageform „Alle Menschen sind sterblich“, in Zeichen

$$\forall x(x \in D \mid \text{sterblich}(x)\},$$

hingegen ist allgemeingültig.

Die Reihenfolge gleichartiger Quantoren ist, wie Beispiel 4.16 gezeigt hat, beliebig. Die Reihenfolge verschiedenartiger Quantoren hingegen ist nicht mehr beliebig.

Beispiel 4.19 Die Aussageform „Zu jeder schönen Frau gibt es einen Mann, der sie liebt“, in Zeichen

$$\forall x \exists y\{x \in D, y \in D \mid \text{Frau}(x) \wedge \text{Mann}(y) \wedge \text{lieben}(y, x)\},$$

würde beim Vertauschen der Quantoren, in Zeichen

$$\forall y \exists x\{x \in D, y \in D \mid \text{Frau}(x) \wedge \text{Mann}(y) \wedge \text{lieben}(y, x)\},$$

die Aussageform „Für jeden Mann gibt es eine schöne Frau, die er liebt“ ergeben.

Während die erste Aussageform als allgemeingültig anzusehen ist, kann man die zweite Aussageform nur als konsistent einstufen.

Die praktisch bedeutsame Entscheidung auf Allgemeingültigkeit kann allerdings nur inhaltlich getroffen werden. Die Informatik leistet insofern Hilfestellung, als dass programmtechnisch eine bekannte Allgemeingültigkeit effizient nachgewiesen werden kann. Der Zeitgewinn einer rechentechnischen Auswertung fällt bei komplexen Problemen, wie Krankheitsbildern, Marktanalysen und Steuerreformen besonders ins Gewicht.

Im Öffentlichkeitsbewußtsein wird die Allgemeingültigkeit meist mit Konsistenz verwechselt. Man denke an Sprüche wie „Alle Spanier sind Machos", „Millionäre zahlen keine Steuern", „Microsoft-Produkte sind unzuverlässig", „Models werden von jedermann geliebt". Alle vier Aussageformen sind konsistent, aber nicht allgemeingültig.

4.3 Übungsaufgaben

Aufgabe 4.1

Welche Sätze sind Aussagen im Sinne der Aussagenlogik?

- Nicht jeder Student besitzt einen Computer.
- Über Geschmack lässt sich streiten.
- Heute ist es ziemlich kalt.
- BAFÖG-Studenten sind fleißiger.
- TOP SECRET
- Es gibt eine größte Primzahl.
- Hoffentlich fallen nicht so viele Studenten wie beim letzten Examen durch.
- Wer die Vorleistung besteht, wird zur Vordiplom-Prüfung zugelassen.
- Zum Wohl!

Aufgabe 4.2

Zeigen Sie mit Hilfe von Wahrheitswerte-Tabellen, welche der folgenden Aussagenverbindungen Tautologien (stets wahr) sind:

$$(A \wedge B) \vee (\neg A \wedge \neg B) \Leftrightarrow (A \Leftrightarrow B), \quad [A \wedge (B \Rightarrow C)] \Rightarrow C,$$
$$[(A \vee B) \wedge (A \Rightarrow C) \wedge (B \Rightarrow C)] \Rightarrow C, \quad [(\neg A \Rightarrow B) \wedge (\neg A \Rightarrow \neg B)] \Rightarrow A.$$

Aufgabe 4.3

Formen Sie folgende Aussagenverbindungen in disjunktive bzw. konjunktive Normalformen um:

$$(A \vee B) \wedge (\neg B \vee C), \quad \neg A \vee (B \Rightarrow \neg C), \quad (A \wedge \neg B) \vee (A \wedge C),$$
$$B \Rightarrow (A \vee \neg C), \quad (A \vee B) \Leftrightarrow \neg C, \quad (A \Rightarrow B) \Rightarrow [(B \Rightarrow C) \Rightarrow (A \Rightarrow C)].$$

Vervollständigen Sie die Normalformen.

Aufgabe 4.4

Ein Berufspendler kann seinen Arbeitsplatz entweder mit der Deutschen Bahn oder mit dem PKW erreichen. Für den Fall, dass die Bahn den Fahrplan zukünftig ausdünnt oder auf den Bistrowagen verzichtet, wäre das Auto vorzuziehen. Falls allerdings der Dieselpreis über 2,- DM/Liter steigen sollte und eine vom Verkehrsträger unabhängige Kilometerpauschale eingeführt würde, wäre die Bahnfahrt lukrativer.
Der Pendler geht davon aus, dass der Bistrowagen wegfallen, aber das Fahrangebot der Deutschen Bahn erhalten bleibt. Er nimmt ferner an, dass der Dieselpreis weniger als 2,- DM/Liter betragen und eine vom Verkehrsträger unabhängige Kilometerpauschale steuerrechtlich relevant wird.

Für welches Verkehrsmittel entscheidet sich der Pendler?

Aufgabe 4.5

Um den Zuschlag für einen großen Softwareauftrag des Berliner Senats zu erhalten, bereitet der Geschäftsführer der Firma Soft-Sys GmbH eine Schmiergeldzahlung vor. Der Geldkoffer soll zur rushhour (17.00 Uhr) auf einem großen Berliner Bahnhof übergeben werden.
Ein aufmerksamer Informatiker der Firma erfährt von dieser Aktion und informiert einen scharfsinnigen Bild-Reporter über den Deal. Seine Ortsbeschreibung ist vorsichtiger Weise aussagenlogisch verklausuliert:

Wenn der Bahnhof ein ICE-Haltepunkt ist, dann findet die Übergabe nicht im WC-Bereich statt. Es gibt einen U-Bahn-Anschluss oder die Übergabe findet im Bistro-Cafe statt. Der Bahnhof hat einen S-Bahn-Anschluss. Wenn der Bahnhof einen U-Bahn-Anschluss hat, findet die Übergabe im WC-Bereich statt. Der ICE hält auf dem fraglichen Bahnhof. Es gibt keinen S-Bahn-Anschluss oder die Übergabe findet nicht im Reisezentrum statt.

Wo muss der Reporter zur fraglichen Uhrzeit stehen, um das Sensationsfoto zu schießen?

Aufgabe 4.6

Zeigen Sie mittels äquivalenter Umformungen, dass gilt:

a) $\neg A \Rightarrow \neg B$ ist logische Konsequenz von $B \Rightarrow A$ (indirekter Beweis).

b) A ist logische Konsequenz von $B \Rightarrow A$ und von B (modus ponens).

c) Aus $A \Rightarrow B$ und $\neg B$ folgt logisch $\neg A$ (modus tollens).

Aufgabe 4.7

Beweisen Sie die Gültigkeit des Kettenschlusses über drei Aussagen (modus barbara).

Aufgabe 4.8

Seien U(x, y) und V(x, y, z) Aussageformen. Bilden Sie die Negation von:

$$\forall x \forall y (\neg U(x, y)),$$
$$\forall x \exists y (U(x, y)),$$
$$\exists x \forall y (\neg U(x, y)),$$
$$\exists x \exists y (U(x, y)),$$
$$\exists x \exists y \forall z (V(x, y, z)),$$
$$\exists x \forall y \forall z (\neg V(x, y, z)),$$
$$\forall x \forall y \forall z (V(x, y, z)).$$

Aufgabe 4.9

Seien x und y reelle Variablen. Bestimmen Sie die Wahrheitswerte von:

$$\forall x \forall y \left(y = 2^x\right), \quad \exists x \forall y \left(y = 2^x\right), \quad \forall x \exists y \left(y = 2^x\right), \quad \exists x \exists y \left(y = 2^x\right).$$

Aufgabe 4.10

Zeigen Sie, dass folgende Aussagenformen allgemeingültig sind:

$$1)\ \forall x \forall y \{x \in \mathbf{R} \wedge y \in \mathbf{R} \wedge |x + y| \leq |x| + |y|\},$$
$$2)\ \forall x \forall y \{x \in \mathbf{R} \wedge y \in \mathbf{R} \wedge |x \cdot y| = |x| \cdot |y|\}.$$

Aufgabe 4.11

Drücken Sie folgende Sätze prädikatenlogisch aus:

a) Jeder Personalcomputer ist ein Computer.
b) Die meisten Computer sind Personalcomputer.
c) Nicht jeder Computer ist ein Personalcomputer.
d) IBM-Computer und EPSON-Drucker sind stets kompatibel.
e) In jedem Land gibt es Stinkstiefel.
f) Nicht alle Menschen achten ihre Eltern.
g) Wenn zwei sich streiten freut sich der dritte.
h) Aller guten Dinge sind drei.

Setzen Sie sich mit folgenden Aussagen auseinander:

1) Die vollständige disjunktive und die vollständige konjunktive Normalform enthalten stets gleich viele Terme.

2) Die konjunktive Normalform entsteht durch Negation der disjunktiven Normalform.

3) Aussagenlogische Prädikate und Subjekt-Funktionen sind surjektive und injektive Abbildungen.

4) Konsistente Aussageformen sind allgemeingültig.

5. Unscharfe Logik

Die klassische Aussagenlogik kennt nur wahre oder falsche Aussagen. Auf diese Weise lassen sich viele Phänomene allerdings nicht ausreichend beschreiben.
Man denke an **„dehnbare" Begriffe** wie: Die GmbH A ist ein „innovatives" Unternehmen. Herr B. ist ein „erfolgreicher" Firmengründer. Die Frau C. ist eine „zuverlässige" Tutorin. Eine Entscheidung auf „ja" oder „nein" wird dem Objekt nur selten gerecht und engt den Spielraum des urteilenden Gremiums zu sehr ein.

Selbst über messbare Größen, wie den Benzinverbrauch eines Kraftfahrzeugs, die Bewerbungsdauer eines Absolventen, den Stromverbrauch einer Waschmaschine, werden oft **unscharfe Aussagen** gemacht, ohne nachzumessen: „Der VW Lupo verbraucht sehr wenig Benzin". „Absolventen der Wirtschaftsinformatik finden derzeit relativ schnell einen Job". „Der 40°C Waschgang verbraucht kaum Energie".
Exakte Messungen sind zudem oft auch gar nicht möglich. Eine Täterbeschreibung gibt typischerweise eine **vage Vorstellung**. Dennoch lässt sich auf ihrer Grundlage ein „verschwommenes" Phantombild generieren und damit in einer Bilddatenbank recherchieren.

Auch im Alltag werden viele Schlussfolgerungen aus **unsicherem Wissen** gezogen. Wenn bereits wenige Bewerbungen zum Erfolg führen, dann ist die Marktlage günstig und das Einstiegsgehalt relativ hoch. Die Unsicherheit setzt sich dabei von den Prämissen auf die Conclusio fort.

Wenn unscharfe Begriffe, vage Darstellungen und unsichere Schlüsse formalisiert werden sollen, dann spricht man von **Fuzzy-Logik**. Fuzzy kann mit „fusselig" übersetzt werden.

Die Geburtsstunde der Fuzzy-Logik schlug 1965 mit der Publikation „Fuzzy Sets" von L. A. Zadeh. Erste praktische Anwendungen gab es in den achtziger Jahren in Japan mit fuzzygesteuerten Haushaltsgeräten. Heute hat die Fuzzy-Logik ihren festen Platz in computergestützten Kontroll- und Überwachungssystemen eingenommen. Dazu zählen in jüngster Zeit auch Verkehrsleitsysteme in Kraftfahrzeugen.

Ein großer **Vorteil** solcher fuzzygesteuerten Systeme besteht darin, dass sie mit **relativ wenigen Eingangsdaten** gespeist werden müssen, ziemlich **robust** sind und ein praktisch relevantes Genauigkeitsbedürfnis bedienen.

5.1 Fuzzy-Mengen

Beispiel 5.1 Die Körpergröße einer männlichen Person lässt sich unscharf beschreiben. Hierzu werden vier Größenklassen gebildet und den unscharfen Ausprägungen klein, mittel, groß und sehr groß zugeordnet. In jeder Klasse gibt es eine Größe, die ihrer Ausprägung „exakt" entspricht, d. h. mit 100%-iger Sicherheit. Links und rechts davon schwindet die Sicherheit und geht an den beiden Rändern in den Wert null über.

Tabelle 5.1 Sicherheiten zum Beispiel 5.1

Unscharfe Ausprägung	Klasse von bis unter	Größe mit einer Sicherheit von 100%
klein	1,50 m – 1,70 m	1,50 m
mittel	1,60 m – 1,90 m	1,80 m
groß	1,80 m - 2,00 m	1,90 m
sehr groß	1,90 m – 2,10 m	2,10 m

Der Plot einer Größe x gegen die Sicherheit μ(x), ihrer Zuordnung zu einem unscharfen Begriff, führt zu folgender Grafik:

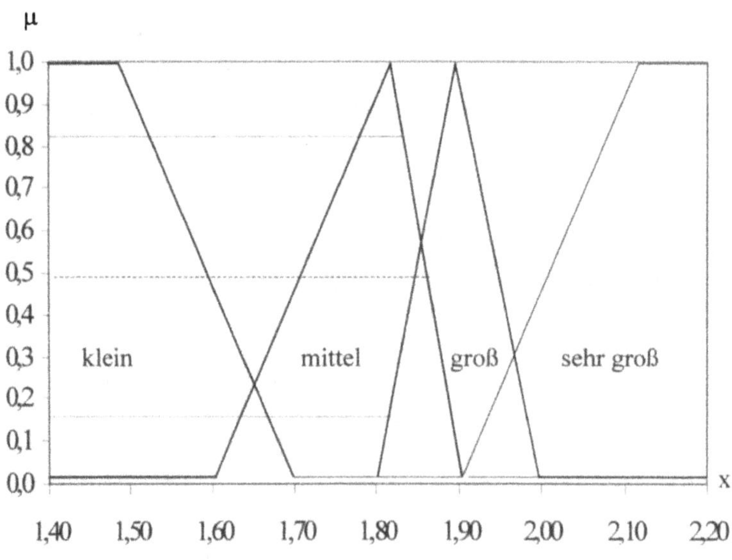

Bild 5.1 Zugehörigkeitsfunktionen μ der männlichen Körpergröße x

Diese Grafik lässt sich in zwei Richtungen auswerten:

- Sei eine Körpergröße vorgegeben, z. B. x = 1,82 m. Gesucht sind Sicherheiten für eine unscharfe Begriffszuordnung. Mit einer Sicherheit von 17% gilt eine Person als groß, mit einer Sicherheit von 83% als mittelgroß.

- Um die eher großen unter den mittelgroßen Personen zu identifizieren, wird das Intervall zwischen 1,60 m und 1,90 m verkleinert auf 1,70 m bis 1,85 m mit einer Sicherheit von mindestens 50%.

Der Übergang von einem „scharfen" Merkmal (Körpergröße in Meter) zu einem „unscharfen" Merkmal (Körpergröße klein bis sehr groß) heißt **Fuzzifizierung**. Diese Verfahrensweise lässt sich algorithmisch mit Hilfe von Sicherheiten beschreiben (siehe Bsp. 5.1).
Das Gegenstück dazu heißt **Defuzzifizierung** und kennzeichnet den Übergang von einem „unscharfen" Merkmal zu einem „scharfen" Merkmal.

Beispiel 5.1 (Erweiterung) Ein Hersteller von PC-Möbeln möchte seinen Höhen-Standard für den Bildschirmaufsatz auf eine mittelgroße Käuferschicht beziehen. Als Körpergröße bietet sich das arithmetische Mittel von 1,60 m (Sicherheit 0), 1,80 m (Sicherheit 1) und 1,90 m (Sicherheit 0) an. Geometrisch gesehen ist das die Abszisse des Schwerpunkts im Dreieck von Bild 5.2.

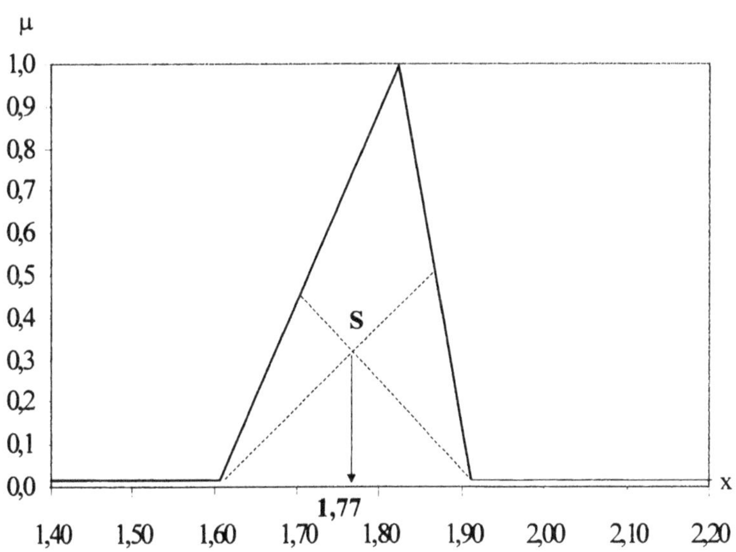

Bild 5.2 Zugehörigkeitsfunktion μ für die „mittlere" Körpergröße x

5.1.1 Grundbegriffe

Allgemeingültig wird eine **Fuzzy-Menge F** definiert als Kombination einer klassischen **Menge M** mit einer **Zugehörigkeitsfunktion** μ_F, die jedem Element von M eine **Sicherheit** zwischen 0 und 1 zuordnet, in Zeichen

$$\mu_F : \quad x \in M \rightarrow \mu_F(x) \in [0, 1].$$

Die Sicherheit kann prozentual angegeben werden[1].

Formal ist jede Fuzzy-Menge F eine **Relation** in $M \times [0, 1]$ mit

$$F = \{(x, \mu_F(x)) \mid x \in M \text{ und } \mu_F(x) \in [0, 1]\}.$$

Die Zugehörigkeitsfunktion $\mu_F(x)$ lässt folgende Interpretationen einer **unscharfen Elementbeziehung** zu:

- Gilt $\mu_F(x) = 0$, so gehört das Element x **nicht** zu F.

- Gilt $\mu_F(x) = 1$, so gehört das Element x **sicher** zu F.

- Für $0 < \mu_F(x) < 1$ liegt x mit Sicherheit $\mu_F(x)$ in F.

Hat die Zugehörigkeitsfunktion stets den Wert null, so heißt F **leere** Fuzzy-Menge, in Zeichen $\mathbf{F_\varnothing}$. Ist hingegen die Sicherheit stets gleich eins, dann besteht zwischen der Fuzzy-Menge F und der Menge M kein Unterschied. Die entsprechende **vollständige** Fuzzy-Menge wird mit $\mathbf{F_M}$ bezeichnet.

Im Beispiel 6.1 ist eine **stetige** Fuzzy-Menge gebildet worden. Das zugehörige Merkmal X und die Zugehörigkeitsfunktion sind jeweils stetig.

Daneben gibt es **diskrete** Fuzzy-Mengen, wie z. B. die Menge „begabter“ Studenten oder die Menge „forschender“ Professoren. Merkmal und Zugehörigkeitsfunktion sind jeweils diskret. Die Fuzzyfizierung könnte bei den Studenten mit Hilfe eines Intelligenz-Quotienen, bei den Professoren über eine Publikationsrate geschehen.

[1] Die Sicherheit einer Zugehörigkeitsfunktion könnte formal gesehen mit einer Wahrscheinlichkeit verwechselt werden. Der Unterschied ergibt sich aus inhaltlicher Sicht. Die Unschärfe bei einer Fuzzy-Menge ist einem Mangel an Informationen geschuldet, der bewusst in Kauf genommen und von Experten abgeschätzt wird. Im Gegensatz dazu spiegelt eine Wahrscheinlichkeit mögliche Ergebnisse von Zufallsexperimenten wider.

Zu den stetigen Zugehörigkeitsfunktionen gehören neben der (symmetrischen) Dreiecksfunktion auch asymmetrische monoton wachsende bzw. fallende Polygonzüge.

Beispiel 5.2 Der „reiche" Mann und der „junge" Wein sind unscharfe Begriffe. Mit „reich" sei ein Vermögen von mindestens 1 Mio. DM assoziiert und mit „jung" ein Wein, der nicht älter als drei Jahre ist.

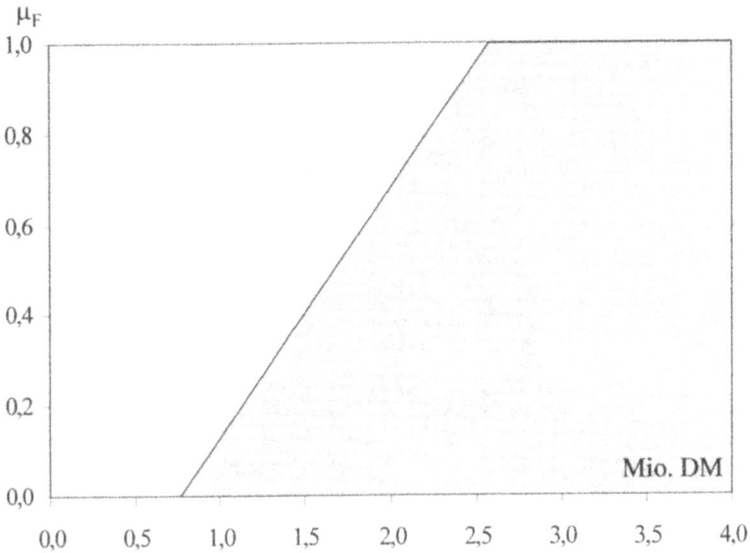

Bild 5.3 Zugehörigkeitsfunktion für einen „reichen" Mann

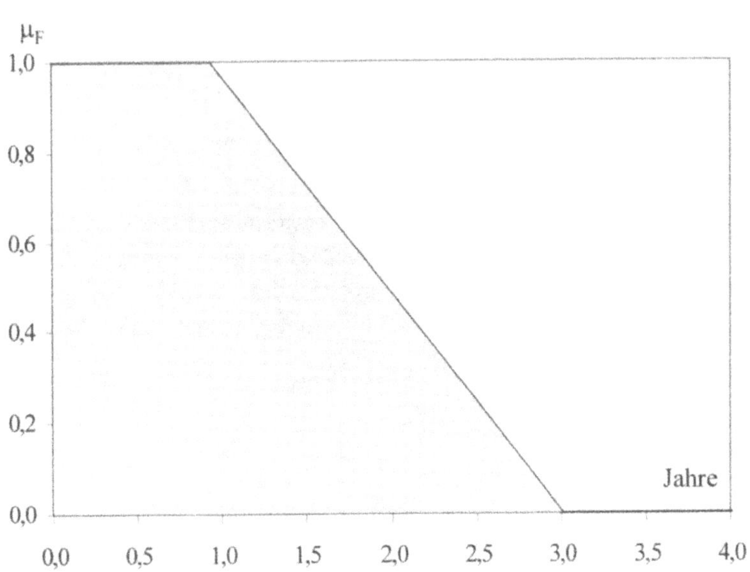

Bild 5.4 Zugehörigkeitsfunktion für einen „jungen" Wein

Im Beispiel 5.1 ist zur Sicherheit 50% ein Größenintervall als Teilmenge von F gesucht worden. Das führt auf eine weitere Begriffsbildung, die sogenannte **Niveau-Menge** (Level Set).

> Eine Teilmenge F_α von F mit $\alpha \in [0, 1]$ heißt Niveau-Menge, wenn die Sicherheit für jedes ihrer Elemente größer als Alpha ist, in Zeichen
>
> $$F_\alpha = \{m \mid m \in M \text{ und } \mu_F(m) \geq \alpha\}.$$

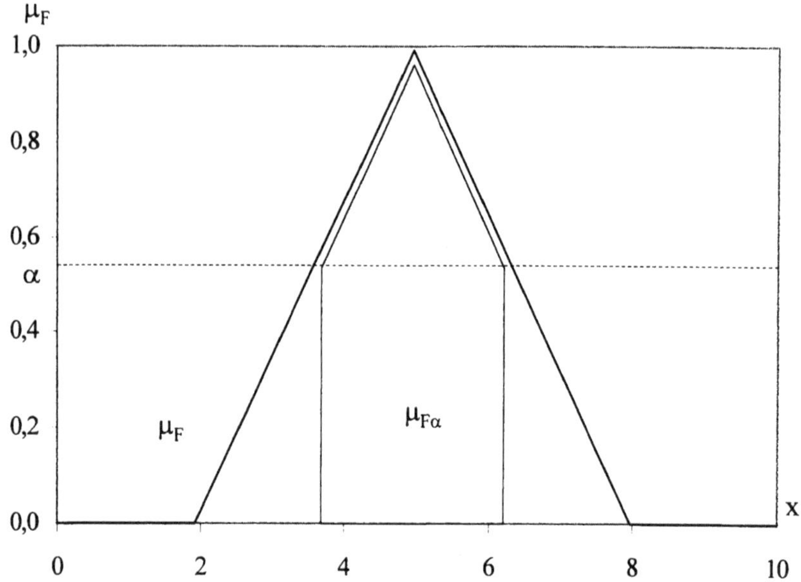

Bild 5.5 Zugehörigkeitsfunktion einer Niveau-Menge

Mit Hilfe einer Zahlenfolge von gegen eins konvergierenden Alpha-Werten kann eine Folge von Niveau-Mengen konstruiert werden, die sich auf den sicheren Bereich, die vollständige Fuzzy-Menge F_M, zusammenziehen. Diesen Vorgang veranschaulicht das folgende Bild 5.6.

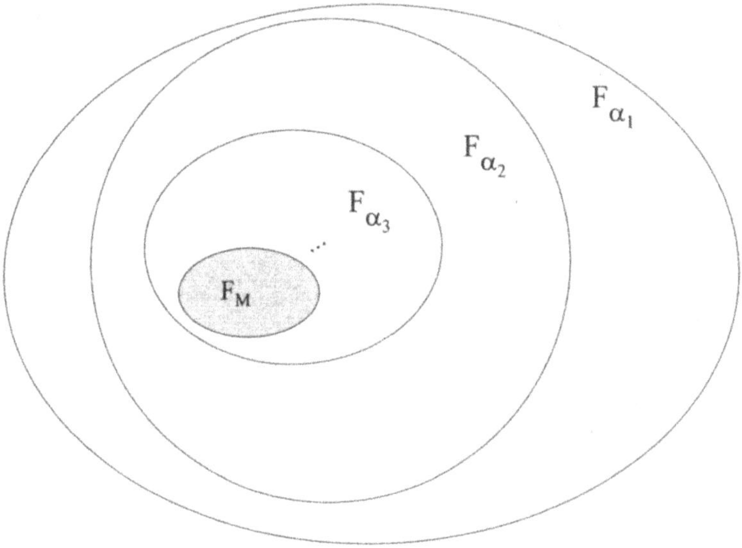

Bild 5.6 Verschachtelung von Level-Sets

Um eine Fuzzy-Menge zu implementieren, wird ihre Zugehörigkeitsfunktion tabellarisch erfasst. In den Zeilen werden die Elemente der Menge M, in den Spalten ein Werteraster des Intervalls von null bis eins angegeben.

Tabelle 5.2 Erfassungsschema für eine Zugehörigkeitsfunktion

$x/\mu_F(x)$	0,0	0,1	0,2	0,3	0,4	0,5	0,6	0,7	0,8	0,9	1,0
x_1											
x_2											
x_3											
x_4											
x_5											
x_n											

Im Beispiel 5.1 hat die Zugehörigkeitsfunktion für die Körpergröße „klein" die Gestalt

$$\mu_F(x) = \begin{Bmatrix} 0 & \text{für} & x \geq 1{,}70\,\text{m} \\ 8{,}5 - 5 \cdot x & \text{für} & 1{,}50\,\text{m} \leq x \leq 1{,}70\,\text{m} \\ 1 & \text{für} & x \leq 1{,}50\,\text{m} \end{Bmatrix}$$

Die x-Werte laufen von 1,50 m bis 1,70 m mit einer Schrittweite von 0,05 m.

Ein Beispiel für die Implementation einer Fuzzy-Menge gibt Seraphin [1994]. Es werden 5 Terme der linguistischen Variablen[2] Temperatur betrachtet.

```
/* Definition eines Typs für die fünf linguistischen Terme          */
Type Temp_Terme = (sehr_kalt, kalt, warm, sehr_warm, heiss);
/* Type-Definition für den Temperaturbereich                */
Type Temp_Bereich = 0..100;
/* Record-Definition für die linguistische Variable Temperatur  */
Type TemplinVar = Record
     term : Array[sehr_kalt..heiss,
                  Temp_Bereich] of Real;
     Var_name : String;
     end;

/* Definition der linguistischen Variable Temperatur        */
Var Temperatur: TemplinVar;
Begin          /* Hauptprogramm                              */
/* Zuweisung an den linguistischen Term "sehr_warm" der          */
/* linguistischen Variablen Temperatur. Dem Temperatur-          */
/* Wert von 38 Grad Celsius wird eine Zugehörigkeit zu  */
/* dem Term "sehr_warm" von 0.8 zugeordnet.             */
Temperatur.term[sehr_warm, 38]:= 0.8;
Temperatur.Var_name := "Temperatur";
/* Zuordnungen eines ganzen linguistischen Terms (warm)          */
/* mit den entsprechenden Zugehörigkeitsgraden an die   */
/* linguistische Variable.                               */
Temperatur.term[warm,10] := 0.0;
Temperatur.term[warm,11] := 0.2;
Temperatur.term[warm,12] := 0.4;
Temperatur.term[warm,13] := 0.6;
Temperatur.term[warm,14] := 0.8;
Temparatur.term[warm,15] := 1.0;
Temperatur.term[warm,16] := 0.8;
Temperatur.term[warm,17] := 0.6;
Temperatur.term[warm,18] := 0.4;
Temperatur.term[warm,19] := 0.2;
Temperatur.term[warm,20] := 0.0;
End;
```

Bild 5.7 Quellcode für die Tabellierung der Fuzzy-Variablen Temperatur

[2] Linguistische Variable haben im Gegensatz zu numerischen Variablen Ausdrücke der Umgangssprache (Terme) als Werte. Jeder Term lässt sich als Fuzzy-Menge beschreiben (siehe Bothe [1995]).

5.1.2 Beziehungen zwischen Fuzzy-Mengen

Für das formale Rechnen mit Fuzzy-Mengen wird so weit wie möglich auf entsprechende Definitionen aus der klassischen Mengenlehre zurückgegriffen.

Zwei Fuzzy-Mengen F_1 und F_2 heißen **gleich**, in Zeichen $\mathbf{F_1 = F_2}$, wenn ihre Mengen M_1 und M_2 gleich sind und ihre Zugehörigkeitsfunktionen $\mu_{F1}(x)$ und $\mu_{F2}(x)$ übereinstimmen, d. h.

$$M_1 = M_2 \qquad \text{und} \quad \mu_{F1}(x) = \mu_{F2}(x) \quad \text{für alle x aus M.}$$

Eine Fuzzy-Menge F_2 heißt **Teilmenge** von F_1, in Zeichen $\mathbf{F_2 \subseteq F_1}$, wenn die beiden Mengen M_1 und M_2 übereinstimmen und die Zugehörigkeitsfunktion der Teil-Menge F_2 unter der Zugehörigkeitsfunktion der Menge F_1 liegt, d. h.

$$M_1 = M_2 = M \quad \text{und} \quad \mu_{F2}(x) \leq \mu_{F1}(x) \quad \text{für alle x aus M.}$$

Diese Definition geht davon aus, dass die Sicherheit mit der Vergrößerung einer Fuzzy-Menge nicht sinken kann, sondern eher wachsen wird.

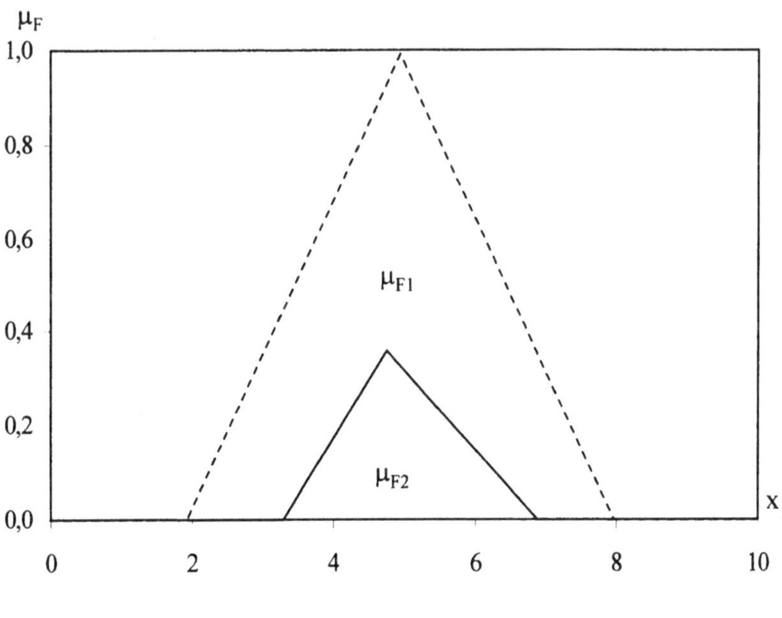

Bild 5.8 Teilmengenbeziehung zwischen Fuzzy-Mengen

Auf diese Weise ist die leere Fuzzy-Menge (Sicherheit stets 0) in jeder anderen Fuzzy-Menge enthalten. Auf der anderen Seite gibt es keine umfassendere Fuzzy-Menge als F_M (Sicherheit stets 1).

Die folgenden Operationen mit zwei Fuzzy-Mengen werden stets über ein und derselben Menge M definiert.

Der **Durchschnitt** zweier Fuzzy-Mengen F_1 und F_2, in Zeichen $\mathbf{F_1 \cap F_2}$, wird über das Minimum der beiden Sicherheiten für ein Element x gebildet, d. h.

$$\mu_{F1\cap F2}(x) = \min(\mu_{F1}(x), \mu_{F2}(x)) \qquad \text{für alle x aus M.}$$

Mit dem Schnitt schwindet offensichtlich die Sicherheit (siehe Bild 5.9).

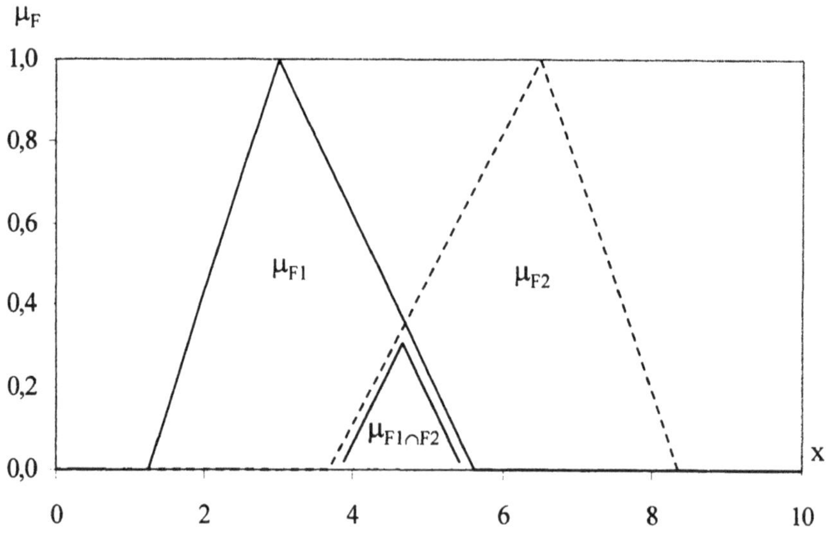

Bild 5.9 Schnitt von zwei Fuzzy-Mengen

Die **Vereinigung** zweier Fuzzy-Mengen F_1 und F_2, in Zeichen $\mathbf{F_1 \cup F_2}$, wird über das Maximum der beiden Sicherheiten für ein Element x gebildet, d. h.

$$\mu_{F1\cup F2}(x) = \max(\mu_{F1}(x), \mu_{F2}(x)) \qquad \text{für alle x aus M.}$$

Mit der Vereinigung wächst demnach die Sicherheit (siehe Bild 5.10).

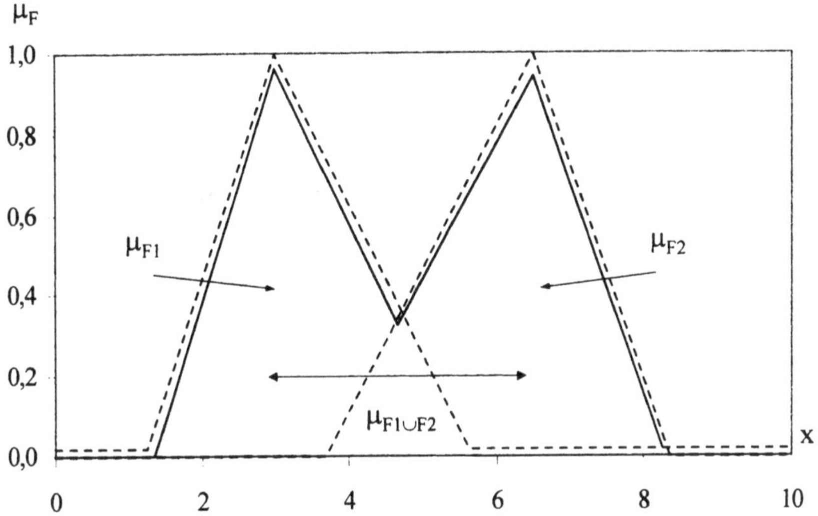

Bild 5.10 Vereinigung von zwei Fuzzy-Mengen

Die **Differenz** zweier Fuzzy-Mengen F_1 und F_2 , in Zeichen $\mathbf{F_1 - F_2}$, wird gebildet mit Hilfe von

$\mu_{F1-F2}(x) = \max(0, \mu_{F1}(x) - \mu_{F2}(x))$ für alle x aus M.

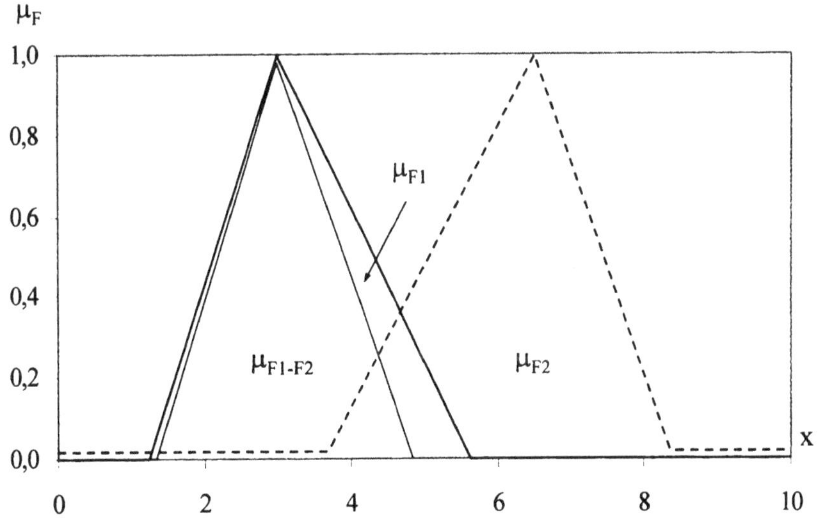

Bild 5.11 Differenz von zwei Fuzzy-Mengen

Bei einer Differenz kann offensichtlich die Sicherheit nicht wachsen.

Das **Komplement** einer Fuzzy-Menge F, in Zeichen **F'**, entsteht durch Spiegelung der Zugehörigkeitsfunktion

$$\mu_{F'}(x) = 1 - \mu_F(x) .$$

Eine hohe Sicherheit geht dabei in eine niedrige Sicherheit über und umgekehrt.

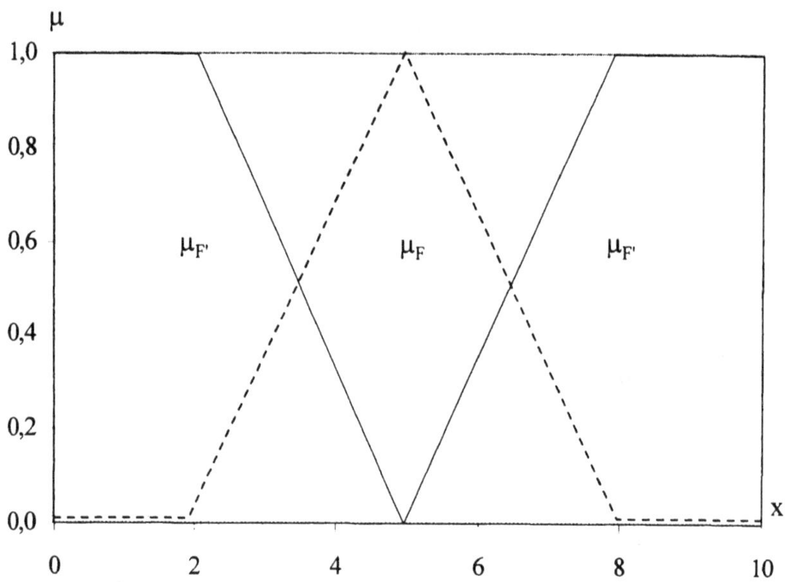

Bild 5.12 Komplement einer Fuzzy-Menge

Die Komplementbildung wird durch die Beziehung F'' = F gesichert. Wenn allerdings der Schnitt von F mit F' berechnet, d. h. die Zugehörigkeitsfunktion

$$\mu_{F \cap F'}(x) = \min(\mu_F(x), 1 - \mu_F(x))$$

gebildet wird, dann stellt sich nicht, wie aus der klassischen Mengenlehre bekannt, die leere Fuzzy-Menge $F_\varnothing$ ein, denn die Zugehörigkeitsfunktion des Durchschnitts $F \cap F'$ kann im Gegensatz zur Sicherheit von $F_\varnothing$ ungleich null sein.

Für Fuzzy-Mengen gilt demnach im Gegensatz zum Schnitt gewöhnlicher Mengen die Ungleichung

$$F \cap F' \neq F_\varnothing .$$

Alle anderen aus der klassischen Mengenlehre bekannten Rechenregeln für den Schnitt bzw. die Vereinigung zweier Fuzzy-Mengen, wie die Kommutativ- und Assoziativgesetze, sowie die zwei Distributivgesetze bleiben indes gültig.

Tabelle 5.3 Rechenregeln für Fuzzy-Mengen

Kommutativgesetze	$F_1 \cap F_2 = F_2 \cap F_1$ $F_1 \cup F_2 = F_2 \cup F_1$
Assoziativgesetze	$(F_1 \cap F_2) \cap F_3 = F_1 \cap (F_2 \cap F_3)$ $(F_1 \cup F_2) \cup F_3 = F_1 \cup (F_2 \cup F_3)$
Distributivgesetze I	$(F_1 \cap F_2) \cup F_3 = (F_1 \cup F_3) \cap (F_2 \cup F_3)$ $(F_1 \cup F_2) \cap F_3 = (F_1 \cap F_3) \cup (F_2 \cap F_3)$
Distributivgesetze II	$(F_1 \cap F_2) \cup F_1 = F_1$ $(F_1 \cup F_2) \cap F_1 = F_1$
Regeln von de Morgan	$(F_1 \cup F_2)' = F_1' \cap F_2'$ $(F_1 \cap F_2)' = F_1' \cup F_2'$
Sonderfälle	$F_1 \cup F_M = F_M$ $F \cap F_M = F$ $F \cap F_\varnothing = F_\varnothing$ $F \cup F_\varnothing = F$
Komplemente	$F_M' = F_\varnothing$ $F'' = F$

Es sollen exemplarisch das Assoziativgesetz für den Durchschnitt und das zweite Distributivgesetz nachgewiesen werden.

Für den Dreierschnitt $(F_1 \cap F_2) \cap F_3$ ist die Zugehörigkeitsfunktion $\min [\min (\mu_1(x), \mu_2(x)), \mu_3(x)]$ zu bilden. Diese Operation ist jedoch assoziativ. Es kann einfach $\min (\mu_1(x), \mu_2(x)), \mu_3(x))$ für beide Seiten der Rechenregel eingesetzt werden.

Die Distributivität der Vereinigung mit einem Schnitt $F_1 \cup (F_2 \cap F_3)$ führt auf die Zugehörigkeitsfunktion

$$\max [\mu_1(x), \min (\mu_2(x), \mu_3(x))].$$

Diese ist zu vergleichen mit der Zugehörigkeitsfunktion der Fuzzy-Menge $(F_1 \cup F_2) \cap (F_1 \cup F_3)$, d. h. mit

$$\min [\max (\mu_1(x), \mu_2(x)), \max (\mu_1(x), \mu_3(x))].$$

Sei für ein x das Maximum aller drei Zugehörigkeitsfunktionen $\mu_1(x)$ und das Minimum $\mu_2(x)$. Dann ergibt sich auf der linken Seite $\mu_1(x)$ und auf der rechten Seite ebenfalls $\mu_1(x)$.

Sei umgekehrt für ein beliebiges x das Maximum aller drei Zugehörigkeitsfunktionen $\mu_2(x)$ und das Minimum $\mu_1(x)$. Dann ergibt sich auf der linken Seite $\mu_3(x)$ und auf der rechten Seite ebenfalls $\mu_3(x)$. Wegen der Kommutativität brauchen keine weiteren Fälle betrachtet werden.

Es gibt Operationen mit Fuzzy-Mengen, die über den Kalkül der klassischen Mengenlehre hinausgehen. Dazu gehört die sogenannte **Konzentration** einer Fuzzy-Menge F, in Zeichen $\mathbf{F^2}$, bei der die Werte ihrer Zugehörigkeitsfunktion jeweils zu quadrieren sind. Eine Dreiecksfunktion wird auf diese Weise „eingebeult". Dabei verringert sich die Fläche unter der Zugehörigkeitsfunktion.

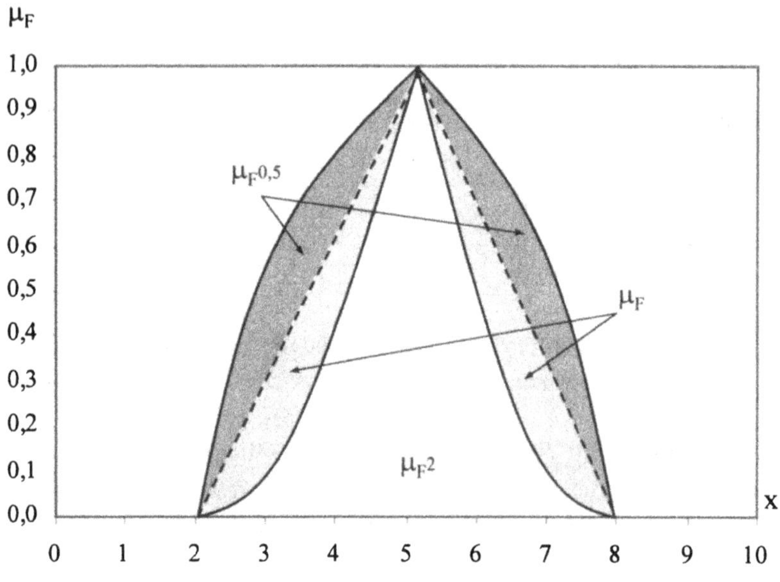

Bild 5.13 Konzentration und Dehnung einer Dreiecksfunktion μ_F

Das Gegenstück zur Konzentration ist die **Dehnung**, in Zeichen $\mathbf{F^{0,5}}$, mit der eine Dreiecksfunktion „ausgebeult" wird. Die Fläche unter der Zugehörigkeitsfunktion nimmt bei dieser Operation zu.

Konzentration und Dehnung können zur Herleitung von Zwischenwerten für die linguistische Variable **W (Wahrheit)** verwendet werden. Bezeichnet μ_w die Zugehörigkeitsfunktion für den Term W = wahr, dann liefert μ_w^2 bzw. $\mu_w^{0,5}$ die Zugehörigkeitsfunktionen für die Terme W = sehr_wahr und W = ziemlich_wahr. Die Terme W = falsch, W = sehr_falsch und W = ziemlich_falsch lassen sich mittels der Differenz $\mu_f = 1 - \mu_w$ bilden (siehe Bothe [1995]).

5.2 Fuzzy-Relationen

In der klassischen Mengenlehre sind **binäre Relationen** Teilmengen einer Kreuzmenge M×N. Im Konzept der Fuzzy-Mengen wird diese Teilmengenbeziehung zu einer Fuzzy-Relation verunschärft. Das gelingt mit Hilfe einer Zugehörigkeitsfunktion, die auf der Kreuzmenge M×N definiert ist.

Beispiel 5.3 Eine unscharfe Relation zwischen Reifegrad und Farbe von Pflaumen lässt sich anhand von drei Reifegraden (unreif, halbreif, reif) und drei Farben (grün, violett, blau) herstellen. Jeder Kombination von Ausprägungen wird eine Sicherheit zugeordnet.

Tabelle 5.4 Sicherheiten für eine Reife-Farbe-Relation

R_{F1}	grün	violett	blau
unreif	1	0,5	0
halbreif	0	0,9	0,2
reif	0	0,3	1

5.2.1 Grundbegriffe

Eine **binäre Fuzzy-Relation R_F** besteht aus zwei „scharfen" Mengen M und N und einer gemeinsamen Zugehörigkeitsfunktion μ_R , die jedem Paar aus M×N eine Sicherheit aus [0, 1] zuordnet, in Zeichen

$$R_F = \{[(x, y), \mu_R(x, y)] \mid x \in M, y \in N \text{ und } \mu_R(x, y) \in [0, 1]\}.$$

Die damit eingeführte unscharfe Teilmengenbeziehung lässt sich grafisch folgendermaßen veranschaulichen: Die gewöhnliche Relation R $\subset$ M×N (vgl. Kap. 2) bildet bildlich gesprochen eine Insel im Meer der Unschärfe (siehe Bild 5.14).

Binäre Relationen werden oft in Form von Graphen (vgl. Kap. 6) dargestellt (siehe Bild 5.15).

Aus zwei Fuzzy-Mengen F_1 und F_2 über M bzw. N entsteht eine spezielle binäre Relation mit Hilfe der sogenannten **Minimum-Funktion** $\mu_R = \min(\mu_1, \mu_2)$, in Zeichen

$$R_F = \{[(x, y), \mu_R(x, y)] \mid x \in M, y \in N \text{ und } \mu_R(x, y) = \min(\mu_1(x), \mu_2(y)) \in [0, 1]\}.$$

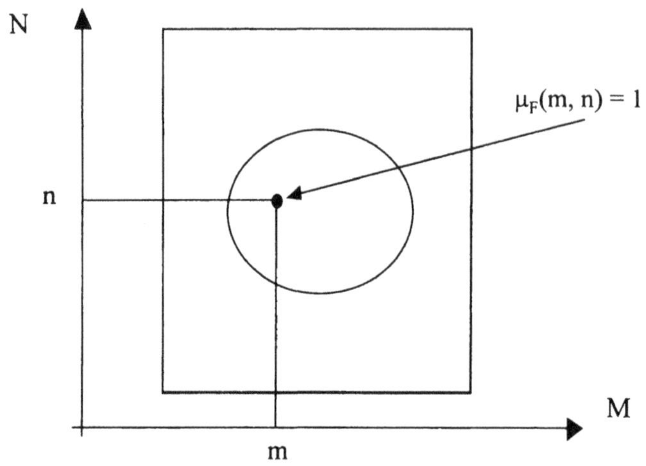

Bild 5.14 Gewöhnliche Relation in einer binären Fuzzy-Relation

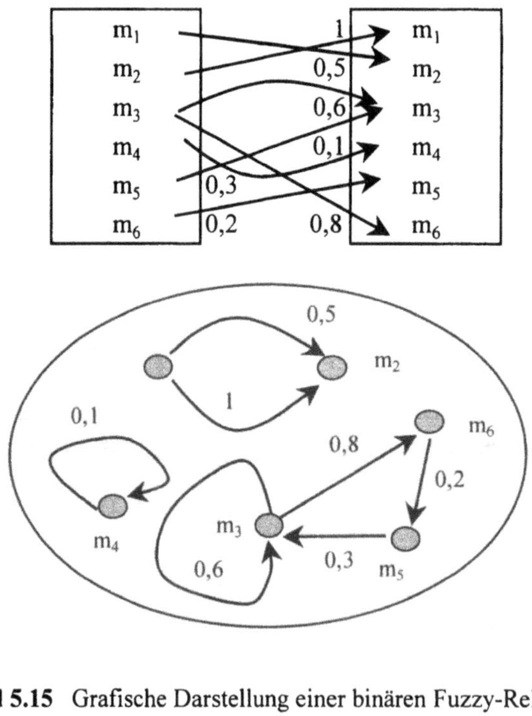

Bild 5.15 Grafische Darstellung einer binären Fuzzy-Relation in M×M

Unscharfe Minimum-Relationen sind praktisch weit verbreitet. Von besonderer Bedeutung ist das Maximum von μ_R. Es kennzeichnet ein Paar (x, y), das mit der höchsten Sicherheit zusammen auftritt. Oftmals stimmen die Mengen M und N überein.

Beispiel 5.4 Ein Museum wurde ausgeraubt. Die Täter traten zunächst eine schwere Tür ein und drangen durch einen Luftschacht in die Ausstellungsräume ein. Kommissar Scharf geht davon aus, dass wahrscheinlich ein Pärchen am Werk war. Die Tür lässt sich nur von einer kräftigen Person eintreten, während den Luftschacht nur sehr schlanke Personen passieren können. Der Inspektor ermittelt eine Menge M von vier Tatverdächtigen mit zweifelhaften Alibis {Mäcki, Zora, Ede und Kalle}. Die Verbrecherkartei liefert folgende Hinweise für die Merkmale „schlank" und „kräftig":

Täter	Ede	Kalle	Mäcki	Zora
$\mu_{schlank}$	0,3	0,5	0,7	0,9

Täter	Ede	Kalle	Mäcki	Zora
$\mu_{kräftig}$	0,8	0,3	0,5	0,2

Für die Minimum-Relation ergibt sich folgendes Schema.

Tabelle 5.5 Auswertungsschema einer Minimum-Relation

$\mu_{schlank \times kräftig}$	Ede	Kalle	Mäcki	Zora	$\mu_{schlank}$
Ede	0,3	0,3	0,3	0,2	0,3
Kalle	0,5	0,3	0,5	0,2	0,5
Mäcki	0,7	0,3	0,5	0,2	0,7
Zora	0,8	0,3	0,5	0,2	0,9
$\mu_{kräftig}$	0,8	0,3	0,5	0,2	

Mit höchster Sicherheit von 0,8 schließt Inspektor Scharf auf das Pärchen Ede und Zora.

5.2.2 Verknüpfung von Fuzzy-Relationen

In Analogie zur klassischen Mengenlehre lassen sich Fuzzy-Relationen hintereinander ausführen und als Komposition verknüpfen.

Zwei Fuzzy-Relationen R_{F1} über $M_1 \times M_2$ und R_{F2} über $M_2 \times M_3$ lassen sich mit Hilfe einer Max-Min-Funktion zu einer neuen Relation, genannt **Komposition $R_1 * R_2$**, zusammenfassen, wobei die Zugehörigkeitsfunktion μ_{F1*F2} auf $M_1 \times M_3$ definiert ist durch

$$\mu_{F1*F2}(x, z) = \max_{y \in M_2} [\min(\mu_{F1}(x, y), \mu_{F2}(y, z))].$$

Das Beispiel 5.3 wird mit einer weiteren Preis-Farbe-Relation R_{F2} für ein Kilo Pflaumen fortgeführt.

Tabelle 5.6 Sicherheiten für eine Farbe-Preis-Relation

R_{F2}	1,50 DM	2,50 DM	4,50 DM
grün	0,1	0,0	0,0
violett	0,3	0,2	0,1
blau	0,5	0,7	0,9

Die Komposition von R_{F1} und R_{F2} führt auf eine unscharfe Relation zwischen Reifegrad und Preis mit der Menge der Farben als M_2.

Tabelle 5.7 Sicherheiten für eine Reife-Preis-Relation

R_{F1*F2}	1,50 DM	2,50 DM	4,50 DM
unreif	0,3	0,2	0,1
halbreif	0,3	0,2	0,2
reif	0,5	0,7	0,9

Falls eine unscharfe Relation über dem Kreuzprodukt einer „scharfen" Menge mit sich selbst gebildet wird, kann auf Ähnlichkeit untersucht werden.

Eine **unscharfe Ähnlichkeits-Relation** R_F über M×M wird durch folgende Eigenschaften definiert:

- **Reflexivität** $\mu_F(x, x) = 1$,

- **Symmetrie** $\mu_F(x, y) = \mu_F(y, x)$,

- **Transitivität** $R*R \subset R$.

Falls die **Symmetrie nicht** erfüllt ist, dann heißt R eine **Ordnungs-Relation.**

Beispiel 5.5 Die Nähe-Relation[1] R für die Städte M = {Stralsund, Greifwald, Wolgast} ist reflexiv und symmetrisch.

Tabelle 5.8 Sicherheiten einer Nähe-Relation

μ_R	Stralsund	Greifswald	Wolgast
Stralsund	1,0	0,5	0,2
Greifwald	0,5	1,0	0,4
Wolgast	0,2	0,4	1,0

[1] Nähe-Relationen werden in Routensuchprogrammen von Fahrzeugausstattern oder städtischen Auskunftssystemen verwendet. Eine typische Aufgabe besteht darin, vom jeweiligen Standpunkt aus ein nahe gelegenes Hotel zu finden.

Die Transitivität hingegen ist nicht erfüllt, was mit der Alltagserfahrung konform geht.

Tabelle 5.9 Sicherheiten einer Nähe-Übertragung

μ_{R*R}	Stralsund	Greifswald	Wolgast
Stralsund	1,0	0,5	0,4
Greifwald	0,5	1,0	0,4
Wolgast	0,4	0,4	1,0

Wegen

$$\mu_{R*R}\,(\text{Stralsund, Wolgast}) = 0{,}4 > \mu_R\,(\text{Stralsund, Wolgast}) = 0{,}2$$

ist die Teilmengenbedingung verletzt. Es gilt umgekehrt $R \subset R*R$.

5.3 Unscharfes Schließen

Wenn die Zugehörigkeitsfunktion μ_F einer Fuzzy-Menge F im Sinne der Aussagenlogik als Zuordnung zwischen einem Objekt (Element m von M) und seinem Wahrheitswert in [0,1] interpretiert wird, dann lässt sich darauf eine **„unscharfe" Logik** gründen. Die Sicherheit 1 wird logisch als „wahr", die Sicherheit 0 logisch als „falsch" interpretiert. Dazwischen liegen die „unscharfen" Grautöne.

Als Schlussregel liegt naturgemäß die Implikation (IF-THEN-Regel) nahe, die sich umformen lässt in

$$A \Rightarrow B = \neg A \vee B = (\neg A \vee B) \wedge (\neg A \vee A) = \neg A \vee (A \wedge B)$$

$$= (A \wedge B) \vee \neg A.$$

Übertragen auf zwei Fuzzy-Mengen F_1 und F_2 über M bzw. N ist zunächst deren Durchschnitt zu bilden und dieser mit dem Komplement der Prämissenmenge zu vereinigen. Die Zugehörigkeitsfunktion dieser Beziehung ist

$$\mu_{IF\text{-}THEN} = \max\,[\min\,(\mu_{F1}(x), \mu_{F2}(y)), 1 - \mu_{F1}(x)].$$

Mit dieser Schlussregel können jedoch Widersprüche zur Alltagserfahrung entstehen.

Beispiel 5.5 (siehe Böhme [1993]) „Die Langen haben große Füße", ist ein unscharfer Schluss von einer Fuzzy-Menge F_1 „langer" Personen auf eine andere Fuzzy-Menge F_2 von Personen mit „großen" Füßen. Beide Mengen seien durch folgende Zugehörigkeitsfunktionen gekennzeichnet:

Körperlänge	1,60	1,65	1,70	1,75	1,80	1,85	1,90	1,95	2,00	2,05
μ_{F1}	0	0	0,1	0,3	0,7	0,8	0,9	1	1	1

Schuhgröße	39	40	41	42	43	44	45	46	47	48
μ_{F2}	0	0	0,1	0,3	0,5	0,7	0,9	1	1	1

Wird darauf die IF-THEN-Regel angewandt, ergeben sich folgende Sicherheiten:

Tabelle 5.10 Sicherheiten einer IF-THEN-Regel

$\mu_{IF\text{-}THEN}$	39	40	41	42	43	44	45	46	47	48
1,60	1	1	1	1	1	1	1	1	1	1
1,65	1	1	1	1	1	1	1	1	1	1
1,70	0,9	0,9	0,9	0,9	0,9	0,9	0,9	0,9	0,9	0,9
1,75	0,7	0,7	0,7	0,7	0,7	0,7	0,7	0,7	0,7	0,7
1,80	0,3	0,3	0,3	0,3	0,5	0,7	0,7	0,7	0,7	0,7
1,85	0,2	0,2	0,2	0,3	0,5	0,7	0,8	0,8	0,8	0,8
1,90	0,1	0,1	0,1	0,3	0,5	0,7	0,9	0,9	0,9	0,9
1,95	0	0	0,1	0,3	0,5	0,7	0,9	1	1	1
2,00	0	0	0,1	0,3	0,5	0,7	0,9	1	1	1
2,05	0	0	0,1	0,3	0,5	0,7	0,9	1	1	1

Mit der Alltagserfahrung unvereinbar ist die rechte obere Ecke des Zahlenschemas, wonach „kleine" Leute mit hoher Sicherheit „große" Füße haben sollen. Die anderen drei Ecken hingegen bestätigen die Normalität.

Der Widerspruch löst sich, wenn anstelle der IF-THEN-Regel eine **IF-THEN-ELSE-Regel** gesetzt wird, die aussagenlogisch der Äquivalenz entspricht. Nach einigen Umformungen ergibt sich folgende Darstellung für eine Äquivalenz

$$A \Leftrightarrow B = (A \Rightarrow B) \wedge (B \Rightarrow A) = (\neg A \vee B) \wedge (\neg B \vee A)$$

$$= (A \wedge B) \vee (\neg A \wedge \neg B)$$

und daraus abgeleitet als Zugehörigkeitsfunktion für den modifizierten „unscharfen" Schluss

$$\mu_{IF\text{-}THEN\text{-}ELSE} = \max\,[\min\,(\mu_{F1}(x), \mu_{F2}(y)),\ \min\,(1 - \mu_{F1}(x), 1 - \mu_{F2}(y))].$$

Die IF-THEN-ELSE-Regel liefert folgendes Auswertungsschema:

Tabelle 5.11 Sicherheiten einer IF-THEN-ELSE-Regel

$\mu_{IF\text{-}THEN\text{-}ELSE}$	39	40	41	42	43	44	45	46	47	48
1,60	1	1	1	0,9	0,7	0,5	0,3	0,1	0	0
1,65	1	1	1	0,9	0,7	0,5	0,3	0,1	0	0
1,70	0,9	0,9	0,9	0,9	0,7	0,5	0,3	0,1	0,1	0,1
1,75	0,7	0,7	0,7	0,7	0,7	0,5	0,3	0,3	0,3	0,3
1,80	0,3	0,3	0,3	0,3	0,5	0,7	0,7	0,7	0,7	0,7
1,85	0,2	0,2	0,2	0,3	0,5	0,7	0,8	0,8	0,8	0,8
1,90	0,1	0,1	0,1	0,3	0,5	0,7	0,9	0,9	0,9	0,9
1,95	0	0	0,1	0,3	0,5	0,7	0,9	1	1	1
2,00	0	0	0,1	0,3	0,5	0,7	0,9	1	1	1
2,05	0	0	0,1	0,3	0,5	0,7	0,9	1	1	1

Das rechte obere Feld entspricht nun ebenfalls der Alltagserfahrung.

5.4 Übungsaufgaben

Aufgabe 5.1

Überprüfen Sie die Gültigkeit folgender Gesetze für Fuzzy-Mengen:

- Kommutativgesetz für Vereinigung und Durchschnitt,
- Assoziativgesetz für Vereinigung und Durchschnitt,
- Distributivgesetze,
- de Morgan'sche Regeln.

Aufgabe 5.2

Schreiben Sie nach persönlicher Einschätzung Fuzzy-Mengen über folgenden Grundmengen auf:

- Hohe Wahlbeteiligung bei den Gemeindewahlen im Landkreis Rügen auf der Grundmenge

  M = { 30, 40, 50, 55, 60, ..., 90, 95, 100} (Angaben in Prozent)

- Mittleres Monatseinkommen in Tausend DM eines Arbeitnehmers im Bundesland Mecklenburg-Vorpommern auf der Grundmenge

  M = {1, 1.5, 2, 2.5, 3, 3.5, 4, 4.5, 5, 5.5, 6, 6.5, 7, 7.5, 8 }

- Mittlere Studiendauer für einen Studiengang Wirtschaftsinformatik- bei erfolgreichem Abschluss auf der Grundmenge

  M = {8, 9, 10, 11, 12, 13, 14, 15, 16} (Angaben in Semestern)

Zeichnen Sie die ermittelten Zugehörigkeitsfunktionen.

Aufgabe 5.3

Sei M die Menge {±3, ±2, ±1, 0} der reellen Zahlen und die Zugehörigkeitsfunktion einer Fuzzy-Menge gegeben durch

$$\mu_F = \frac{1}{1+2x^2}$$

- Stellen Sie die Zugehörigkeitsfunktion grafisch dar.
- Kennzeichnen Sie die Niveau-Menge $F_{0,5}$.
- Bestimmen Sie Dehnung und Konzentration und ergänzen Sie obige Grafik.

Aufgabe 5.4

Auf der Grundmenge von Geschwindigkeiten eines Pkw in km/h

M = {20, 40, 80, 100, 120, 150, 180, 210 }

sei folgende Fuzzy-Menge definiert:

Schnell = {(20, 0) (40, 0.1) (80, 0.3) (100, 0.5) (120, 0.6)
(150, 0.8) (180, 0.9) (210, 1)}

- Ermitteln Sie die Zugehörigkeitsfunktionen für Sehr_Schnell, Ziemlich_Schnell und Absolut_Schnell.
- Tragen Sie alle drei Zugehörigkeitsfunktionen in ein Diagramm ein.
- Überprüfen Sie die Teilmengenbeziehung Sehr_Schnell $\subset$ Ziemlich_Schnell.
- Bestimmen Sie die Fuzzy- Mengen Absolut_Langsam, Langsam, Sehr_Langsam, Ziemlich_Langsam.
- Schneiden und vereinigen Sie rechnerisch und grafisch die Fuzzy-Mengen Ziemlich_Schnell und Ziemlich_Langsam.
- In welcher Beziehung stehen Schnitt und Vereinigung?

Aufgabe 5.5

Auf der Grundmenge von Sportwagen M = {BMW Z3, Alfa-GTV/Spider, Mercedes SLK, Mazda MX-5, Porsche Boxter, Opel-Tigra, Toyota Celica, Mitsubishi Eclipse, Ferrari F 355} sind die Fuzzy-Mengen PREISWERT, ZUVERLÄSSIG und IMAGETRÄCHTIG zu bilden.

Welcher Sportwagen erfüllt alle drei Eigenschaften mit höchster Sicherheit?

Aufgabe 5.6[2]

Auf der Menge von Personen

M = {Michael, Ralf, Sven, Tom, Andrea, Jule, Mona, Nadja}

seien folgende Fuzzy-Mengen erklärt:

Gutes_Einkommen = {(Michael, 0.7), (Ralf, 0.9), (Sven, 0.2), (Tom, 0.5), (Andrea, 0.1), (Jule, 0.8), (Mona, 0.5), (Nadja, 0.3)}

Großstadt_Mensch = {(Michael, 0.1), (Ralf, 1.0), (Sven, 1.0), (Tom, 0.5), (Andrea, 1.0), (Jule, 1.0), (Mona, 0.2), (Nadja, 0.4)}

Nahe_30_Jahre = {(Michael, 1.0), (Ralf, 0.9), (Sven, 0.05), (Tom, 0.5), (Andrea, 0.1), (Jule, 1.0), (Mona, 0.7), (Nadja, 0.5)}

Manager = {(Michael, 0.0), (Ralf, 0.9), (Sven, 0.2), (Tom, 0.5), (Andrea, 0.1), (Jule, 0.0), (Mona, 0.7), (Nadja, 1.0)}

DV_Spezialist = {(Michael, 1.0), (Ralf, 0.1), (Sven, 0.0), (Tom, 0.5), (Andrea, 0.8), (Jule, 1.0), (Mona, 0.5), (Nadja, 0.3)}

Banker = {(Michael, 0.0), (Ralf, 0.0), (Sven, 1.0), (Tom, 0.0), (Andrea, 0.1), (Jule, 0.8), (Mona, 0.0), (Nadja, 0.1)}

Die Fuzzy-Menge Yuppie sei nun wie folgt beschrieben:

Yuppie = (Manager $\cup$ DV_Spezialist $\cup$ Banker) $\cap$ Gutes_Einkommen $\cap$ Nahe_30_Jahre $\cap$ Großstadt_Mensch.

[2] vgl. Beedgen [1993]

- Welche Personen aus M sind Yuppies?

Aufgabe 5.7

Gegeben seien folgende Fuzzy-Mengen: A = {(1, 1), (2, 0.9), (3, 0.7), (4, 0.3), (5, 0)} und B = {(1, 0), (2, 0.2), (3, 0.5), (4, 0.8), (5, 1)}.

- Bilden Sie mit Hilfe der Maximum- und Minimumverknüpfung Relationen $\mu_{Rmax}(x, y)$ und $\mu_{Rmin}(x, y)$.

- Schneiden und vereinigen Sie beide Relationen.

- Bilden Sie beide Kompositionen und stellen Sie diese grafisch dar.

Aufgabe 5.8[3]

Aus einer Umfrage ergab sich folgende unscharfe Bewertung zur Relevanz wichtiger Kompetenzen (Qualifikation) X für bestimmte Tätigkeitsfelder (Fachbereich) Y eines größeren Unternehmens:

X/Y	Management	Planung	Forschung	Produktion	Beratung	Schulung
Logik	0,5	0,8	0,8	0,3	0,5	0,3
Rhetorik	1	0,3	0,1	0	1	1
Didaktik	0,7	0,2	0	0	1	1
Kreativität	0,8	0,8	1	0,5	0,7	0,3
Teamgeist	0,8	0,2	0,7	0,8	0,3	0,8
Fachwissen	0,5	0,7	1	1	0,5	1

- Stellen Sie die Relation grafisch dar und kennzeichnen Sie Eigenschaften der Relation.

Die Personalabteilung ermittelt für einen Bewerber folgende Zugehörigkeitsfunktion B = {(Logik, 0.2), (Rhetorik, 0.9), (Didaktik, 0.3), (Kreativität, 0.5), (Teamgeist, 0.6), (Fachwissen, 0.8)}.

- Für welchen Fachbereich ist der Bewerber am wenigsten geeignet?

[3] vgl. Böhme [1993]

Aufgabe 5.9

Auf der Menge der süditalienischen Städte X = {Bari, Matera, Trani, Altamura} sei für einen Reiseführer die Ähnlichkeits-Relation R „x liegt in der Nähe von y“ konstruiert worden:

R	Bari	Matera	Trani	Altamura
Bari	1,0	0,4	0,5	0,7
Matera	0,4	1,0	0,3	0,9
Trani	0,5	0,3	1,0	0,4
Altamura	0,7	0,9	0,4	1,0

- Überprüfen Sie die Werte der Sicherheitsmatrix anhand einer Karte und stellen Sie die Relation grafisch dar.

- Überprüfen Sie die Eigenschaften Reflexivität, Symmetrie und Transitivität dieser Relation.

Aufgabe 5.10

Für einen GOLF IV (75 PS/55 kW) seien die beiden Fuzzy-Mengen „langsames Fahren auf der Autobahn in km/h“ mit {(90, 1), (100, 0.9), (110, 0.7), (120, 0.6), (130, 0.5), (150, 0.2), (160, 0.1)} und „niedriger Benzinverbrauch in Liter“ mit {(6.4, 1), (6.6, 0.9), (6.8, 0.6), (7.0, 0.5), (7.2, 0.4), (7.4, 0.3), (7.6, 0.1), (7.8, 0)} gegeben.

- Werten Sie einen unscharfen Schluss von „langsamem Fahren auf der Autobahn“ auf „niedrigen Benzinverbrauch“ mit Hilfe der IF-THEN-ELSE-Regel aus.

Setzen Sie sich mit folgenden Aussagen auseinander:

1) Unscharfe Mengen enthalten scharfe Teilmengen.

2) Der Schnitt disjunkter Fuzzy-Mengen ist leer.

3) Unscharfe Ähnlichkeits-Relationen sind Äquivalenz-Relationen.

4) Unscharfes Schließen und scharfes Schließen folgen unter schiedlichen Entscheidungsregeln.

5) Sicherheiten sind relative Häufigkeiten.

6. Graphen

Graphen dienen dazu, Beziehungsgeflechte zu formalisieren und visuell zu gestalten. Dabei werden alle Beziehungen zwischen je zwei Polen erfasst und in eine grafische Gesamtdarstellung, den **Graphen**, eingefügt. Darin erscheinen die Pole als Knoten und die Beziehungen zwischen ihnen als Kanten.

Beispiel 6.1 Zwischen den 20 Ostseehäfen (Knoten) Danzig, Frederikshaven, Göteborg, Helsinki, Hirtshals, Kiel, Karlskrona, Kopenhagen, Kristiansand, Larvik, Mariehamn, Oslo, Puttgarten, Rödby, Rostock, Stockholm, Tallin, Travemünde, Trelleborg und Turku haben die großen Fährgesellschaften (Viking Line, Silja Line, Tallink, Birke Cruises, Stena Line, Color Line, TT-Line, Scandlines, Finnlines) im Jahr 1997 insgesamt 16 bedeutende Fährverbindungen (Kanten) für den Passagier- und Gütertransport unterhalten (siehe Bild 6.1). Kennzeichnend für den Graphen ist, dass jeder Hafen Ausgangs- bzw. Endpunkt für verschiedene Routen sein kann. Zwischen zwei Häfen gibt es jeweils nur eine ausgewiesene Verbindung. Zudem ist es nicht möglich, von einem Hafen direkt zu einem beliebigen anderen Hafen zu gelangen.

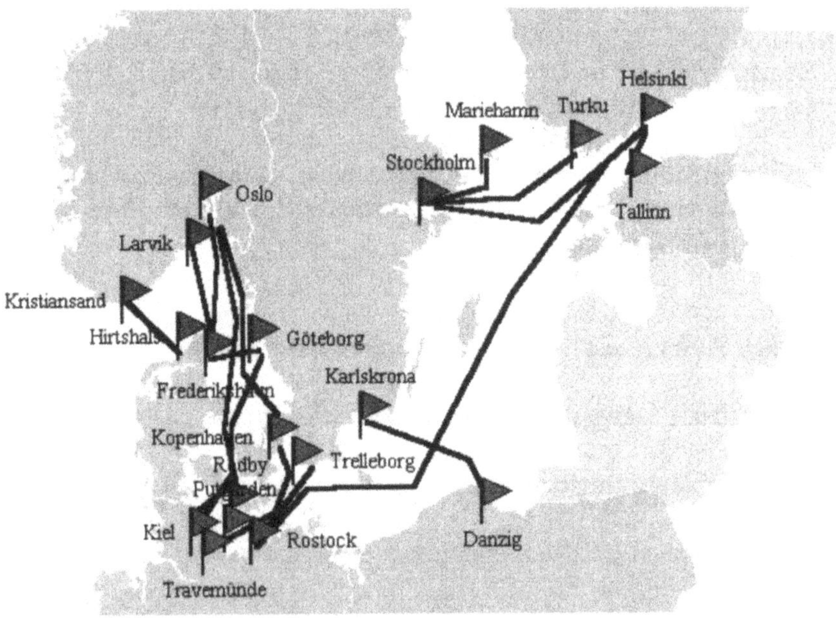

Bild 6.1 Fährlinien-Graph in der Ostsee (Stand 1997)

Beispiel 6.2 Die Fluglinien der Lufthansa verbinden im innerdeutschen Luftverkehr 15 Städte (Berlin, Bremen, Dresden, Düsseldorf,

Frankfurt, Friedrichshafen, Hamburg, Hannover, Köln, Leipzig, München, Münster, Nürnberg, Saarbrücken und Stuttgart). Die Städte bilden die Knoten und die Flugverbindungen die Kanten des Fluggraphen. Nicht jede Stadt wird von allen anderen Städten aus angeflogen. Eingeschränkt erreichbar sind z. B. Saarbrücken, Nürnberg oder Friedrichshafen.

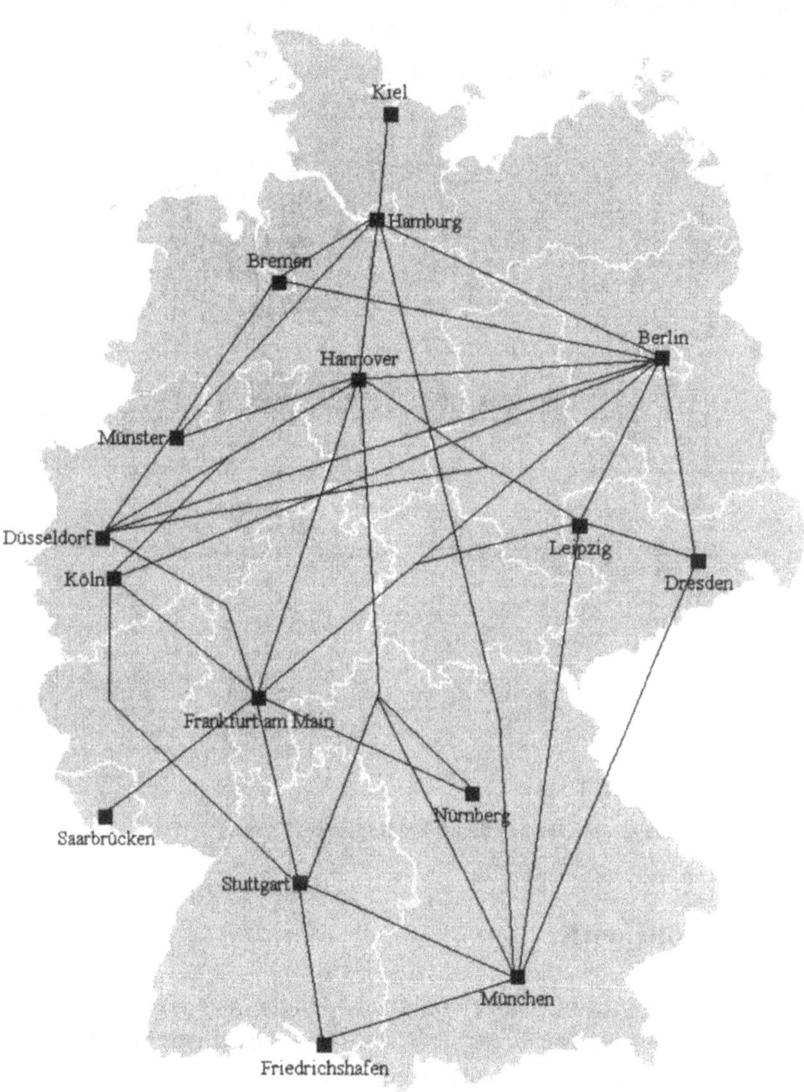

Bild 6.2 Fluglinen-Graph der Lufthansa (Stand 1998)

Beispiel 6.3 Die Londoner Underground verfügt über ein Netz von 12 Linien mit insgesamt 40 Umsteigebahnhöfen. Sämtliche 266 Bahnhöfe fungieren in diesem Linien-Graphen als Knoten und die Verbindungen zwischen aufeinander folgenden Stationen als Kanten. Es ist möglich, von jeder Linie durch einmaliges oder mehrmaliges Umsteigen jede beliebige andere Linie zu erreichen. Das sichert, dass jede Zielstation von einer beliebigen Startstation aus erreichbar ist, ohne das Verkehrsmittel zu wechseln. Dabei gibt es meist alternative Routen, die sich nach Anzahl der Zwischen- und Umsteigestationen unterscheiden. Ein Fahrgast wird meist nach der kürzesten Verbindung suchen.

Bild 6.3 Linien-Graph der Londoner Underground (Ausschnitt)

6.1 Grundbegriffe

Ein **Graph G** wird mit Hilfe von zwei Mengen, der **Knotenmenge V** und der **Kantenmenge E,** gebildet und lässt sich allgemeingültig definieren als **Relation** der Kreuzmenge V×V×E, in Zeichen $G \subset V \times V \times E$.

Zu einem **Knotenpaar** (v_i, v_j) können mehrere **parallele** Kanten e_k gehören. Es ist ferner möglich, dass eine Kante an einem einzelnen Knoten beginnt und endet (**Schlinge**).

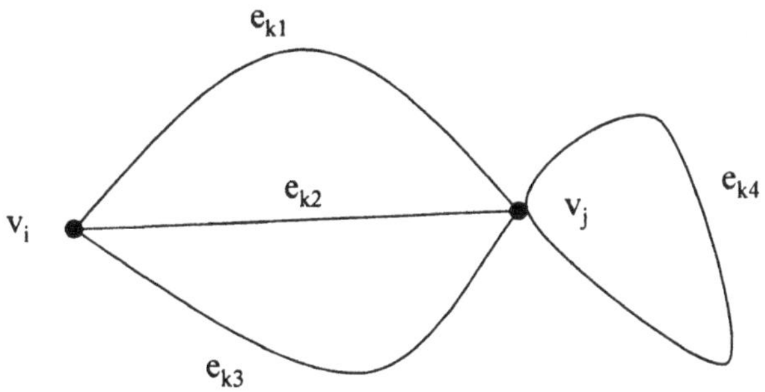

Bild 6.4 Graph mit parallelen Kanten und einer Schlinge

Ein Graph heißt **schlicht**, wenn er keine parallelen Kanten und keine Schlingen aufweist. Die Kanten können in diesem Fall eindeutig durch ihr Knotenpaar repräsentiert werden. Die Relation lässt sich als Teilmenge in V×V auffassen.

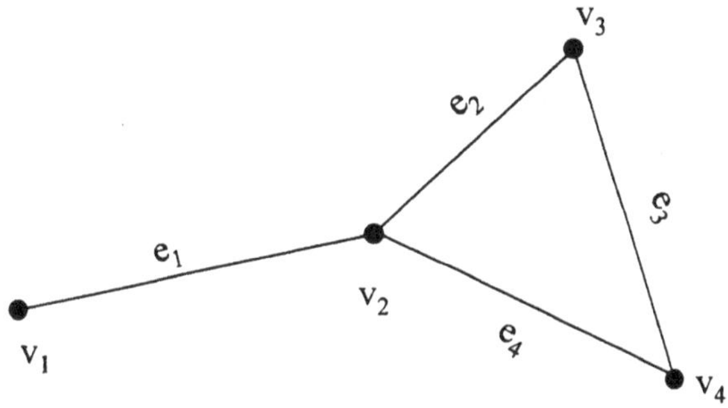

Bild 6.5 Schlichter Graph

Ein schlichter Graph heißt **vollständig**, wenn zu jedem Knotenpaar (v_i, v_j) eine Kante e_{ij} existiert. In vollständigen Graphen kann jeder Knoten von jedem anderen Knoten aus erreicht werden.

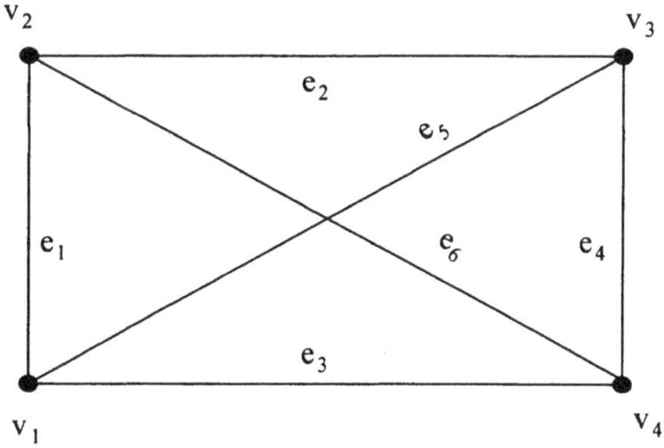

Bild 6.6 Vollständiger Graph

Ein Graph G heißt **gerichtet,** wenn seine Kanten einen **Richtungssinn** besitzen, d.h. jede Kante e_{ij} stets vom Knoten v_i zum Knoten v_j und nicht umgekehrt verläuft.

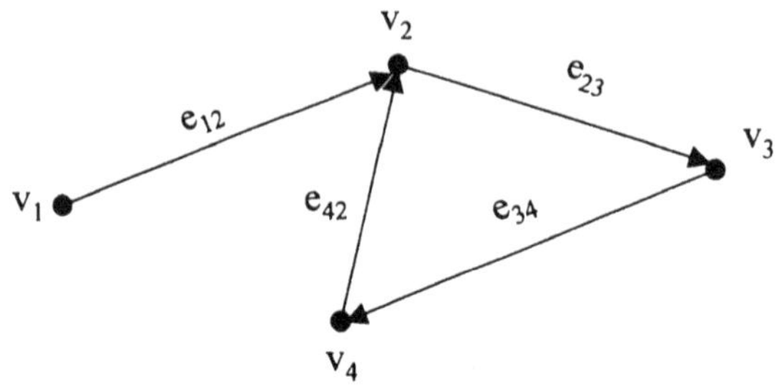

Bild 6.7 Gerichteter Graph

Ein Graph H heißt **Teilgraph** von G, wenn H eine Teilmenge der Relation $G \subset V \times V \times E$ ist. Die Knotenmenge V_H von H ist Teilmenge von V, $V_H \subset V$, die Kantenmenge E_H von H ist Teilmenge von E, $E_H \subset E$.

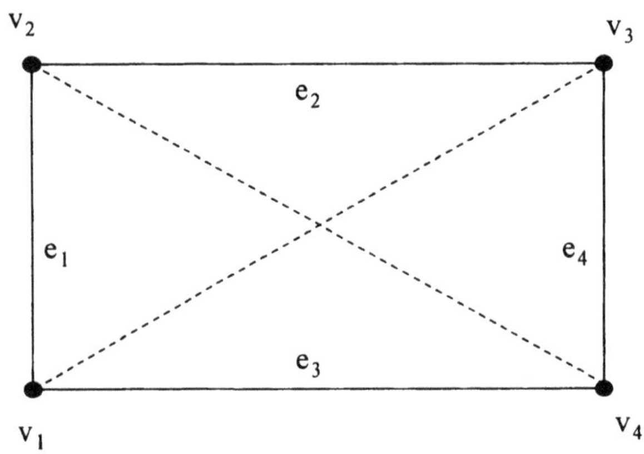

Bild 6.8 Teilgraph-Beziehung durch Streichen der Diagonalkanten (vgl. Bild 6.6)

Die Anzahl von Kanten d(v) an einem Knoten v heißt **Knotengrad.** Bei einem gerichteten Graphen setzt sie sich aus der Zahl eingehender Kanten $d^+(v)$ und der Zahl auslaufender Kanten $d^-(v)$ zusammen. Die Summe aller Knotengrade d(G) heißt **Gesamtgrad** eines Graphen. Der Gesamtgrad gibt Auskunft über die Verästelungsdichte eines Graphen.

Es gelten folgende **Aussagen**:

1) Der **Gesamtgrad** eines Graphen ist **gerade.**

2) In jedem Graphen gibt es eine **gerade** Anzahl von Knoten mit **ungeradem** Grad.

Beweis:

a) Der erste Teil folgt daraus, dass jede Kante zweimal gezählt wird, einmal als Ausgang und einmal als Eingang. Die Summe gerader Zahlen ist stets gerade.
b) Für den zweiten Teil wird der Gesamtgrad in die Summe von zwei Teilgraden zerlegt. Der erste Teilgrad wird aus allen Knoten mit gerader Gradzahl und der zweite Teilgrad aus der Summe aller Knoten mit ungerader Gradzahl ermittelt. Der erste Summand ist stets geradzahlig, so dass dem zweiten Summanden nichts weiter übrig bleibt, als auch geradzahlig zu sein. Andernfalls wäre die Summe keine gerade Zahl.

6.2 Bipartite Graphen

Wenn die beiden Knoten v_i und v_j einer ungerichteten Kante e_{ij} aus zwei verschiedenen, **disjunkten** Knotenmengen V_1 und V_2, in Zeichen $V_1 \cap V_2 = \emptyset$, stammen, spricht man von einem **bipartiten** Graphen (**Beziehungsgraph**).

Beispiel 6.4 Für das gemischte Doppel in einem Badminton-Turnier werden Paare ausgelost. Die Menge der Herren V_1 ist traditionell größer als die Menge der Damen V_2. Damit alle Herren ein gemischtes Doppel spielen können, müssen einige Damen mehrfach antreten. Die ausgelosten Spielpaarungen ergeben einen Beziehungsgraphen.

Die beiden disjunkten Knotenmengen eines bipartiten Graphen können auch aus Mitarbeitern und Arbeitsaufgaben, Wohnungssuchenden und freien Wohnungen, Bahnkunden und Sitzplätzen etc. bestehen.

Bei der Auswertung eines Beziehungsgraphen stellt sich die Frage, ob eine erschöpfende Paarbildung (Verkupplung) über den beiden Knotenmengen möglich ist. Man spricht von einer **vollständigen Kuppelei**, wenn die Paare jeweils knotendisjunkt sind.

Eine vollständige Kuppelei ist offenbar nur möglich, wenn die beiden Knotenmengen gleich mächtig sind, d. h. hinsichtlich ihren Kardinalzahlen übereinstimmen. Das reicht aber noch nicht aus. Der Graph muss auch hinreichend viele Kanten besitzen (Kantenvielfalt), um alle Knoten verbinden (verkuppeln) zu können.

Eine notwendige und hinreichende Bedingung für eine vollständige Kuppelei enthält der **Satz von Hall** (1935):

G besitzt eine vollständige Kuppelei genau dann, wenn jede Teilmenge U der Knotenmenge V_1 mit mindestens $|U|$ Knoten in V_2 über Kanten verbunden ist.

Beweis:

a) Die Notwendigkeit der Bedingung liegt auf der Hand, denn jeder Knoten aus V_1 führt zu einem nicht anderweitig verkuppelten Knoten in V_2. Damit gibt es stets mindestens so viele Anfangs- wie Endknoten. Das gilt auch für jede Teilmenge U von V_1.
b) Der Nachweis für die hinreichende Bedingung wird so geführt, dass dabei ein Algorithmus zum Aufbau einer vollständigen Kuppelei entsteht. Begonnen wird mit einem beliebigen Knoten v_0 aus V_1. Zu diesem gibt es mindestens einen Endknoten w_0 in V_2. Falls dieser nicht anderweitig verkuppelt ist, wandert die entsprechende Kante in die Kuppelmenge. Falls w_0 aber doch noch mit einem Knoten v_1 in V_1 verbunden ist, so muss es wegen der Knotenbedingung nach Hall zur Menge aus v_0 und v_1 , $U = \{v_0, v_1\}$ und $|U| = 2$, eine Knotenmenge in V_2 mit mindestens zwei Elementen geben. Seien dies w_0 und ein weiterer Knoten w_1. Ist w_1 nicht anderweitig verkuppelt, so wird die Kante (v_1, w_1) der Kuppelmenge zugeschlagen und das Verfahren mit dem Rumpfgraphen erneut gestartet. Andernfalls wird die Knotenbedingung auf die neue Teilmenge $U = \{v_0, v_1, v_2\}$ angewendet usw. bis schließlich ein Knoten w_k gefunden ist, für den es keine Verkupplung mit weiteren Knoten aus V_1 gibt. Die Kuppelmenge nimmt die entsprechende knotendisjunkte Kante (v_k, w_k) auf und der Algorithmus setzt mit dem Rumpfgraphen fort, bis alle Knoten von V_1 verkuppelt sind.

Der Algorithmus von Hall ist als Struktogramm in Bild 6.11 zusammen gefasst. Das nachfolgende Beispiel demonstriert die einzelnen Rechenschritte.

Beispiel 6.5 Aus zwei Mengen von 4 Jungen {Heiner, Arne, Knut, Björn} und 4 Mädchen {Karin, Silke, Agneta, Dörte} sollen Tanzpaare ausgewählt werden. Die mentale Passfähigkeit ist in folgendem Sympathie-Graphen (Bild 6.9) enthalten

$$\{(A,A),(A,S),(A,D),(B,A),(B,D),(H,K),(H,S),(K,S),(K,D)\}.$$

Es fragt sich nun, ob jeder einen geeigneten Tanzpartner findet?

Der Graph erfüllt die Verästelungsbedingung des Satzes von Hall und besitzt eine vollständige Kuppelei, z. B. {(A, A), (B, D), (H, K), (K, S)}, siehe Bild 6.10. Daneben sind auch andere Varianten der vollständigen Paarbildung möglich.

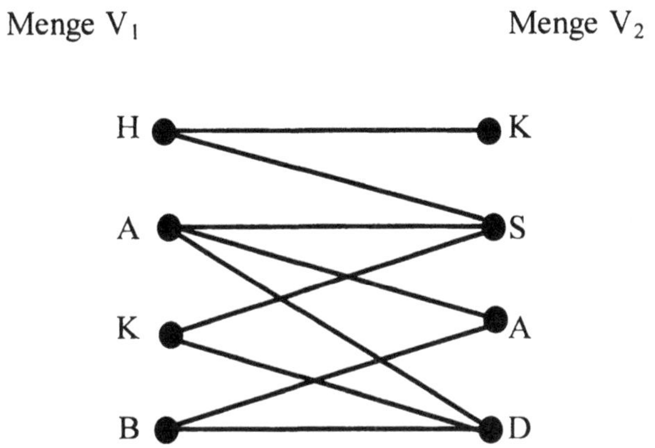

Bild 6.9 Bipartiter Sympathie-Graph

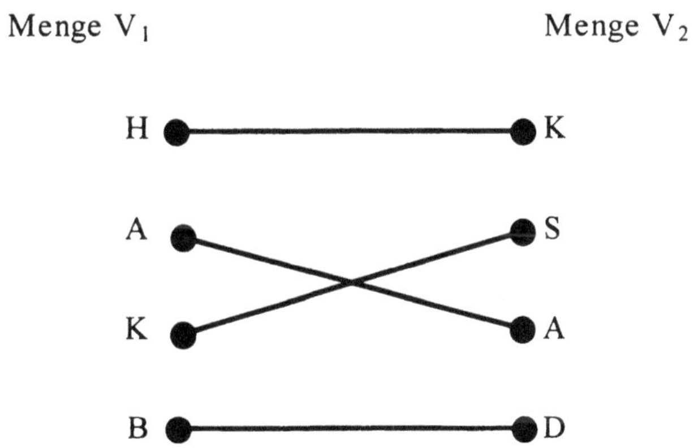

Bild 6.10 Vollständige Kuppelei

6.3 Wege und Kreise

Beispiel 6.6 In einer Großstadt wird ein Verkehrsleitsystem für Geschäftsleute angeboten, das einen zeitminimalen Weg zwischen Start und Ziel über mehrere Ampelkreuzungen auswählt. Die Kreuzungen

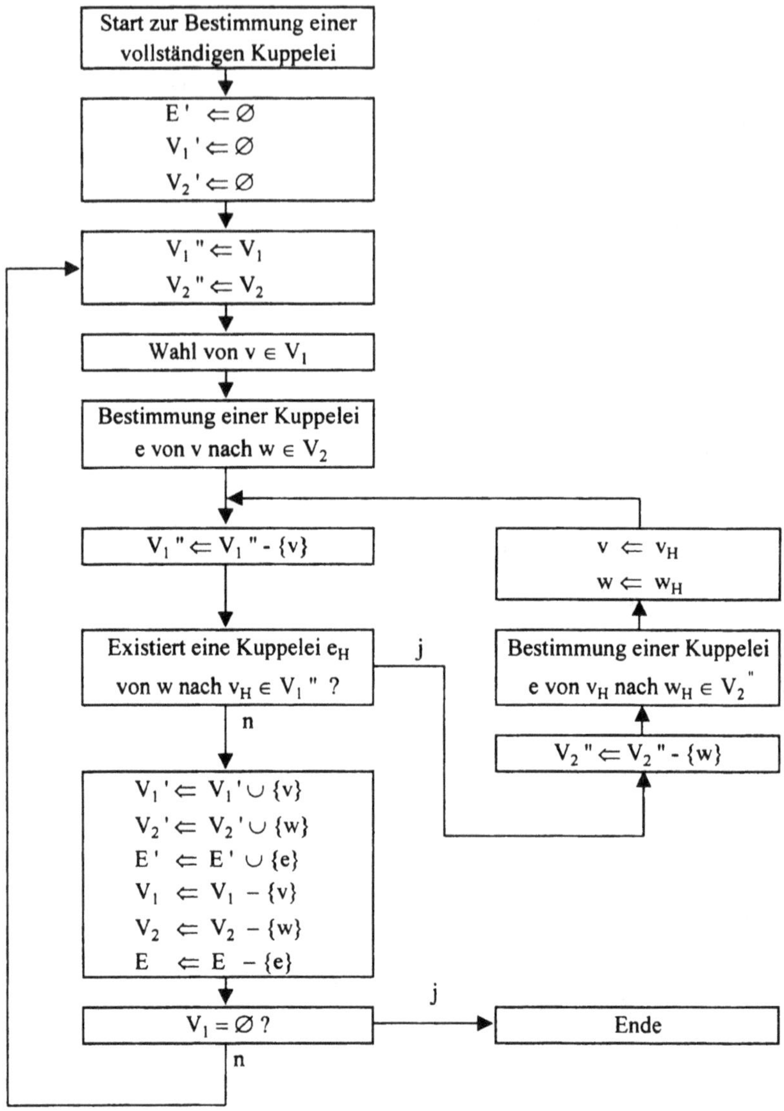

Bild 6.11 Struktogramm zum Algorithmus von Hall

fungieren als Knoten und die Verbindungen zwischen ihnen als Kanten. Der Graph enthält alle Straßenverbindungen. Das Routensuchprogramm schlägt eine Folge von Knoten und Kanten vor, die entfernungsminimal ist. Die Weglängen sind den Kanten zugeordnet.
Zur graphentheoretischen Beschreibung von Ortsverbindungen werden folgende Begriffe eingeführt:

Ein Graph G heißt **gewichtet**, wenn jeder Kante eine Zahl (Gewicht, Wichtung) zugeordnet ist. Die Relation G ist folglich eine Teilmenge von V×V×E×R, wobei R die Menge der reellen Zahlen bezeichnet. Die Summe aller Kantengewichte heißt Gesamtgewicht des Graphen.

Eine **Kantenfolge** zwischen einem Startknoten v und einem Zielknoten w wird als Folge von Knoten und Kanten $v_1e_1v_2e_2v_3...e_nv_n$ mit v_1 = v und v_n = w definiert.

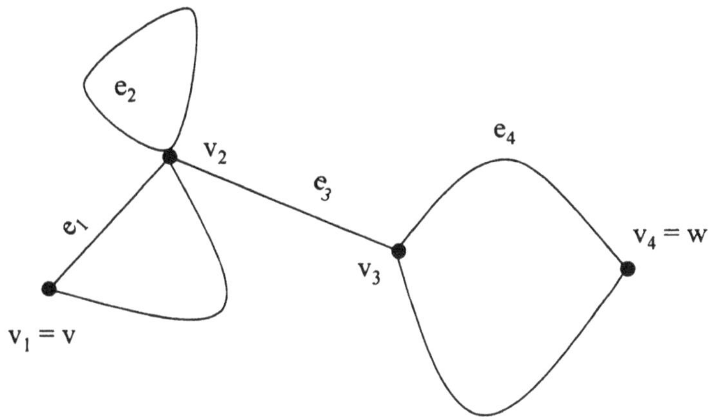

Bild 6.12 Kantenfolge

Falls Start- und Zielknoten v = w übereinstimmen, heißt die Kantenfolge **geschlossen**.

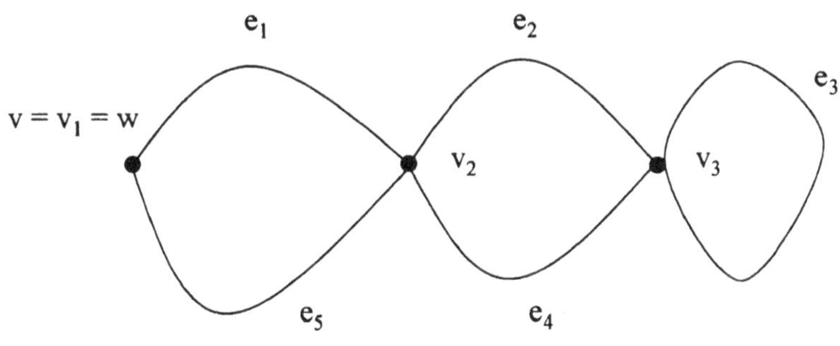

Bild 6.13 Geschlossene Kantenfolge

Eine Kantenfolge **ohne** Kantenwiederholung wird als **Kantenzug** bezeichnet (siehe Bild 6.14).

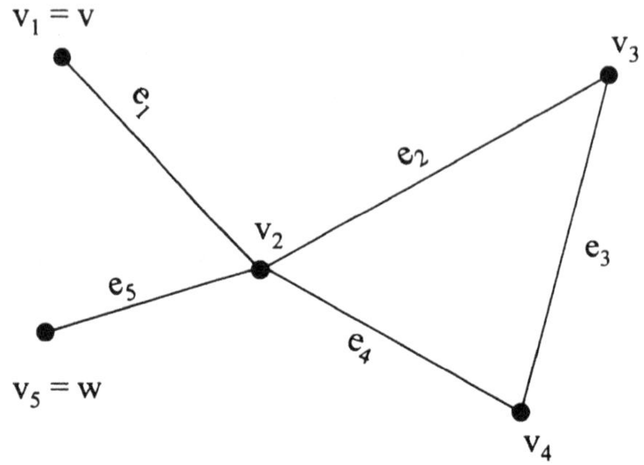

Bild 6.14 Kantenzug

Wenn **alle Knoten** einer Kantenfolge (inklusive Start- und Zielknoten) **verschieden** sind, dann liegt ein **Weg** vor.

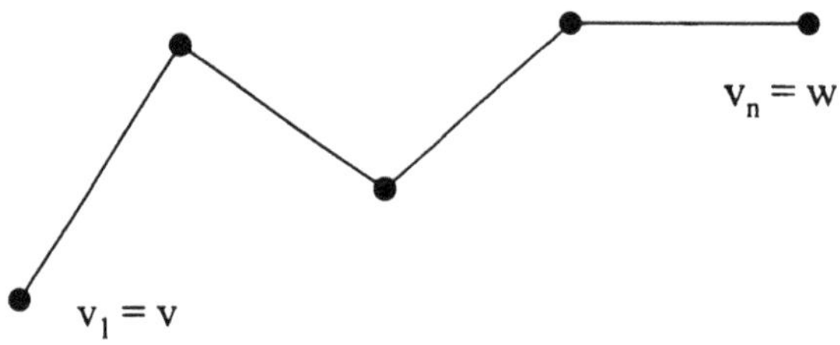

Bild 6.15 Weg

Der Weg ist eine offene Kantenfolge ohne Knotenwiederholung.
Eine geschlossene Kantenfolge ohne Knotenwiederholung heißt **Kreis** (Bild 6.16 a)). Im Extremfall kann der Kreis aus nur einem Knoten mit Schlinge bestehen (Bild 16.6 b)). Theoretisch ist auch ein einzelner Knoten für sich genommen ein Kreis (Bild 6.16 c)).

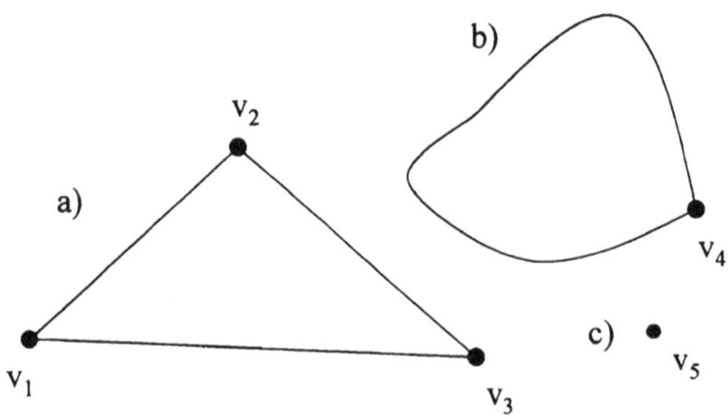

Bild 6.16 Kreise

Die nachfolgende Tabelle gibt eine Zusammenfassung der eingeführten Begriffe für Teilgraphen.

Tabelle 6.1 Typen von Teilgraphen

Teilgraph	Kanten-wiederholung	Knoten-wiederholung	Anfangsknoten gleich Endknoten
Kantenfolge	möglich	möglich	möglich
Geschlossene Kantenfolge	möglich	möglich	ja
Kantenzug	nein	möglich	möglich
Weg	nein	nein	nein
Kreis	nein	nur einmal	ja

Von praktischem Interesse ist es zunächst, ob zwischen zwei beliebigen Knoten (Ortspunkten) eines Graphen ein Weg (Ortsverbindung) existiert. Wenn das der Fall ist, kann in einem zweiten Schritt nach dem günstigsten Weg unter den Alternativen gesucht werden.

Ein (**ungerichteter**) Graph heißt **zusammenhängend**, wenn je zwei Knoten durch einen Weg in G verbunden werden können.

Der Zusammenhangsbegriff kennzeichnet die Erreichbarkeit in einem Graphen.
Falls die Kanten einen Richtungssinn haben, ist zwischen Erreichbarkeit und Kantenverbindung zu unterscheiden. Im Verkehrsleitsystem schränken Einbahnstraßen (gerichtete Kanten) die Erreichbarkeit ein. Andererseits gehören sie zum Straßennetz (Kantenmenge) dazu.

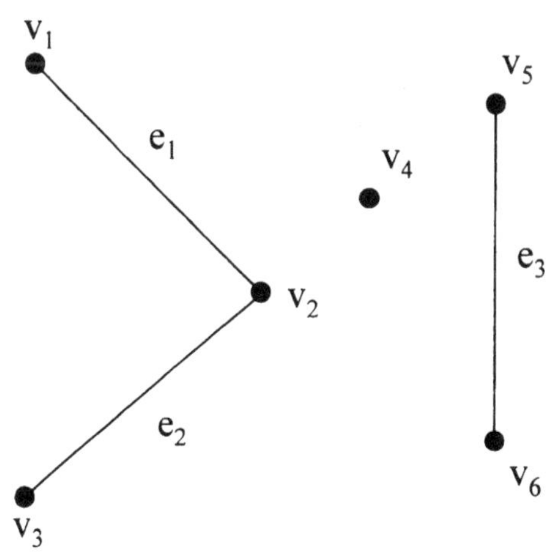

Bild 6.17 Nicht zusammenhängender Graph

Ein **gerichteter** Graph heißt **stark zusammenhängend**, wenn zwischen je zwei Knoten ein Weg besteht. Er heißt **schwach zusammen-**

hängend, wenn der zugehörige ungerichtete Graph zusammenhängend ist.

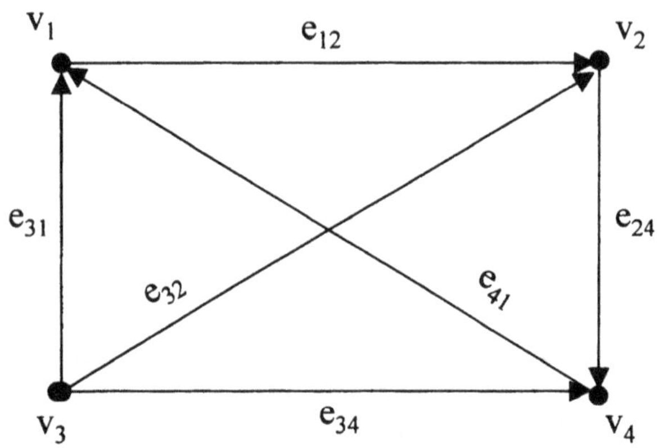

Bild 6.18 Schwach zusammenhängender, gerichteter Graph

Für eine Zusammenhangsuntersuchung ist die Matrix-Darstellung eines Graphen nützlich. Die **Adjazenzmatrix** ergibt sich aus einer Tabelle mit den Knoten des Graphen als Zeilen- und Spaltenbeschriftung. Jede Zelle in dieser Tabelle liegt im Fadenkreuz von zwei Knoten v_i und v_j. Sie nimmt die Anzahl der Kanten zwischen v_i und v_j auf. Falls es keine Kante gibt, erscheint die null, bei einer Kante die eins, bei zwei parallelen Kanten die zwei usw. Die Matrix selbst besteht aus dem Zahlenschema der Tabelle in Klammern. Das Element im Fadenkreuz von i und j wird allgemein mit a_{ij} bezeichnet. Adjazenzmatrizen werden mit großen lateinischen Buchstaben **A**, **B**, ... geschrieben und fett gesetzt.

Beispiel 6.7 Es sei G ein ungerichteter Graph mit den Knoten v_1, ..., v_4 und der folgenden Adjazenzmatrix gegeben

$$\mathbf{A} = \begin{pmatrix} 0 & 0 & 1 & 0 \\ 0 & 1 & 2 & 0 \\ 1 & 2 & 0 & 1 \\ 0 & 0 & 1 & 1 \end{pmatrix}.$$

Die grafische Darstellung des Graphen zeigt Bild 6.19.

Die Adjazenzmatrix eines **ungerichteten** Graphen ist um die Hauptdiagonale **symmetrisch**, in Zeichen $a_{ij} = a_{ji}$ für alle i und j.

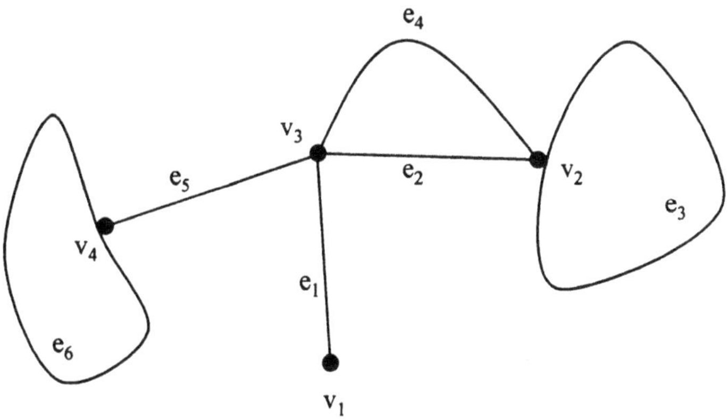

Bild 6.19 Graph zum Beispiel 6.7

Im Gegensatz dazu ist die Adjazenzmatrix eines gerichten Graphen meistens **asymmetrisch**, d. h. $a_{ij} \neq a_{ji}$ für mindestens ein Paar i und j.

Beispiel 6.8 Der Graph aus Beispiel 6.7 wird in einen gerichteten Graphen überführt mit der Adjazenzmatrix

$$\mathbf{A} = \begin{pmatrix} 0 & 1 & 0 & 0 \\ 0 & 1 & 1 & 1 \\ 0 & 1 & 0 & 0 \\ 0 & 0 & 0 & 1 \end{pmatrix}.$$

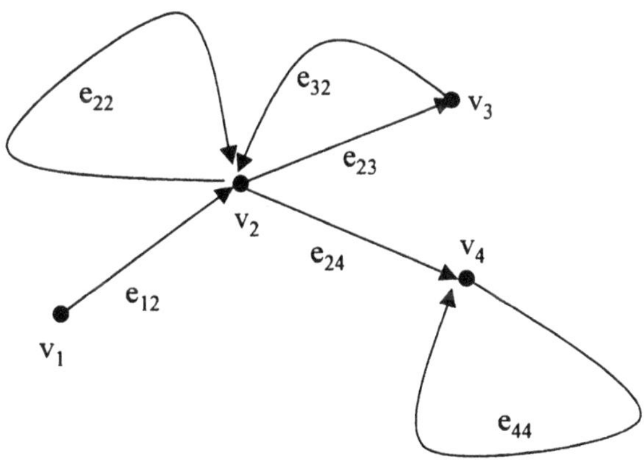

Bild 6.20 Graph zum Beispiel 6.8

Für die **Zusammenhangsuntersuchung** werden systematisch alle Wege zwischen zwei Knoten über eine, zwei, drei usw. Kanten aufgelistet. Entscheidend ist nur, dass es überhaupt einen Weg gibt, egal wie viele Kanten er umfasst. Die Weglänge ist hierbei unerheblich.

In der Adjazenzmatrix **A** stehen alle **einkantigen** Wege. Sie wird meist eine Reihe von Nullfeldern enthalten, die eine Direktverbindung zwischen den betreffenden Knoten ausschließen.

Beispiel 6.9 Gegeben sei ein Graph G mit 4 Knoten und der Adjazenzmatrix

$$\mathbf{A} = \begin{pmatrix} 0 & 1 & 1 & 0 \\ 1 & 0 & 1 & 1 \\ 1 & 1 & 0 & 0 \\ 0 & 1 & 0 & 0 \end{pmatrix}.$$

Der Graph ist offensichtlich ungerichtet und schlicht. Da zwei Direktverbindungen fehlen, und zwar von v_1 nach v_4 und von v_3 nach v_4, wird eine Zusammenhangsuntersuchung durchgeführt.

Die Suche nach „Umwegen" beginnt mit der Auflistung der zweikantigen Verbindungen. Diese ergeben sich durch Multiplikation der Matrix **A** mit sich selbst.

Die Produktbildung erfolgt **skalar**, d.h. es werden eine Zeile i von **A** und eine Spalte j von **A** skalar miteinander multipliziert. Das Ergebnis wird dem Feld i, j in der Produktmatrix $\mathbf{A}^2$ zugeordnet

$$c_{ij} = a_{i1} \cdot a_{1j} + a_{i2} \cdot a_{2j} + a_{i3} \cdot a_{3j} + \ldots a_{in} \cdot a_{nj}.$$

Die Zahl c_{ij} gibt an, wie viele zweikantigen Verbindungen zwischen Knoten v_i und Knoten v_j bestehen.

Im Beispiel 6.9 wird zuerst die Zeile 1 (0 1 1 0) mit der Spalte 1 (0 1 1 0) multipliziert:

$$c_{11} = 0 \cdot 0 + 1 \cdot 1 + 1 \cdot 1 + 0 \cdot 0 = 2.$$

Es folgen die Skalarprodukte von Zeile 1 mit Spalte 2, Spalte 3 und Spalte 4 von **A**. Alle vier Zahlen zusammen ergeben die erste Zeile der Produktmatrix (2 1 1 1).
Danach wird die zweite Zeile von **A** mit allen Spalten skalar multipliziert. Es ergibt sich die zweite Zeile der Produktmatrix usw. Im Ergebnis entsteht

$$\mathbf{A}^2 = \begin{pmatrix} 0 & 1 & 1 & 0 \\ 1 & 0 & 1 & 1 \\ 1 & 1 & 0 & 0 \\ 0 & 1 & 0 & 0 \end{pmatrix} \cdot \begin{pmatrix} 0 & 1 & 1 & 0 \\ 1 & 0 & 1 & 1 \\ 1 & 1 & 0 & 0 \\ 0 & 1 & 0 & 0 \end{pmatrix} = \begin{pmatrix} 2 & 1 & 1 & 1 \\ 1 & 3 & 1 & 0 \\ 1 & 1 & 2 & 1 \\ 1 & 0 & 1 & 1 \end{pmatrix}.$$

Abseits der Hauptdiagonalen sind die zweikantigen Wege aufgelistet. In der ersten Zeile von $\mathbf{A}^2$ steht ein Weg von v_1 nach v_2 über v_3, dann folgt ein Weg von v_1 nach v_3 über v_2 , und schließlich wird ein Weg von v_1 nach v_4 über v_2 angezeigt. In der vorletzten Zeile erscheint nun auch ein zweikantiger Weg von v_3 nach v_4.
Auf der Hauptdiagonalen sind Kantenfolgen mit Knotenwiederholung (Pseudowege) aufgelistet, z. B. 2 Kantenfolgen von v_1 nach v_1. Eine führt nach v_2 und zurück, die andere nach v_3 und zurück. Für die Zusammenhangsuntersuchung sind diese Pseudowege uninteressant.
Durch **elementweise Addition** der Adjazenzmatrix **A** mit ihrer zweiten Potenz $\mathbf{A}^2$ entsteht eine weitere Matrix **B**, in der alle Wege bzw. Kantenzüge über eine bzw. zwei Kanten enthalten sind.

$$\mathbf{B} = \mathbf{A} + \mathbf{A}^2 = \begin{pmatrix} 0 & 1 & 1 & 0 \\ 1 & 0 & 1 & 1 \\ 1 & 1 & 0 & 0 \\ 0 & 1 & 0 & 0 \end{pmatrix} + \begin{pmatrix} 2 & 1 & 1 & 1 \\ 1 & 3 & 1 & 0 \\ 1 & 1 & 2 & 1 \\ 1 & 0 & 1 & 1 \end{pmatrix} = \begin{pmatrix} 2 & 2 & 2 & 1 \\ 2 & 3 & 2 & 1 \\ 2 & 2 & 2 & 1 \\ 1 & 1 & 1 & 1 \end{pmatrix}.$$

Für die Zusammenhangsüberprüfung sind nur von null verschiedene Felder interessant. Deshalb wird die Matrix **B** in die **Erreichbarkeitsmatrix E** konvertiert, die nur noch null oder eins als Elemente hat, je nachdem ob es einen Weg zwischen zwei Knoten gibt oder nicht. Im Beispiel 6.9 enthält die Erreichbarkeitsmatrix **E** für ein- und zweikantige Wege keine Nullen:

$$\mathbf{E} = \begin{pmatrix} 1 & 1 & 1 & 1 \\ 1 & 1 & 1 & 1 \\ 1 & 1 & 1 & 1 \\ 1 & 1 & 1 & 1 \end{pmatrix}.$$

Der Graph ist folglich zusammenhängend. Falls die zweikantigen Wege noch nicht ausreichen, um alle Knotenpaare zu verbinden, wird die Matrix $\mathbf{A}^2$ erneut mit der Matrix **A** multipliziert. Das Produkt $\mathbf{A}^3$ enthält dann eine Zusammenstellung aller dreikantigen Wege.

Wenn es durch fortgesetztes Potenzieren von **A** und Addieren der Potenzen von **A** nicht gelingt, alle Felder von B zu besetzen und damit alle Nullen aus **E** zu tilgen, dann ist der Graph G nicht zusammenhängend. Praktisch wird dieser Fall bereits beim Potenzieren erkennbar, wenn sich gewisse Problemfelder stets nur mit 0 belegen lassen.

Damit ist folgender **Satz** bewiesen:

Sei G ein Graph mit n Knoten und **A** die Adjazenzmatrix von G. Dann weisen die Elemente c_{ij} von $\mathbf{A}^n$ aus, wie viele n-kantigen Verbindungen zwischen dem Knoten v_i und dem Knoten v_j bestehen. Wenn es keinen n-kantigen Weg zwischen beiden Knoten gibt, so gilt $c_{ij} = 0$.

Die Zusammenhangsuntersuchung in gerichteten Graphen wird analog durchgeführt.

Wenn in einem zusammenhängenden Graphen z. B. der kürzeste Weg zwischen zwei Knoten bestimmt werden soll (vgl. Kap. 6.6), ist neben der Adjazenzmatrix **A** eine zusätzliche Matrix **W** mit den Kantengewichten (**Gewichts-** oder **Wichtungsmatrix**) aufzustellen. Im Unterschied zur Adjazenzmatrix enthält die Wichtungsmatrix keine Kantenhäufigkeiten, sondern dimensionsbehaftete Kantengewichte w_{ij}. Das können je nach Aufgabenstellung Längen, Kosten oder auch Zeiten sein.
Falls nur jeweils eine direkte Kantenverbindung zwischen zwei Knoten v_i und v_j existiert, lässt sich das entsprechende Kantengewicht w_{ij}, z. B. die Weglänge in km, unmittelbar in das Matrixfeld mit den Koordinaten i und j eintragen.
Falls jedoch mehrere Kanten zwischen zwei Knoten vorhanden sind, so muss die Wichtungsmatrix **W** dreidimensional aufgebaut werden. In diesem Fall gibt w_{ijk} die Wichtung der k-ten Kante e_{ijk} zwischen den Knoten v_i und v_j an.

6.4 Eulersche Graphen

Ein **Eulerscher Graph** G enthält einen geschlossenen Kantenzug (**Eulersche Linie**), in dem alle Kanten von G (ohne Wiederholung) vorkommen.

In einem derartige Graphen kann ein vollständiger Kantenspaziergang ohne Wiederholung gemacht werden. L. Euler hat 1736 ein derartiges Problem in Königsberg aufgegriffen (Königsberger Brückenproblem). Es sollte ein Spaziergang über 7 Brücken gemacht werden, ohne einen

Weg zweimal zu beschreiten. Neben den Brücken als Kanten fungierten die beiden Ufer der Pregel und zwei ihrer Inseln als Knoten.

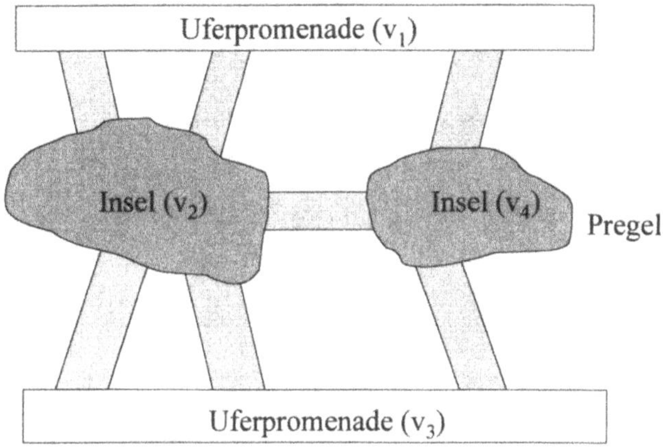

Bild 6.21 Königsberger Brückenproblem

Offenbar ist die Suche nach einer Eulerschen Linie nur in zusammenhängenden Graphen sinnvoll, denn falls mehrere nicht miteinander in Verbindung stehende Teilgraphen existieren, kann es keinen umfassenden Spaziergang geben. Sollte ein singulärer Punkt existieren, so kann dieser aus der Sicht der Problemlösung auch weggelassen werden.

Ein brauchbares Kriterium für die Existenz einer Eulerschen Linie ist die Forderung nach **geradzahligem** Grad für alle Knoten. Auf diese Weise ist gesichert, dass jeder Knoten auf einem anderen Weg verlassen werden kann, als er erreicht worden ist. Die Forderung nach stets geradem Knotengrad ist demnach notwendig.

Um zu zeigen, dass sie auch hinreichend ist, wird ein Algorithmus für den Aufbau einer Eulerschen Linie angegeben. Die Idee des Verfahrens besteht darin, aus den Kanten des Graphen Kreise zu bilden, zwei Kreise über einen Knoten zu verheften und die Eulersche Linie aus den Kreishälften zusammenzusetzen (siehe Bild 6.22).
Der Algorithmus startet mit einem beliebigen Knoten v_1 und konstruiert einen Kreis K_1 von v_1 nach v_1. Dieser Kreis ist im einfachsten Fall die Kantenfolge zu einem anderen Knoten und zurück (ohne Wiederholung). Hierbei wird die Rückkehrmöglichkeit ausgenutzt.
Es werden nun alle Kanten aus G entfernt, die zum Kreis K_1 gehören, und dabei eventuell entstehende isolierte Knoten gestrichen.
Danach ist ein gemeinsamer Knoten von K_1 und dem Restgraphen G' als Heftknoten auszuwählen. Dieser Knoten v_2 ist Ausgangs- und Endknoten eines zweiten Kreises K_2 aus G'.

Des Verfahren wird solange fortgesetzt, bis alle Kanten von G aufgebraucht sind.

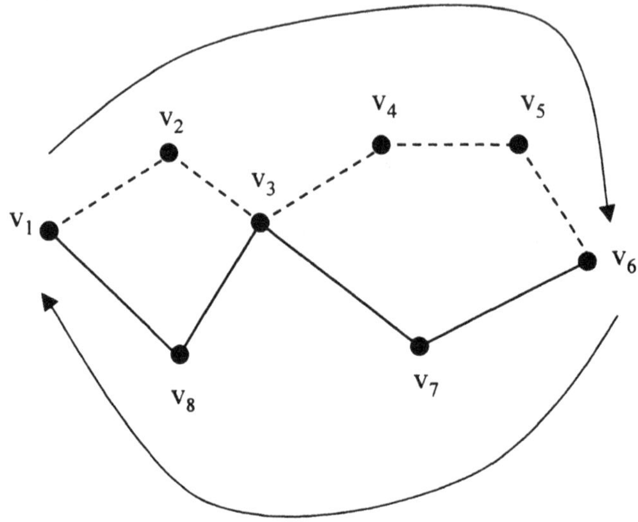

Bild 6.22 Verheften und Aufschneiden von Kreisen für eine Eulersche Linie

Die Eulersche Linie beginnt bei v_1. Sie führt über den 1. Halbkeis von K_1, zum 1. Halbkreis von K_2 usw. bis zum 2. Halbkreis von K_2 und den ersten Halbkreis von K_1 zurück zu v_1.

Damit ist folgender **Satz** bewiesen:

Ein zusammenhängender Graph hat genau dann eine Eulersche Linie, wenn alle Knoten einen geradzahligen Knotengrad haben.

Der Algorithmus zur Bestimmung der Eulerschen Linie lässt sich tabellarisch zusammenfassen, wenn in jedem Schritt die aktuelle Kanten- und Knotenmenge, der aktuelle Heftknoten und sein Kreis erfasst werden (siehe Tabelle 6.2).

Beispiel 6.10 Ein zusammenhängender Graph habe fünf Knoten v_1, v_2, ..., v_5 und neun Kanten e_1, e_2, ..., e_9, davon zweimal Parallelkanten und eine Schlinge. Die Adjazenzmatrix ist

$$\mathbf{A} = \begin{pmatrix} 0 & 1 & 1 & 0 & 0 \\ 1 & 0 & 0 & 1 & 0 \\ 1 & 0 & 0 & 1 & 2 \\ 0 & 1 & 1 & 0 & 2 \\ 0 & 0 & 2 & 2 & 1 \end{pmatrix}.$$

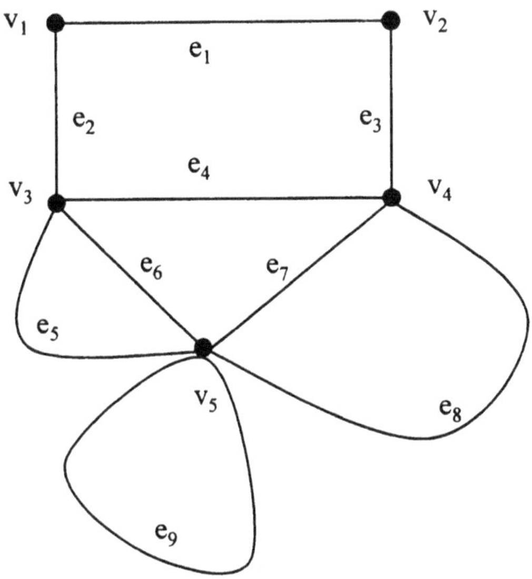

Bild 6.23 Graph zum Beispiel 6.10

Das Verfahren startet mit der Wahl von v_5. Der erste Kreis führt von v_5 über v_3 zurück zu v_5. Die verbindenden Kanten e_5 und e_6 werden aus E gestrichen. Singuläre Knoten entstehen dabei im Restgraphen G' noch nicht. An v_3 als Heftknoten wird dann der Kreis über v_1, v_2 und v_4 zurück nach v_3 angedockt. Die verbrauchten Kanten e_2, e_1, e_3 und e_4 sind aus G' zu streichen. Die dadurch auftretenden singulären Knoten v_3, v_1 und v_2 sind ebenfalls zu entfernen. Es bleibt der Restgraph G'' übrig. An den Heftknoten v_4 kann dann ein Kreis über v_5 angebaut werden. Die Kanten e_7 und e_8, sowie der singuläre Knoten v_4 sind zu streichen. Es verbleibt die Schlinge um v_5, die über ihren Knoten an den letzten Kreis geheftet wird. Damit sind alle Knoten und Kanten verbraucht.

Tabelle 6.2 Zusammenfassung zum Beispiel 6.10

Schritt	aktuelle Menge E	aktuelle Menge V	Heftknoten	Kreis K_i
1	$e_1,e_2,e_3,e_4,e_5,e_6,e_7,e_8,e_9$	v_1,v_2,v_3,v_4,v_5	v_5	$v_5e_6\mathbf{v_3}e_5v_5$
2	$e_1,e_2,e_3,e_4,e_7,e_8,e_9$	v_1,v_2,v_3,v_4,v_5	v_3	$v_3e_2v_1e_1v_2e_3\mathbf{v_4}e_4v_3$
3	e_7,e_8,e_9	v_4,v_5	v_4	$v_4e_8\mathbf{v_5}e_7v_4$
4	e_9	v_5	v_5	$v_5e_9v_5$

Die Eulersche Linie ergibt sich aus der letzten Spalte:

$\mathbf{v_5}\ e_6\ \mathbf{v_3}\ e_2\ v_1\ e_1\ v_2\ e_3\ \mathbf{v_4}\ e_8\ \mathbf{v_5}\ e_9\ \mathbf{v_5}\ e_7\ \mathbf{v_4}\ e_4\ \mathbf{v_3}\ e_5\ \mathbf{v_5}.$

Die Schrittfolge des Algorithmus wird im nachfolgenden Bild verdeutlicht.

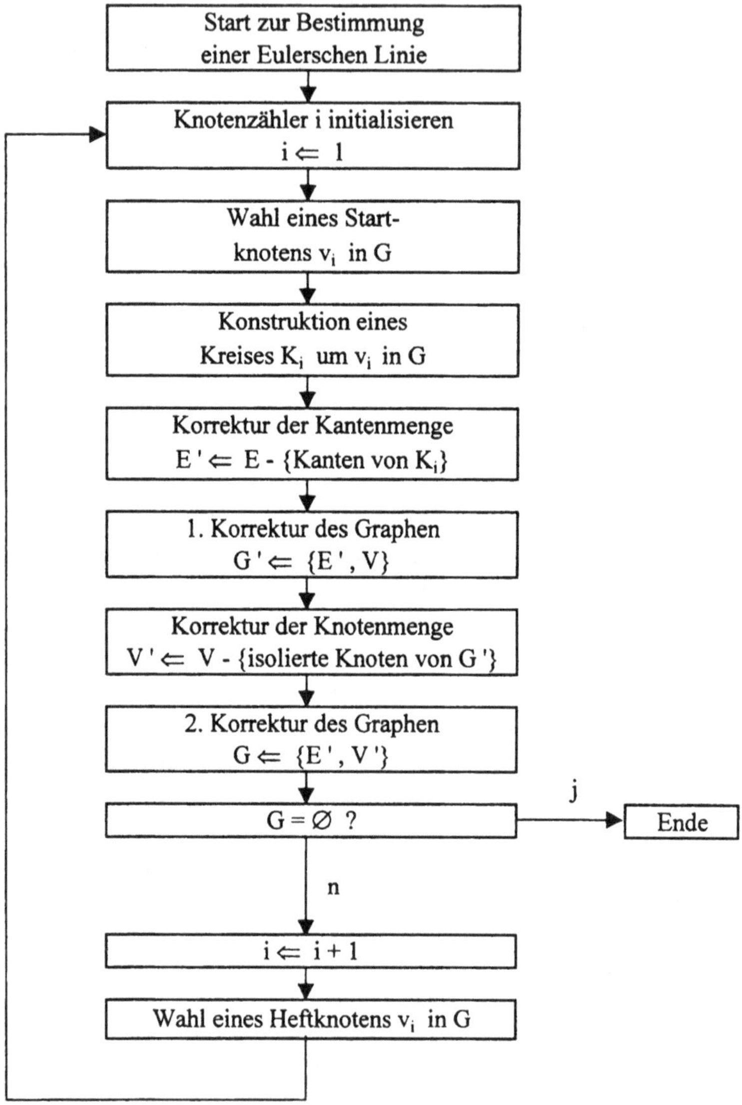

Bild 6.24 Struktogramm zur Bestimmung einer Eulerschen Linie

6.5 Hamilton-Graphen

6.5.1 Rundreiseprobleme

Der Ire W. Hamilton (1805-1865) befasste sich als erster mit dem graphentheoretischen Problem, alle Knoten eines Graphen in einem geschlossenen Kantenzug (ohne Knotenwiederholung) zu erfassen (**Rundreise**). Er löste das Problem für eine Weltreise über 20 Städte mit Hilfe eines dreidimensionalen geometrischen Gebildes (**Dodekaeders**), dessen Eckpunkte die Orte und dessen Kanten die Ortsverbindungen darstellten. Hamiltons geniale Lösungsidee bestand darin, das dreidimensionale Dodekaeder auf die Ebene abzubilden. Auf diese Weise entsteht ein Graph, der sich bienenwabenartig aus Fünfecken zusammensetzt.
Die Reiseroute für 20 Städte lässt sich auf diese Weise einfach festlegen (siehe Bild 6.25).

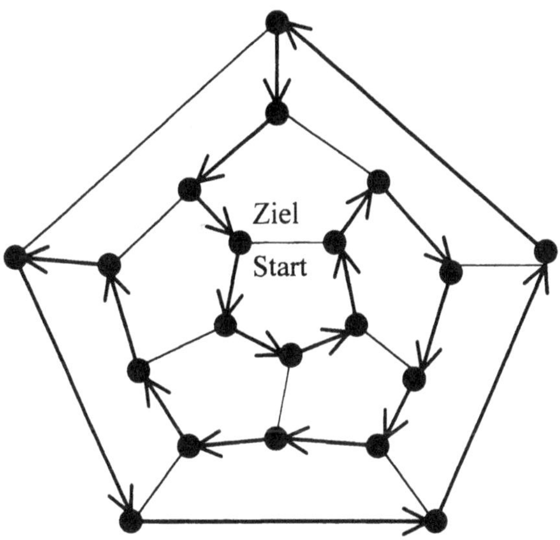

Bild 6.25 Weltreiseproblem von Hamilton für 20 Ortpunkte

Eine Erweiterung des Weltreiseproblems um eine Entfernungskomponente ist von K. Menger 1930 vorgenommen worden. Die Knoten sollten in der Rundreise so verbunden werden, dass die Gesamtentfernung minimal ausfällt.

Beispiel 6.11 Ein TUI-Manager bereitet ein neues Reiseangebot für Indien und Nepal vor. Es sieht Aufenthalte in 5 Städten vor. Der Gesamtflugweg soll aus Kostengründen möglichst klein sein. Gesucht ist eine (optimale) Rundreise.

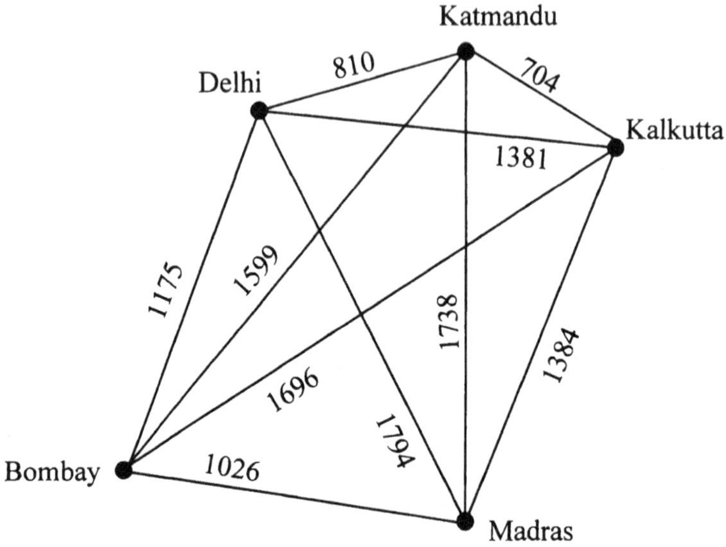

Bild 6.26 Graph zu Beispiel 6.11

Die Problemstellung ist als **Traveling Salesman Problem** in die Literatur eingegangen. Als Zielkriterium wurde neben der Entfernungsminimierung auch eine Minimierung der Reisezeit oder der Reisekosten untersucht.
Es stellte sich allerdings heraus, dass es keinen Algorithmus zur Lösung des allgemeinen Rundreiseproblems gibt. Alle Verfahren liefern lediglich **suboptimale** Lösungen. Das gesuchte Minimum wird von den entwickelten Verfahren nicht immer getroffen.

6.5.2 Hamilton-Graphen

Ein Graph G heißt Hamilton-Graph, falls ein Kreis (**Hamilton-Kreis**) in G existiert, der alle Knoten einschließt.
Im Gegensatz zur Eulerschen Linie enthält der Hamilton-Kreis nicht unbedingt jede Kante von E.

Ein hinreichendes **Kriterium** für die Existenz eines Hamilton-Kreises gab Dirac 1952 für schlichte Graphen mit hinreichender Verästelungsdichte an.

> Sei G schlicht, die Knotenzahl n größer gleich drei und der Knotengrad jedes Knotens größer gleich n/2. Dann ist G ein Hamilton-Graph.

Zum Beweis dieses Satzes sei auf Clark/Holton [1994] verwiesen.

Um für gewichtete Graphen das Rundreiseproblem zu lösen, werden meist noch weitergehende Einschränkungen als im Satz von Dirac gemacht. Eine weit verbreitete Bedingung ist die Vollständigkeit, d.h. jeder Knoten soll mit jedem anderen Knoten per Kante verbunden sein. Damit ist die maximale Verästelungsdichte im schlichten Graphen gefordert. Bei einigen praktischen Problemen (Bahn- und Straßennetze) ist die Vollständigkeit allerdings nicht gegeben. Für derartige Transportprobleme sind spezielle Verfahren der Rundfahrt- und Tourenoptimierung entwickelt worden (siehe Zimmermann [1999]).

6.5.3 Hamilton-Kreise in vollständigen, gewichteten Graphen

Ist ein gewichteter Graph mit mindestens drei Knoten schlicht und vollständig, dann besitzt er nach dem Satz von Dirac mindestens einen Hamilton-Kreis. Durch Gewichtsvergleich aller möglichen Hamilton-Kreise könnte die minimale Rundreise theoretisch bestimmt werden. Es gibt mindestens eine kürzeste Verbindung aller Knoten. Die Ermittlung aller Hamilton-Kreise kann allerdings sehr aufwendig werden, denn es gibt bei n Knoten immerhin (n-1)! Möglichkeiten.

Die praktisch bedeutsamen Algorithmen gehen deshalb anders vor: Es wird schrittweise durch den Vergleich von Alternativen eine suboptimale Rundreise aufgebaut.

Auf einem Abstandsbegriff fußt die **Methode des dichtesten Knotens**.

Der **Abstand** zwischen zwei Knoten v_1 und v_2 deines Graphen G, in Zeichen $d(v_1, v_2)$, ist das minimale Kantengewicht unter allen Wegen von v_1 nach v_2.

Der **Abstand** zwischen einem Knoten v und einer Kantenfolge F aus G, in Zeichen d(F, v), ist das Minimum unter allen Abständen zwischen **v** und einem Knoten v_i der Kantenfolge F.

Die **Idee des Verfahrens** besteht darin, einen Kreis um den jeweils dichtesten Knoten zu erweitern, bis alle Knoten aufgesogen sind (Aufblastechnik). Der Anfangskreis wird an einem beliebigen Startknoten v_0 aufgehängt.
Der Algorithmus ist als Struktogramm im Bild 6.28 dargestellt und wird nachfolgend an einem Beispiel erläutert.

Beispiel 6.12 Gegeben sei der schlichte, vollständige und gewichtete Graph G mit den Knoten v_0, ..., v_5 und folgenden Kantengewichten

	v_0	v_1	v_2	v_3	v_4	v_5
v_0	0	10	20	19	11	20
v_1	10	0	10	11	6	11
v_2	20	10	0	17	15	15
v_3	19	11	17	0	15	10
v_4	11	6	15	15	0	15
v_5	20	11	15	10	15	0

.

Als Startknoten wird v_0 gewählt. Dichtester Knoten zu v_0 ist v_1 mit dem Gewicht 10. Dichtester Knoten zur Kantenfolge v_0v_1 ist v_4. Daraus ergibt sich als Startkreis K_1 im ersten Verfahrensschritt $v_0v_1v_4v_0$ mit einem Gewicht von $10 + 6 + 11 = 27$.
Dichtester Knoten zu K_1 ist offenbar v_2. Durch Einbeziehung von v_2 lassen sich folgende 3 Kreise mit den entsprechenden Gewichten W bilden:

$v_0v_2v_1v_4v_0$ mit $W = 20 + 10 + 6 + 11 = 47$,

$v_0v_1v_2v_4v_0$ mit $W = 10 + 10 + 15 + 11 = \underline{\mathbf{46}}$,

$v_0v_1v_4v_2v_0$ mit $W = 10 + 6 + 15 + 20 = 51$.

Als minimaler Kreis K_2 stellt sich im zweiten Verfahrensschritt $v_0v_1v_2v_4v_0$ heraus. Dichteste Knoten zu K_2 sind alternativ v_3 oder v_5 mit dem Abstand 11. Die Wahl von v_3 ist willkürlich. Es lassen sich 4 Kreise bilden:

$v_0v_3v_1v_2v_4v_0$ mit $W = 19 + 11 + 10 + 15 + 11 = 66$,

$v_0v_1v_3v_2v_4v_0$ mit $W = 10 + 11 +17 + 15 + 11 = 64$,

$v_0v_1v_2v_3v_4v_0$ mit $W = 10 + 10 + 17 + 15 + 11 = \underline{\mathbf{63}}$,

$v_0v_1v_2v_4v_3v_0$ mit $W = 10 + 10 + 15 + 15 + 19 = 69$.

Der Kreisvergleich führt im dritten Verfahrensschritt auf $v_0v_1v_2v_3v_4v_0$ mit dem Gewicht 63. Dichtester Knoten zu K_3 ist v_5. Die Integration von v_5 kann auf fünf verschiedene Weisen erfolgen:

$v_0v_5v_1v_2v_3v_4v_0$ mit $W = 20 + 11 + 10 + 17 + 15 + 11 = 84$,

$v_0v_1v_5v_2v_3v_4v_0$ mit $W = 10 + 11 + 15 + 17 + 15 + 11 = 79$,

$v_0v_1v_2v_5v_3v_4v_0$ mit $W = 10 + 10 + 15 + 10 + 15 + 11 = \underline{\mathbf{71}}$,

$v_0v_1v_2v_3v_5v_4v_0$ mit $W = 10 + 10 + 17 + 10 + 15 + 11 = 73$,

$v_0v_1v_2v_3v_4v_5v_0$ mit $W = 10 + 10 + 17 + 15 + 15 + 20 = 87$.

Als Kreis mit dem kleinsten Gewicht ergibt sich $v_0v_1v_2v_5v_3v_4v_0$. Das Gewicht von K_4 beträgt 71 und stellt nur ein Suboptimum dar, denn es wurden nicht alle 24 Hamilton-Kreise, sondern nur 5 von ihnen ausgewertet. Zusammenfassend ergibt sich folgende Tabelle:

Tabelle 6.3 Gewichtungsschema zum Beispiel 6.12

Schritt	Kreis	Gewicht
1	$v_0v_1v_4v_0$	27
2	$v_0v_2v_1v_4v_0$	47
	$v_0v_1v_2v_4v_0$	46
	$v_0v_1v_4v_2v_0$	51
3	$v_0v_3v_1v_2v_4v_0$	66
	$v_0v_1v_3v_2v_4v_0$	64
	$v_0v_1v_2v_3v_4v_0$	63
	$v_0v_1v_2v_4v_3v_0$	69
4	$v_0v_5v_1v_2v_3v_4v_0$	84
	$v_0v_1v_5v_2v_3v_4v_0$	79
	$v_0v_1v_2v_5v_3v_4v_0$	71
	$v_0v_1v_2v_3v_5v_4v_0$	73
	$v_0v_1v_2v_3v_4v_5v_0$	87

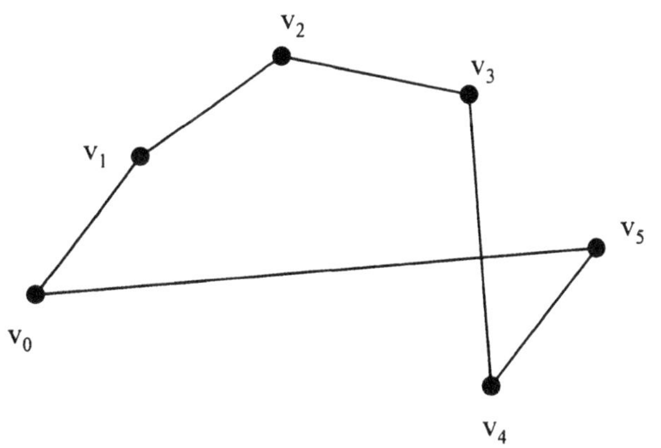

Bild 6.27 Graph zum Beispiel 6.12

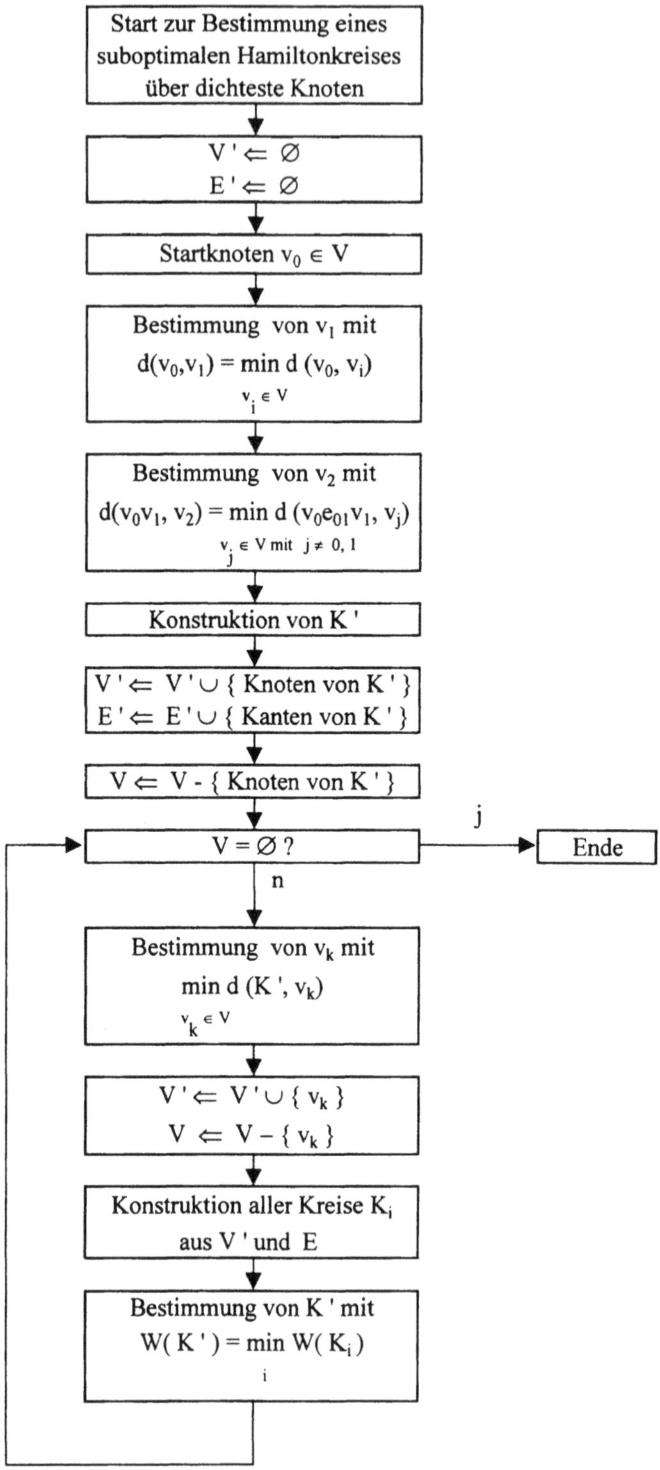

Bild 6.28 Struktogramm zur Methode des dichtesten Knotens

6.6 Kürzester Weg in einem gewichteten Graphen

Ein Verfahren zur Bestimmung des kürzesten Weges in einem gewichteten, zusammenhängenden Graphen hat Dijkstra 1959 vorgeschlagen.
Die **Idee** besteht darin, die Wege vom Start- zum Zielknoten schrittweise mit Hilfe eines weiteren **„ausgewerteten"** Knotens zu verlängern und dabei jeweils einen Längenvergleich der Alternativen durchzuführen. Ein Knoten v gilt dabei als „ausgewertet", wenn der kürzeste Weg vom Startknoten aus gefunden worden ist.
Das Verfahren von Dijkstra wird zunächst als Folge von Tabellen entwickelt und am Ende zu einer Gesamttabelle komprimiert.

Die **Ausgangstabelle** besteht aus der **Knotenzeile** mit dem Startknoten v_S und dem Zielknoten v_Z. Sie dient zur Spaltendefinition.
Darunter wird eine **Markierungszeile** gesetzt, die den jeweils kürzesten unter allen ausgewerteten Wegen vom Startknoten zum Knoten der jeweiligen Spalte enthält. Die Markierung wird zum Beginn des Verfahrens auf unendlich (∞) gesetzt und dann schrittweise abgebaut.
Als dritte Zeile wird die **aktuelle Knotenmenge** (KM) aufgelistet. Sie besteht aus all den Knoten, für die noch keine vollständige Wegeauswertung erfolgt ist. Ein Knoten v verschwindet aus dieser Menge, wenn alle von v_S nach v führenden Wege ausgewertet sind und der kürzeste Weg bestimmt worden ist.
Das Verfahren endet, wenn der Zielknoten v_Z aus der aktuellen Knotenmenge gestrichen wird. Die gesuchte minimale Weglänge steht als Markierung unter v_Z.

Beispiel 6.13 Sei G ein gewichteter, zusammenhängender Graph mit 6 Knoten

	v_s	v_1	v_2	v_3	v_4	v_z
v_s	0	18	0	15	0	0
v_1	18	0	9	6	0	0
v_2	0	9	0	14	10	28
v_3	15	6	14	0	7	0
v_4	0	0	10	7	0	36
v_z	0	0	28	0	36	0

Es soll der kürzeste Weg vom Startknoten v_S zum Zielknoten v_Z über die Zwischenknoten v_1, v_2, v_3 und v_4 ermittelt werden.

Das Verfahren startet mit folgender Tabelle, in der alle noch nicht ausgewerteten Wege mit ∞ belegt sind.

Knoten	v_S	v_1	v_2	v_3	v_4	v_Z
Markierung	0	∞	∞	∞	∞	∞
aktuelle KM	v_S	v_1	v_2	v_3	v_4	v_Z

Das Minimum der Markierungen ist 0, der zugehörige Startknoten v_S wird aus der aktuellen Knotenmenge (KM) gestrichen. Im zweiten Schritt wird der Weg von v_S aus um eine Kante fortgesetzt. Die Markierungen zeigen die jeweilige Weglänge an.

Knoten	v_S	v_1	v_2	v_3	v_4	v_Z
Markierung (Wege)	0	18 (v_S, v_1)	∞	15 (v_S, v_3)	∞	∞
aktuelle KM		v_1	v_2	v_3	v_4	v_Z

Die geringste Markierung unter den noch nicht ausgewerteten Knoten ist 15. Der zugehörige Knoten v_3 wird aus der aktuellen Knotenmenge gestrichen. Die aktuelle Knotenmenge hat sich auf v_1, v_2, v_4 und v_Z reduziert. Die Wege von v_S nach v_2 bzw. v_4 führen über den ausgewerteten Knoten v_3.

Knoten	v_S	v_1	v_2	v_3	v_4	v_Z
Markierung (Wege)	0	18	29 (v_S, v_3, v_2)	15	22 (v_S, v_3, v_4)	∞
aktuelle KM		v_1	v_2		v_4	v_Z

Unter den noch nicht ausgewerteten Knoten hat v_1 die Minimalmarkierung und wird im nächsten Schritt aus der aktuellen Knotenmenge gestrichen. Sodann lässt sich der Weg von v_S nach v_1 bzw. v_3 verlängern.

Knoten	v_S	v_1	v_2	v_3	v_4	v_Z
Markierung (Wege)	0	18	27 (v_S, v_1, v_2)	15	22	∞
aktuelle KM			v_2		v_4	v_Z

Die minimale Markierung weist der Knoten v_4 aus. Er wird aus der aktuellen Knotenmenge gestrichen und kann zur Wegverlängerung von v_S nach v_Z eingesetzt werden.

Knoten	v_S	v_1	v_2	v_3	v_4	v_Z
Markierung (Wege)	0	18	27	15	22	58 (v_S, v_3, v_4, v_Z)
aktuelle KM			v_2			v_Z

Im letzten Schritt wird der Knoten v_2 mit der minimalen Markierung 27 gestrichen. Es ergibt sich mit seiner Hilfe ein kürzerer Weg nach v_Z, der über v_1 und v_2 führt. Er ist zugleich der Minimalweg von v_S nach v_Z.

Knoten	v_S	v_1	v_2	v_3	v_4	v_Z
Markierung (Wege)	0	18	27	15	22	55 (v_S, v_1, v_2, v_Z)
aktuelle KM						v_Z

Die Einzeltabellen lassen sich folgendermaßen komprimieren:

Tabelle 6.4 Zusammenfassung von Beispiel 6.13

Schritt i	Startknoten v_S	Zwischenknoten v_1	v_2	v_3	v_4	Zielknoten v_Z	aktuelle Knotenmenge
1	0	∞	∞	∞	∞	∞	v_S, v_1, v_2, v_3, v_4, v_Z
2		18	∞	15	∞	∞	v_1, v_2, v_3, v_4, v_Z
3		18	29		22	∞	v_1 ,v_2, v_4, v_Z
4			27		22	∞	v_2, v_4, v_Z
5			27			58	v_2, v_Z
6						55	v_Z

Nach diesem Schema kann mit etwas Übung auch das Verfahren durchgeführt werden.

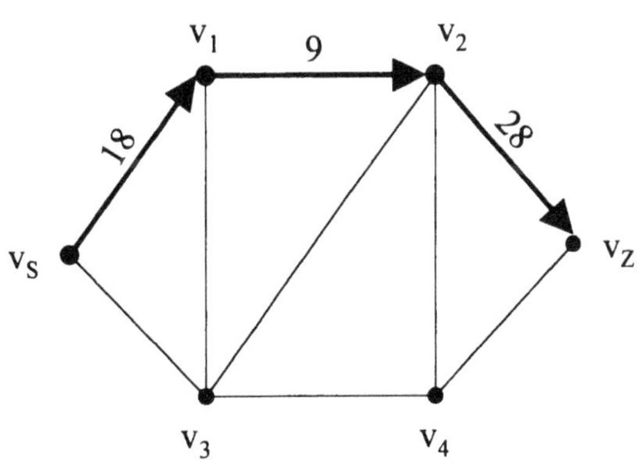

Bild 6.29 Graph zum Beispiel 6.12

Das Struktogramm zum Dijkstra-Algorithmus wird im nachfolgenden Bild 6.30 gezeigt.

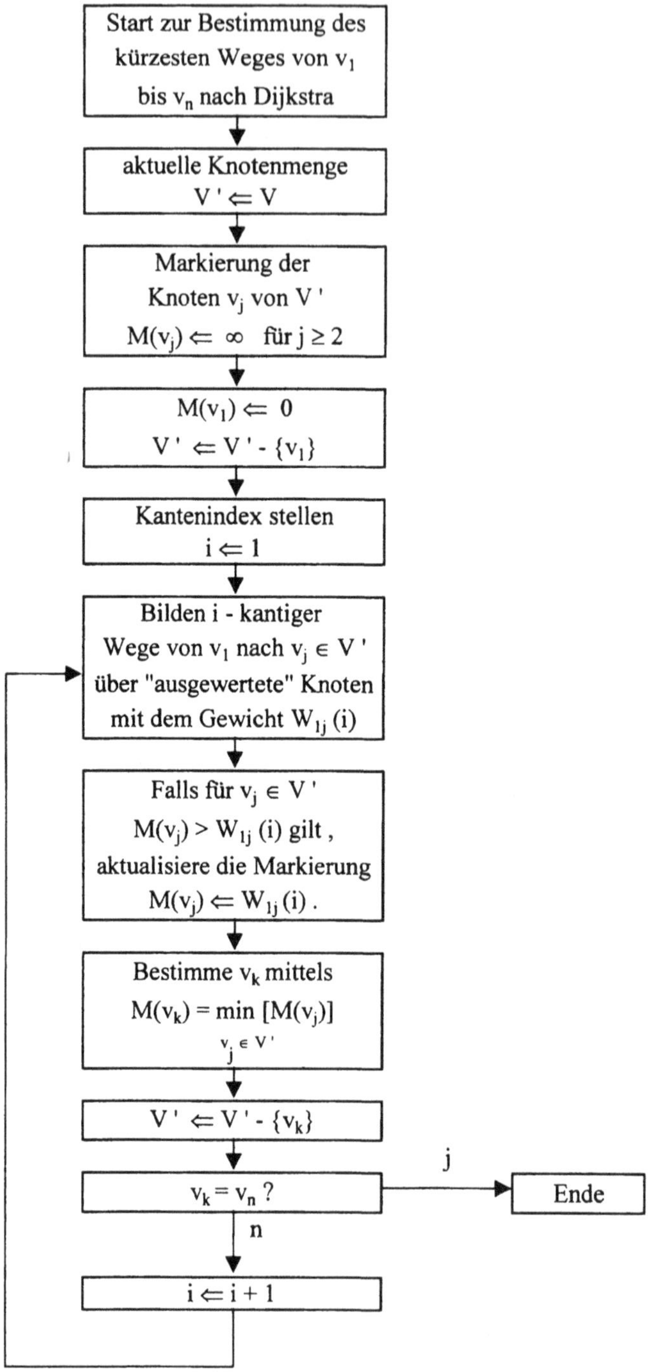

Bild 6.30 Struktogramm zum Dijkstra-Algorithmus

6.7 Bäume

Zur Beschreibung von hierarchischen Strukturen werden in der Informatik spezielle Graphen, die sogenannten **Bäume** (Trees), verwendet. Wichtig für eine Hierarchiebeschreibung ist, dass Informationen nicht in Kreisen zirkulieren und von jeder Stufe über gewisse Zwischenstufen zu einer beliebigen anderen Stufe gelangen können.

Beispiel 6.14 Organisation und Aufgabengliederung einer Behörde (siehe Lehner [1992])

Für die Besorgung der Geschäfte sind nach Maßgabe des Dienstplanes und nach den Grundsätzen der Verwaltungsökonomie im Stadtamt von *Kleinstadt* nachstehende Geschäftsgruppen eingerichtet:

Geschäftsgruppe I	Hauptverwaltung
Geschäftsgruppe II	Finanzverwaltung
Geschäftsgruppe III	Bauverwaltung

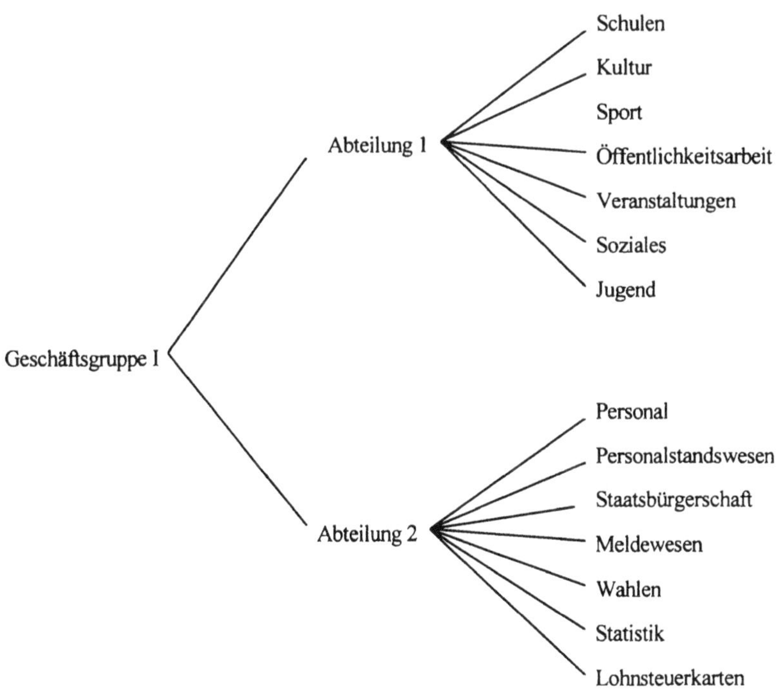

Bild 6.31 Baumstruktur zum Beispiel 6.14 (Teil1)

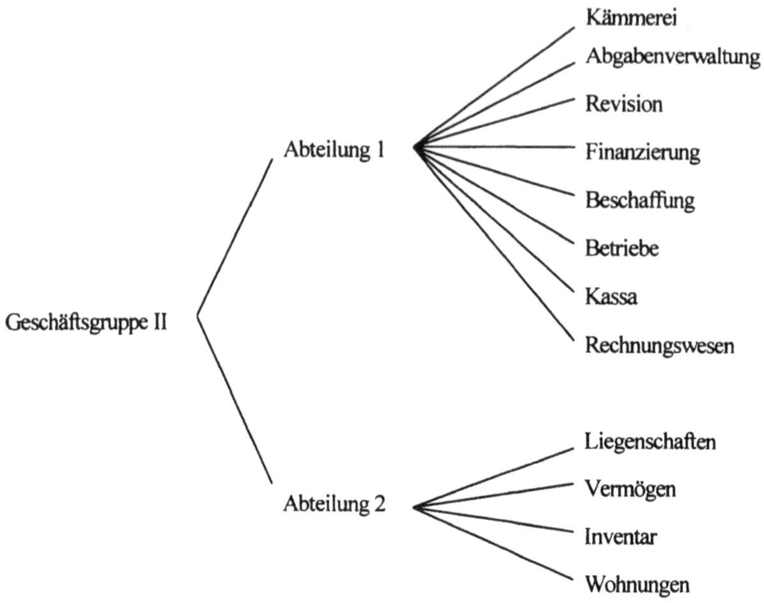

Bild 6.32 Baumstruktur zum Beispiel 6.14 (Teil 2)

6.7.1 Grundbegriffe

Ein Graph wird **Baum** genannt, wenn er **zusammenhängend** und **kreisfrei** ist. Folgender **Satz** liefert eine notwendige und hinreichende Bedingung für die Kreisfreiheit eines zusammenhängenden Graphen:

> Ein zusammenhängender Graph ist genau dann kreisfrei, wenn er eine Kante weniger als Knoten besitzt.

Beweis:

a) Die Bedingung ist hinreichend. Denn wenn ein Graph G(2) zusammenhängend ist und 2 Knoten und eine Kante besitzt, dann muss diese Kante beide Knoten verbinden, so dass sich keine Kreise bilden lassen. Wenn ferner die Kreisfreiheit für einen zusammenhängenden Graph G(n) mit n Knoten und n-1 Kanten gilt (Induktionsvoraussetzung), dann trifft sie auch auf den um einen Knoten v_{n+1} und eine Kante e_n erweiterten, zusammenhängenden Graph G(n+1) zu (Induktionsschluss von n auf n+1). Die zusätzliche Kante e_n muss wegen der Zusammenhangseigenschaft den Knoten v_{n+1} mit einem Knoten von G(n) verbinden und dabei kann sich kein Kreis schließen.

b) Die Bedingung ist auch notwendig, denn jede über n-1 hinausreichende Kante würde bei n Knoten unweigerlich zur Kreisbildung führen.

Von besonderem Interesse sind Wurzelbäume, die von einem ausgezeichneten Knoten, dem Wurzelknoten, aus aufgebaut werden. In einer Unternehmensstruktur fungiert der Vorstand als Wurzelknoten, von dem aus sich die einzelnen Geschäfts- und Funktionsbereiche ableiten. Die Verzeichnisstruktur eines Betriebssystems oder Programmpakets wird von einem Wurzelverzeichnis aus aufgebaut und untergliedert sich in Haupt- und Unterverzeichnisse.

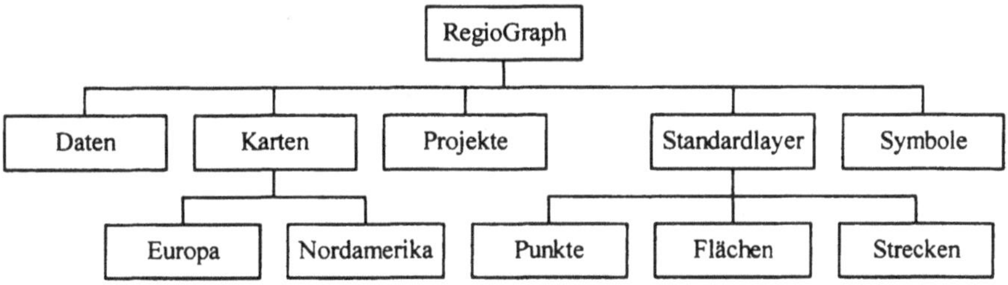

Bild 6.33 Wurzelbaum des Programmpakets RegioGraph 1.2

Ein Baum heißt **Wurzelbaum**, wenn ein ausgezeichneter Knoten (Wurzelknoten) und eine Stufenhierarchie (Niveaus) für alle Knoten existiert, in der jeder Knoten einen Vorgänger (Vaterknoten) und/oder Nachfolger (Sohnknoten) hat. Die Anzahl der Niveaus heißt Baumhöhe.

Beispiel 6.15 Gegeben sei ein Wurzelbaum mit 11 Knoten und 10 Kanten und mit einer Baumhöhe von 4 Niveaus.

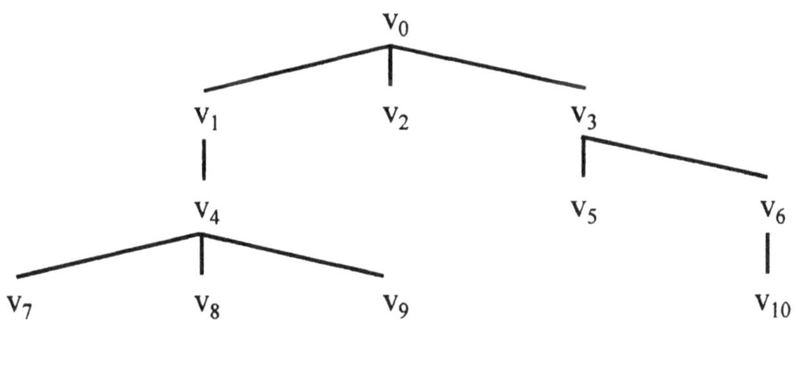

Bild 6.34 Wurzelbaum zum Beispiel 6.15

Falls ein Vaterknoten genau zwei Sohnknoten hat, liegt ein **binärer** Baum vor. Binäre Bäume spielen beim Strukturieren von Entscheidungsabläufen mit Ja-Nein-Ausgängen eine Rolle.

6.7.2 Spannende Bäume

Baumstrukturen sind z. B. im Luftverkehr anzutreffen. Die Airports, die von einer Luftverkehrsgesellschaft angeflogen werden, fungieren als Knoten, die Flug-Korridore als Kanten. Fluggraphen sind typischerweise nicht schlicht, denn es können verschiedene Routen von einem Ort zum anderen geflogen werden. Der Zusammenhang eines Fluggraphen hingegen ist meistens gewährleistet, auch wenn nicht zwischen jedem Knotenpaar eine Direktverbindung besteht.
Wenn das Gestrüpp eines Fluggraphen aus Rationalisierungsgründen gelichtet werden soll, wobei weiterhin jedes Ziel erreichbar bleiben, aber öfter umgestiegen werden soll, dann wird nach einem spannenden Baum gesucht.
Der **spannende Baum G_S** eines beliebigen Graphen G ist ein zusammenhängender, kreisfreier Teilgraph von G, der **jeden** Knoten von G enthält, in Zeichen $G_S \subseteq G$ und $V_S = V$.

Es gilt folgender **Satz**:

Jeder zusammenhängende Graph besitzt mindestens einen spannenden Baum.

Beweis:

a) Wenn der zusammenhängende Graph G bereits kreisfrei ist, dann spannt er G auch auf. Es gilt $G_S = G$.

b) Wenn G nicht kreisfrei ist, werden zunächst alle parallelen Kanten und Schlingen gestrichen. Ist auch der verbleibende Graph noch kein Baum, so wird aus jedem Kreis genau eine Kante entfernt. Übrig bleibt ein kreisfreier, zusammenhängender Teilgraph über alle Knoten.

Praktisch interessant ist das **Auslichten** gewichteter Graphen mit dem Ziel, einen minimal oder maximal gewichteten, spannenden Baum zu erhalten. Auf einem Fluggraphen könnten z. B. Kosten oder Weglängen minimiert, aber auch Erlöse oder Passagierzahlen maximiert werden.
Ein weit verbreitetes Verfahren geht auf **Kruskal** (1956) zurück.

Beginnend mit einer Startkante werden gewichtsmäßig ab- oder aufsteigend Kanten angedockt. In jedem Schritt wird auf Kreisfreiheit geprüft. Führt eine gerade angedockte Kante auf einen Kreis, so ist sie sofort wieder zu entfernen. Das Verfahren lässt sich tabellarisch zusammenfassen. Als Startkante wird je nach Ziel der Aufgabe die schwerste oder leichteste Kante gewählt.
Der Algorithmus von Kruskal ist als Struktogramm in Bild 6.35 formalisiert und wird am Beispiel 6.16 erläutert.

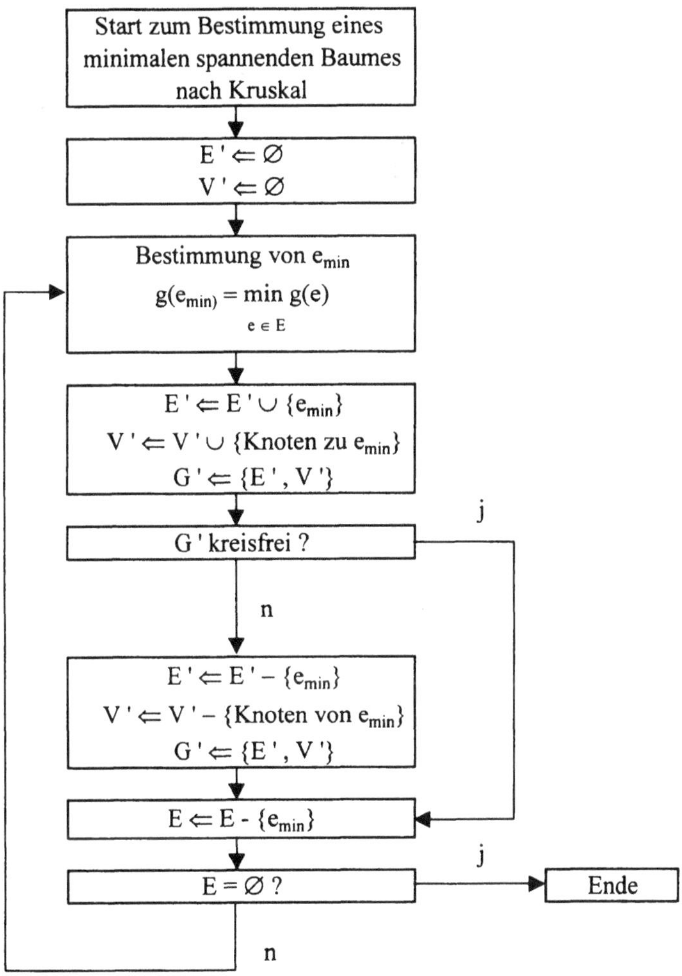

Bild 6.35 Struktogramm des Algorithmus von Kruskal

Beispiel 6.16 Zwischen den Städten Berlin, London, Paris, Rom, München und Frankfurt bietet die Deutsche Lufthansa Direktflüge an. Die nachstehenden Entfernungsangaben in km sind aus dem Bordbuch der Fluggesellschaft (Ausgabe 1995) entnommen:

	Be	Fr	Lo	Mü	Pa	Ro
Be	–	433	932	473	869	1205
Fr	433	–	637	299	460	962
Lo	932	637	–	925	–	–
Mü	473	299	925	–	689	732
Pa	869	460	–	689	–	–
Ro	1205	962	–	732	–	–

.

Der Algorithmus von Kruskal startet im Falle einer Minimierungsaufgabe mit der leichtesten Kante, d. h. mit der Verbindung München-Frankfurt/Main. Das Gewicht dieser Kante beträgt 299 km. Die weiteren Schritte sind in der nachfolgenden Tabelle zusammengestellt.

Tabelle 6.5 Gewichtungsschema zum Beispiel 6.16

Kante	Gewicht	Operation
Fr - Mü	299	hinzufügen
Fr - Be	433	hinzufügen
Fr - Pa	460	hinzufügen
Mü - Be	473	weglassen
Fr - Lo	637	hinzufügen
Mü - Pa	689	weglassen
Mü - Ro	732	hinzufügen
Be - Pa	869	weglassen
Mü - Lo	925	weglassen
Be - Lo	932	weglassen
Fr - Ro	962	weglassen
Be - Ro	1205	weglassen

Die Grafik zum Beispiel 6.16 wird in Bild 6.36 gezeigt. Das Gesamtgewicht W des minimalen gewichteten spannenden Baumes beträgt

$$W = 299 + 433 + 460 + 637 + 732 = 2561.$$

Das besagte Streckennetz müsste mindestens angeboten werden, um alle 6 Orte mit der Lufthansa (evtl. mit einem Zwischenstopp) zu verbinden.

6.7.3 Darstellung von Rastergrafiken

Rastergrafiken lassen sich mit Hilfe von Baumstrukturen effizient abspeichern und verwalten (Quadtree-Technik). Davon wird z. B. in der Computer-Kartografie Gebrauch gemacht (siehe Robinson [1995]).

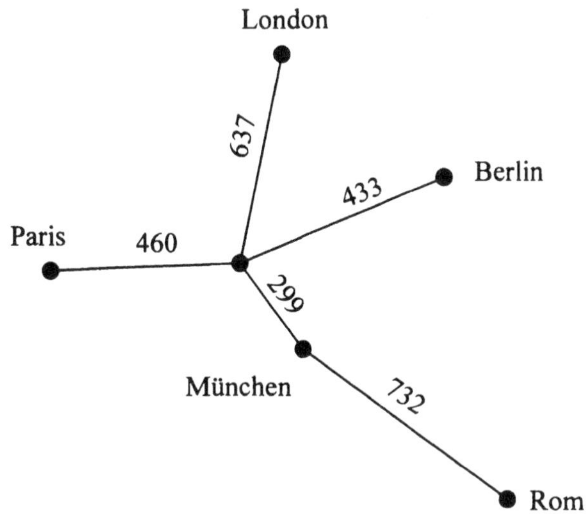

Bild 6.36 Spannender Baum zum Beispiel 6.16

Die Erfassungsraster mit den Helligkeitswerten 0 (weiß) oder 1 (schwarz) werden dazu schrittweise vergröbert. Aus vier ursprünglichen Pixeln entstehen kleine Quadrate, von denen sich jeweils vier zu größeren Quadraten zusammenfassen lassen usw., bis die gesamte Grafik in einem Quadrat Platz findet. Dieses Gesamt-Quadrat bildet die Wurzel W eines Baumes, dessen Kanten bis zu den einzelnen Pixeln reichen.

Beispiel 6.17 Die nachstehende Rastergrafik wird in vier Quadrate (0, 1, 2, 3) zerlegt. Sie bilden das erste Niveau unter dem Wurzelknoten. Jedes dieser Quadrate wird erneut in jeweils vier kleinere Quadrate untergliedert (00 – 03, 10 – 13, 20 – 23, 30 – 33), die das zweite Niveau des Baumes ausfüllen.

0	0	0	0	0	0	0	0
0	0	0	0	0	0	0	0
0	0	0	0	1	1	1	1
0	0	0	0	1	1	1	1
0	0	0	1	1	1	1	1
0	0	1	1	1	1	1	1
0	0	1	1	1	1	0	0
0	0	1	1	1	0	0	0

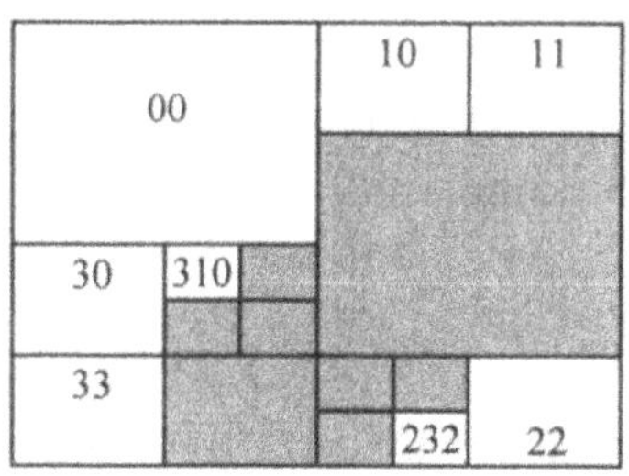

Bild 6.37 Rasterung zum Beispiel 6.17

Durch nochmalige Verfeinerung der Rasterung entstehen dann die Quadrate des dritten Niveaus (001 – 003, ..., 330 – 333). Das führt insgesamt auf die Baumstruktur in Bild 6.38.

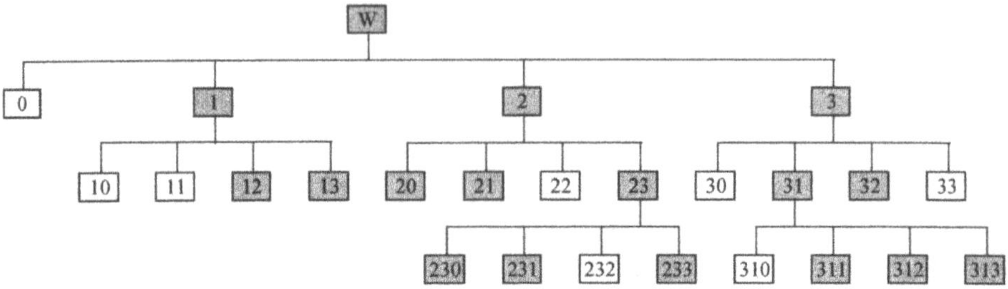

Bild 6.38 Wurzelbaum zum Beispiel 6.17

6.8 Zusammenfassung zur Graphentheorie

Eine Zusammenfassung der im Kapitel 6 behandelten graphentheoretischen Algorithmen wird in Tabelle 6.6 gegeben. Sie enthält, untergliedert nach dem Untersuchungsziel, der Struktur des jeweils gesuchten Teilgraphen und den Voraussetzungen für seine Existenz, auch die wesentlichen algorithmischen Ideen und Hinweise auf Mehrdeutigkeit bzw. Suboptimalität.

Die Mehrdeutigkeit eines Verfahrens ist für solche Anwendungen vorteilhaft, bei denen der gesuchte Teilgraph noch weitere wünschenswerte Eigenschaften besitzen sollte. So könnte beim Rundreiseproblem, z. B. für die Inspektion eines Brückensystems oder die Belieferung von Supermärkten, eine gewisse Reihenfolge der Kanten bzw. Knoten sinnvoll sein. Die verschiedenen Lösungsvarianten des mehrdeutigen Verfahrens sollten daraufhin verglichen und bewertet werden.

Im Fall von Suboptimalität können alternative Verfahren hilfreich sein. So lässt sich beim Rundreiseproblem ein suboptimaler Hamiltonkreis auch mit dem Algorithmus der Zweikanten-Optimierung (Clark/Holton [1994]) bestimmen. Der Gewichtsvergleich mit dem Hamilton-Kreis nach der Methode des dichtesten Knotens liefert im günstigsten Fall eine dem Optimum etwas nähere Lösung. Andernfalls wird lediglich die Qualität der Erstlösung untermauert.

Tabelle 6.6 Zusammenfassung zu den Graph-Algorithmen

Unter-suchungsziel	**Merkmal**	**Existenz-Kriterium**	**Algorithmus**	**Probleme**
Eulersche Linie	Geschlossener Kantenzug über alle Kanten von G	G zusammenhängend und alle Knotengrade gerade (notwendig und hinreichend)	Verheftung von Kreisen	Mehrdeutigkeit
Minimaler Hamilton-Kreis	Kreis über alle n Knoten von G mit Minimalgewicht	G schlicht und $d(v) \geq n/2$ (hinreichend)	Erweiterung von Kreisen um den dichtesten Knoten	Lösung nur suboptimal, Mehrdeutigkeit
Kürzester Weg	Weg zwischen zwei Knoten mit Minimalgewicht	G zusammenhängend	Sukzessive Wegverlängerung nach Dijkstra	Mehrdeutigkeit
Spannender Baum	Kreisfreier Teilgraph über alle Knoten mit optimalem Gewicht	G zusammenhängend (notwendig und hinreichend)	Kantenauswertung über geordnete Gewichte nach Kruskal	Mehrdeutigkeit

6. 9 Übungsaufgaben

Aufgabe 6.1

Sei folgender Graph gegeben:

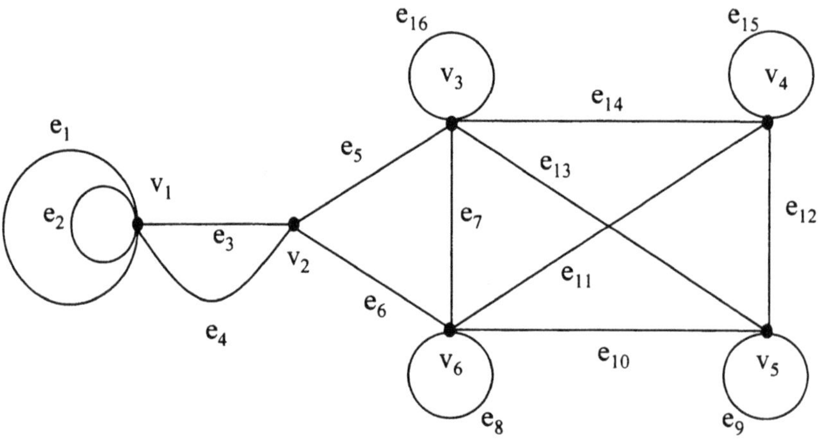

Man bestimme, welche der nachstehenden Kantenfolgen entweder Kantenzug, Weg, geschlossene Kantenfolge oder Kreis sind:

- $v_6e_8v_6e_{11}v_4e_{15}v_4e_{11}v_6$,
- $e_3e_2e_1e_4e_5$,
- $v_3e_{13}v_5e_{12}v_4e_{11}v_6e_7v_3$,
- $v_1e_3v_2e_5v_3e_7v_6e_{11}v_4e_{12}v_5$,
- $v_1e_1v_1e_2v_1$,
- v_5.

Aufgabe 6.2[1]

Gegeben seien folgende allgemeine Graphen:

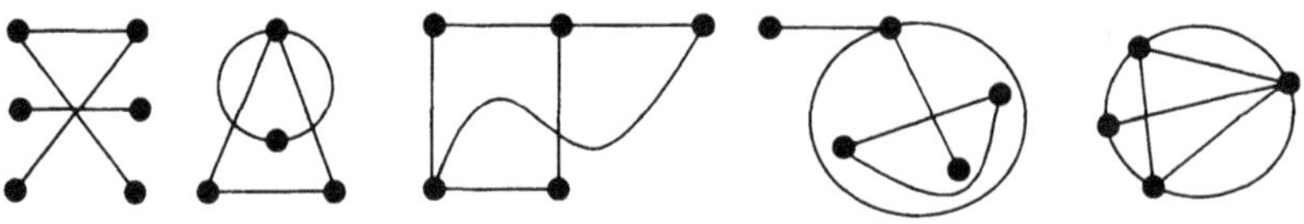

(1) (2) (3) (4) (5)

[1] vgl. Lipschutz [1987]

- Welche der Graphen sind zusammenhängend, schlingenfrei, schlicht oder vollständig?

Aufgabe 6.3

Gegeben sei ein gerichteter Graph:

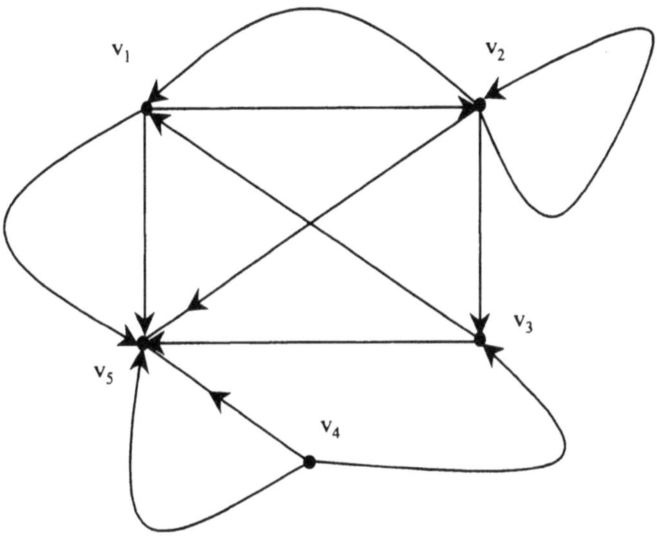

- Bestimmen Sie für jeden Knoten den Eingangs- und Ausgangsgrad.

- Bestimmen Sie die Zahl der Wege von v_2 nach v_5.

- Gibt es Quellen oder Senken in G?

Aufgabe 6.4

Gegeben sei ein ungerichteter Graph G mit den Kanten $\{v_4v_6, v_{10}v_3, v_5v_9, v_6v_5, v_7v_2, v_1v_8, v_6v_1, v_{10}v_4, v_1v_7, v_6v_2, v_5v_{10}, v_8v_3, v_4v_9\}$.

- Zeigen Sie, dass G ein bipartiter Graph ist und eine vollständige Kuppelei besitzt.

- Zeichnen Sie den Graph und markieren Sie die vollständige Kuppelei.

Aufgabe 6.5

Bestimmen Sie die Adjazenzmatrizen der Graphen-Beispiele 6.1 und 6.2 aus Kapitel 6.

Aufgabe 6.6

Sei G der nachfolgende Graph G.

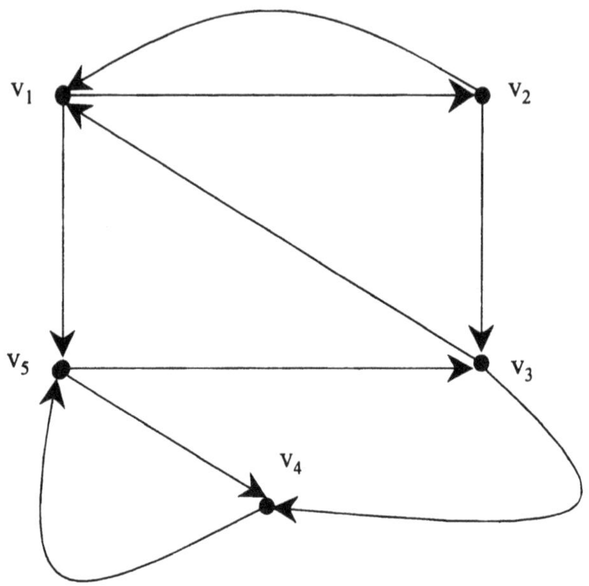

- Bestimmen Sie die Adjazenzmatrix von G und untersuchen Sie den Graph mit ihrer Hilfe algorithmisch auf Zusammenhang.

Aufgabe 6.7

Gegeben sei folgender zusammenhängender Graph G:

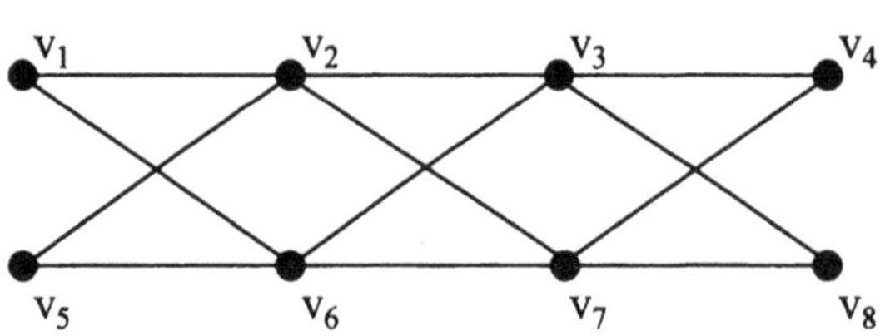

- Stellen Sie die Knotengrade zusammen.

- Welche unterschiedlichen geometrischen Formen weisen die vierknotigen Kreise von G auf?

- Geben Sie alle verschiedenen Kreise mit vier Knoten an.

- Bestimmen Sie algorithmisch 5 Eulersche Linien von v_1 nach v_1 Verheften Sie die Kreise jeweils an den Knoten v_2 und v_3.

Aufgabe 6.8

Gegeben sei ein zusammenhängender, schlichter Graph mit den Knotengraden 2, 2, 4, 4, 6, 6, 6, 6 für die Knoten v_1 bis v_8.

- Zeichnen Sie einen solchen Graph.

- Bestimmen Sie algorithmisch eine Eulersche Linie von v_1 nach v_1.

Aufgabe 6.9

Zeichnen Sie alle nicht identischen Wurzel-Bäume mit 5 Knoten.

- Welche davon sind binär?

- Wie ändert sich die Vielfalt für beliebige Bäume, wenn lediglich nach Knotengraden unterschieden wird?

Aufgabe 6.10

Gegeben sei ein Graph G mit der Gewichtsmatrix

$$\begin{pmatrix} 0 & 3 & 0 & 0 & 0 & 6 & 4 \\ 3 & 0 & 9 & 0 & 0 & 0 & 4 \\ 0 & 9 & 0 & 10 & 0 & 0 & 7 \\ 0 & 0 & 10 & 0 & 10 & 0 & 5 \\ 0 & 0 & 0 & 10 & 0 & 7 & 11 \\ 6 & 0 & 0 & 0 & 7 & 0 & 8 \\ 4 & 4 & 7 & 5 & 11 & 8 & 0 \end{pmatrix}.$$

- Bestimmen Sie einen minimalen bzw. maximalen spannenden Baum mit dem Algorithmus von Kruskal.

Aufgabe 6.11

Gegeben sei ein Graph mit den Knoten v_1, v_2, v_3, v_4, v_5, v_6, v_7 und folgender Gewichtsmatrix **W**:

$$\begin{pmatrix} 0 & 12 & 0 & 0 & 14 & 0 & 20 \\ 12 & 0 & 12 & 10 & 6 & 0 & 0 \\ 0 & 12 & 0 & 4 & 0 & 0 & 0 \\ 0 & 10 & 4 & 0 & 0 & 6 & 0 \\ 14 & 6 & 0 & 0 & 0 & 6 & 8 \\ 0 & 0 & 0 & 6 & 6 & 0 & 4 \\ 20 & 0 & 0 & 0 & 8 & 4 & 0 \end{pmatrix}.$$

- Bestimmen Sie mit dem Algorithmus von Dijkstra den kürzesten Weg vom Startknoten v_1 zum Zielknoten v_6.

Aufgabe 6.12

Gegeben sei eine Tabelle von Nachtflügen einer Luftfahrtgesellschaft mit Preisangaben in Dollar:

Flug	Route	Preis
101	Chicago - Denver	80
102	Denver - Chicago	80
103	Atlanta - Houston	60
104	Houston - Atlanta	60
105	Atlanta - Miami	70
106	Miami - Atlanta	70
201	Boston - Chicago	80
202	Chicago - Boston	80
203	Boston - Denver	110
204	Denver - Boston	110
301	Boston - New York	50
302	New York - Boston	50
303	New York - Philadelphia	40
304	Philadelphia - New-York	40

Flug	Route	Preis
305	New York - Denver	120
306	Denver - New York	120
401	Philadelphia - Washington	40
402	Washington – Philadelphia	40
403	Washington - Atlanta	80
404	Atlanta - Washington	80
501	Denver - Houston	80
502	Houston - Denver	80
503	Denver - Atlanta	140
504	Atlanta – Denver	140

- Zeichnen Sie den zugehörigen Graph und bestimmen Sie einen preisgünstigen spannenden Baum unter Beachtung aller Varianten.

Aufgabe 6.13

Gegeben sei eine Matrix **M** mit Kilometerentfernungen zwischen 6 Filialen F_1, F_2, F_3, F_4, F_5 und F_6 einer Handelskette.

$$\mathbf{M} = \begin{pmatrix} 0 & 30 & 90 & 10 & 30 & 10 \\ 30 & 0 & 80 & 40 & 20 & 20 \\ 90 & 80 & 0 & 40 & 20 & 30 \\ 10 & 40 & 40 & 0 & 60 & 10 \\ 30 & 20 & 20 & 60 & 0 & 90 \\ 10 & 20 & 30 & 10 & 90 & 0 \end{pmatrix}.$$

- Bestimmen Sie eine suboptimale Rundreise zwischen allen Filialen.

Aufgabe 6.14

Eine Rastergrafik mit 64 Pixeln (weiß codiert mit 0, schwarz codiert mit 1) habe folgende Matrixstruktur:

Zeile 1	8(0)		
Zeile 2	2(0)	5(1)	1(0)
Zeile 3	3(0)	4(1)	1(0)
Zeile 4	2(0)	4(1)	2(0)
Zeile 5	2(0)	4(1)	2(0)
Zeile 6	3(0)	4(1)	1(0)
Zeile 7	4(0)	4(1)	
Zeile 8	6(0)	2(1).	

- Geben Sie den zugehörigen Baum-Graph mit Hilfe einer Quadratzerlegung an. Verwenden Sie zur Kennzeichnung der Quadrate einen numerischen Schlüssel im Uhrzeigersinn mit 0 – 3 als letzten Ziffern.

Aufgabe 6.15

Gegeben seien die Entfernungen zwischen 7 benachbarten Städten S_1, ..., S_7 in km mit nachfolgender Tabelle.

	S_1	S_2	S_3	S_4	S_5	S_6	S_7
S_1	0	10	15	5	20	35	40
S_2	10	0	25	30	5	15	20
S_3	15	25	0	10	10	40	5
S_4	5	30	10	0	5	25	30
S_5	20	5	10	5	0	15	20
S_6	35	15	40	25	15	0	5
S_7	40	20	5	30	20	5	0

- Zeichnen Sie den zugehörigen Graph.
- Nennen Sie mindestens 5 Eigenschaften des Graphen.
- Prüfen Sie mit Hilfe geeigneter Kriterien, ob es Eulersche Linien bzw. Hamiltonkreise gibt.
- Bestimmen Sie algorithmisch (falls existent) eine Eulersche Linie und/oder einen suboptimalen Hamiltonkreis.

Durch Bauarbeiten seien folgende Verbindungen gesperrt: S_1 nach S_3, S_1 nach S_4, S_2 nach S_3, S_2 nach S_5 und S_3 nach S_4.

- Prüfen Sie zeichnerisch und algorithmisch, ob der Teilgraph mit den Verbindungen zwischen den Städten S_1, S_2, S_3, S_4 und S_5 zusammenhängend ist.
- Ermitteln Sie algorithmisch einen kürzesten Weg von S_1 nach S_4.

Setzen Sie sich mit folgenden Aussagen auseinander:

1) Graphen sind Relationen.

2) Die Eulersche Linie ist kein Weg.

3) Die Adjazenzmatrix eines gerichteten Graphen ist stets asymmetrisch.

4) Das Quadrat der Adjazenzmatrix eines Graphen zeigt seine zweikantigen Wege an.

5) Ein Hamiltonkreis umfasst alle Knoten und Kanten eines Graphen.

6) Der kürzeste Weg zwischen zwei Knoten ist stets eindeutig bestimmbar.

7) Jeder gewichtete Graph lässt sich auf einen spannenden Baum auslichten.

Lösungen zu den Übungsaufgaben

Aufgabe 1.1

a) $(A-B) \cup (B-A) = [A - (B\cap A)] \cup [B - (B\cap A)]$
$= (A\cup B) - (B\cap A)$

b) $A\cap (B-C) = (A\cap B) - (A\cap C) \neq (A\cup B) - (A\cap C)$

c) $(A\cap C') \cup (B\cap D') \supseteq (A\cap C'\cap D') \cup (B\cap D'\cap C')$

d) $A - (B-C) = A - [A\cap (B-C)] = A - [(A\cap B) - (A\cap C)]$
$= A - (A\cap B) \cup (A\cap C) = (A-B) \cup (A\cap C)$

e) $(A-B) \cap (A-C) = (A\cap B') \cap (A\cap C') = A\cap B'\cap C'$
$= A\cap (B\cup C)'$

Aufgabe 1.2

a) $A - (A-B) = A - (A\cap B') = A\cap (A\cap B')' = A\cap (A'\cup B)$
$= (A\cap A') \cup (A\cap B) = A\cap B$

b) $A'\cap (B-A)' = A'\cap (B\cap A')' = A'\cap (B'\cup A)$
$= (A'\cap B') \cup (A'\cap A) = A'\cap B'$

c) Wegen der Beziehungen $A-B \subseteq A\cup B$ und $B-A \subseteq A\cup B$ folgt

$(A-B) \cup (B-A) \cup (A\cup B) = A\cup B.$

d) $M - [(M-A) \cap B'] = M - [(M\cap A') \cap B'] = M\cap (M\cap A'\cap B')$
$= M\cap (M'\cup A\cup B) = (M\cap M') \cup (M\cap A)$
$\cup (M\cap B)$
$= (M\cap A) \cup (M\cap B) = M\cap (A\cup B) = A\cup B$

Aufgabe 1.3

$|A| = 84$ (Englisch) $|B| = 60$ (Biologie) $|C| = 56$ (Deutsch)

$|A| + |B| + |C| = 200$ $|A\cap C| = 16$ $|B\cap C| = 20$ $|A\cap B| = 10$

$|A'\cap C'| = |(A\cup C)'| = 200 - |A\cup C| = 200 - |A| - |C| + |A\cap C| = 76$

$|B' \cap A'| = |(B \cup A)'| = 200 - |B \cup A| = 200 - |B| - |A| + |B \cap A|$
$= 66$

$|A| - |A \cap B| - |A \cap C| = 58$

$|(A \cup B \cup C)'| = 200 - |A \cup B \cup C| = 46$

Aufgabe 1.4 n = 50 Studenten

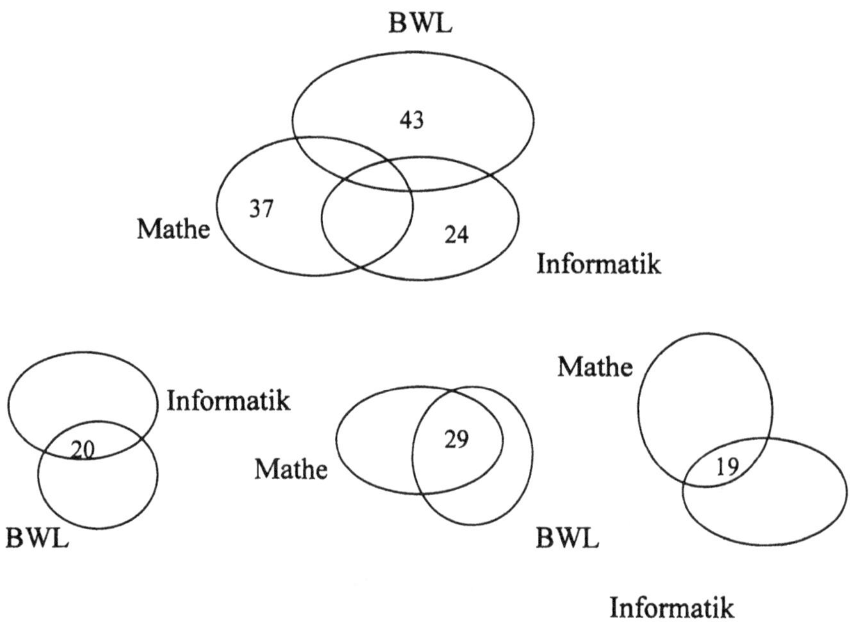

Bild 7.1 Venn-Diagramme zur Aufgabe 1.4

Lösung 1:

$|\text{Ma} \cup \text{Inf} \cup \text{BWL}| \leq 50$

$$\begin{aligned}|\text{Ma} \cap \text{Inf} \cap \text{BWL}| &= - |\text{Ma}| - |\text{Inf}| - |\text{BWL}| + |\text{Ma} \cap \text{Inf}| \\ &\quad + |\text{Ma} \cap \text{BWL}| + |\text{BWL} \cap \text{Inf}| \\ &\quad + |\text{Ma} \cup \text{Inf} \cup \text{BWL}| \\ &\leq - 37 - 24 - 43 + 19 + 29 + 20 + 50 = 14\end{aligned}$$

Lösung 2:

$|\text{Ma} \cup \text{Inf} \cup \text{BWL}| = 50 - 6 \qquad 44 = 104 - 68 + x \;\rightarrow\; \quad x = 8.$

Aufgabe 1.5

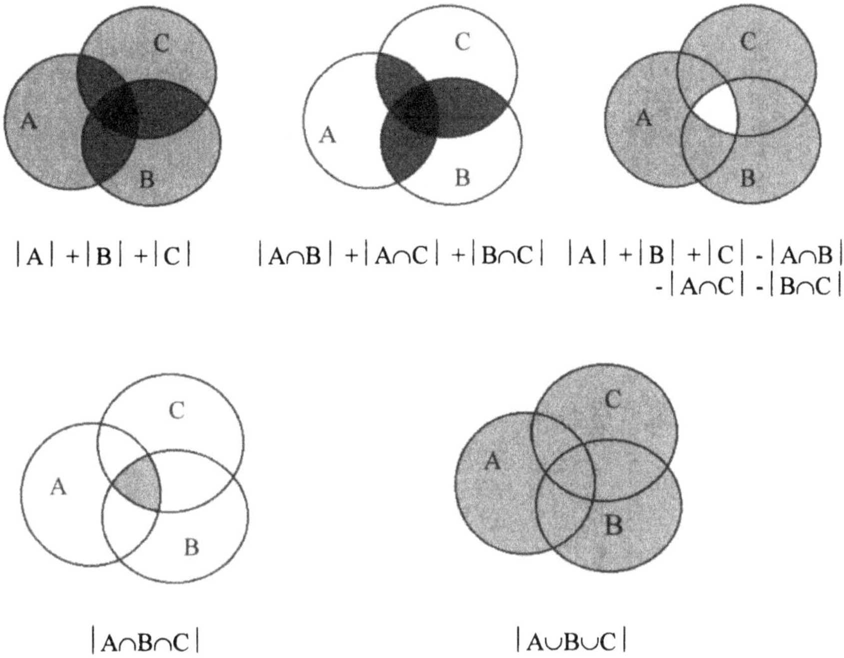

Bild 7.2 Venn-Diagramme zur Aufgabe 1.5

$$|A \cup B \cup C| = |A| + |B| + |C| - (|A \cap B| + |A \cap C| + |B \cap C|) + |A \cap B \cap C|$$

Aufgabe 1.6

Teil 1: A = [1; 3]∪{4; 5}   B = [0; 2] ∪[4; 7]

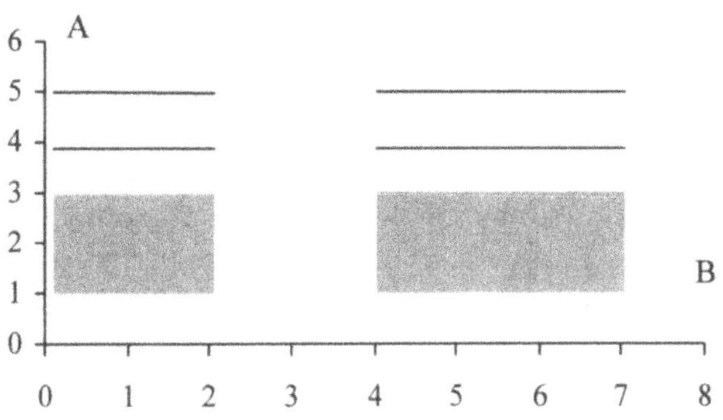

Bild 7.3 Kreuzmenge 1 zur Aufgabe 1.6

Teil 2: A = {1; 2; 3} B = [2 ; 4) ∪{5}

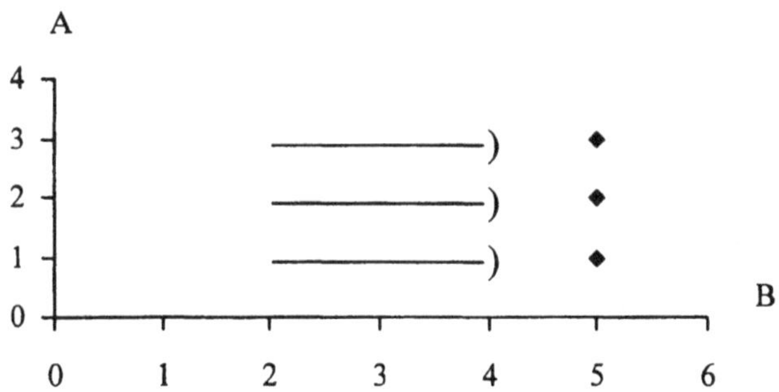

Bild 7.4 Kreuzmenge 2 zur Aufgabe 1.6

Aufgabe 1.7

Für C = B - | A∩B | (siehe Bild 7.5) gilt A∪B = A∪C, aber B ≠ C.

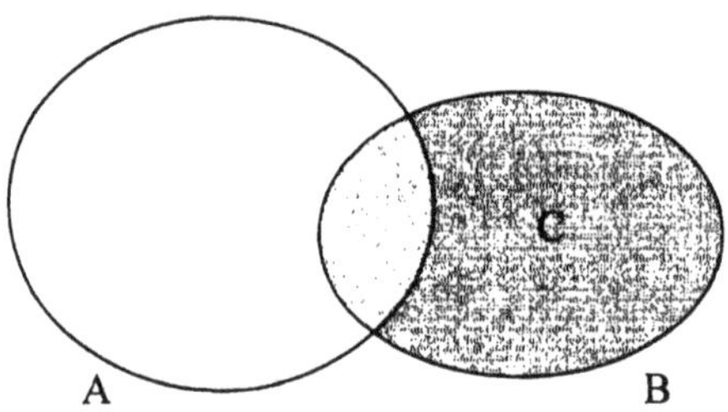

Bild 7.5 Venn-Diagramm zur Aufgabe 1.7

Aufgabe 1.8

Der Nachweis für die Vereinigung wird elementweise geführt.

Sei (x, y) Element der Kreuzmenge A×(B∪C). Dann ist x Element von A und y Element der Vereinigung von B und C, z. B. von B. Damit liegt (x, y) in der Kreuzmenge A×B und damit auch in der Vereinigung (A×B)∪(A×C).

Sei umgekehrt das Paar (x, y) Element von (A×B)∪(A×C), z. B. von A×B. Dann liegt x in A und y in B. Das Element y ist demnach auch in $B \cup C$ enthalten. Folglich gilt die behauptete Elementbeziehung für die linke Seite, d. h. $(x, y) \in A \times (B \cup C)$.

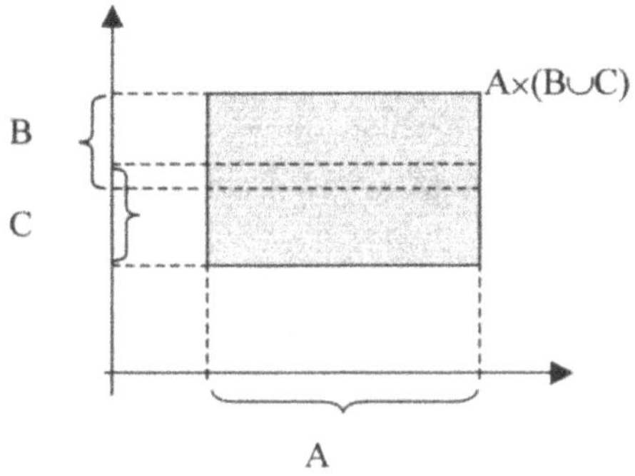

Bild 7.6 Grafische Lösung zur Aufgabe 1.8

Der Nachweis für den Schnitt ist analog zu führen.

Aufgabe 1.9

Die Menge A - B ist im Bild 7.7 schattiert eingezeichnet. Wegen $B \subseteq A$ gelten $A \cup B = A$, $A \cap B = B$ und $B - A = \emptyset$.

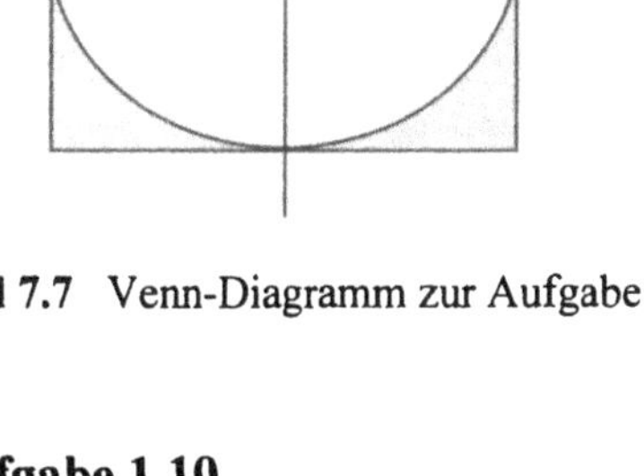

Bild 7.7 Venn-Diagramm zur Aufgabe 1.9

Aufgabe 1.10

$$
\begin{aligned}
(A \cup B) \cap (A \cap B)' &= (A \cup B) \cap (A' \cup B') \\
&= [(A \cup B) \cap A'] \cup [(A \cup B) \cap B'] \\
&= (B \cap A') \cup (A \cap B')
\end{aligned}
$$

Überprüfung der Aussagen zum Kap. 1

1) falsch 2) falsch 3) wahr 4) falsch 5) wahr

Aufgabe 2.1

a) Sei M die Menge aller Wirtschaftsinformatiker und $R \subset M \times M$, mit $(x, y) \in R$, eine Relation von Absolventen x und y, die ihr Diplom an gleicher Hochschule abgelegt haben.

Es handelt sich offensichtlich um eine Äquivalenzrelation.

b) Sei M die Menge der natürlichen Zahlen und $R \subset M \times M$, mit $(x, y) \in R$, die Relation zur Gleichung $x + y = 10$.

Es liegt keine Äquivalenzrelation vor, da Reflexivität und Transitivität nicht erfüllt sind.

c) Sei M die Menge aller Leuchttürme mit bekannter Höhe und $R \subset M \times M$, mit $(x, y) \in R$, die Relation zur Ungleichung $x < y$.

Es liegt keine Äquivalenzrelation vor, da Reflexivität und Symmetrie nicht erfüllt sind. Wenn zusätzlich Höhengleichheit zugelassen wird, dann entsteht Symmetrie.

Aufgabe 2.2

Seien $R_1 \subseteq M \times M$ und $R_2 \subseteq M \times M$ Äquivalenzrelationen über M. Dann gilt zunächst $R_1 \cap R_2 \subseteq M \times M$.

a) Nachweis der Reflexivität

Sei x ein Element von M. Dann ist (x, x) Element von R_1 und R_2 und liegt folglich im Schnitt $R_1 \cap R_2$.

b) Nachweis der Symmetrie

Sei (x, y) Element von $R_1 \cap R_2$. Dann sind (x, y) und (y, x) jeweils Elemente von R_1 und von R_2. Folglich ist auch (y, x) Element der Menge $R_1 \cap R_2$.

c) Nachweis der Transitivität

Seien (x, y) aus $R_1 \cap R_2$ und (y, z) aus $R_1 \cap R_2$. Dann sind beide Paare sowohl in R_1 als auch in R_2 enthalten und mit ihnen jeweils auch das Paar (x, z). Folglich gilt die Elementbeziehung $(x, z) \in R_1 \cap R_2$.

Der Nachweis für die Vereinigung wird analog geführt.

Aufgabe 2.3 $x = 3$ $y = 1$ $z = 9$

Aufgabe 2.4

Der Nachweis für die Komposition von T mit der Vereinigung $R \cup S$ wird elementweise geführt. Seien $R \subseteq M_1 \times M_2$, $S \subseteq M_1 \times M_2$ und $T \subseteq M_2 \times M_3$ und sei (x, z) ein Element aus der Komposition $(R \cup S) * T$. Dann gibt es ein $y \in M_2$ mit $(x, y) \in R \cup S$, z. B. $(x, y) \in R$, und $(y, z) \in T$. Daraus folgt aber $(x, z) \in R * T$ bzw. $(x, z) \in R * T \cup S * T$.

Ist umgekehrt (x, z) Element von $(R * T) \cup (S * T)$, z. B. von $R * T$, dann gibt es ein Element y aus M_2 mit $(x, y) \in R$ und $(y, z) \in T$. Wegen $(x, y) \in R \cup S$ folgt $(x, z) \in (R \cup S) * T$.

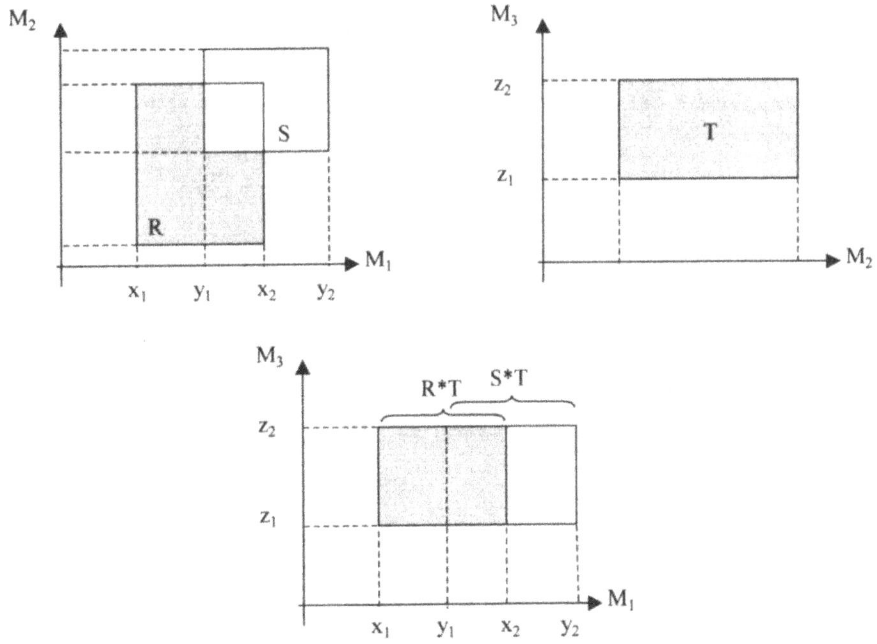

Bild 7.8 Grafische Lösung zur Aufgabe 2.4

Aufgabe 2.6

a) Nachweis des Kommutativgesetzes für die Addition der Kongruenzen $x_1 \equiv x_2 \bmod n$ und $y_1 \equiv y_2 \bmod n$

Aus der Teilbarkeit der Summenkongruenz $[(x_1 + y_1) - (x_2 + y_2)] \mid n$ folgt wegen $(x_1 + y_1) - (x_2 + y_2) = - [(x_2 + y_2) - (x_1 + y_1)]$ die Teilbarkeit der Summenkongruenz nach Operandenvertauschung, d. h. $[(x_2 + y_2) - (x_1 + y_1)] \mid n$.

b) Nachweis des Assoziativgesetzes der Addition der Kongruenzen $x_1 \equiv x_2 \bmod n$, $y_1 \equiv y_2 \bmod n$ und $z_1 \equiv z_2 \bmod n$

Aus den Teilbarkeitsbedingungen $[(x_1 + y_1) - (x_2 + y_2)] \mid n$ und $[(y_1 + z_1) - (y_2 + z_2)] \mid n$ folgen die restlose Teilbarkeit von $[(x_1 + y_1) + z_1] - [(x_2 + y_2) + z_2] = [(x_1 + y_1) - (x_2 + y_2)] + (z_1 - z_2)$ durch n einerseits und von $[x_1 + (y_1 + z_1)] - [x_2 + (y_2 + z_2)] = (x_1 - x_2) + [(y_1 + z_1)] - (y_2 + z_2)]$ durch n andererseits.

c) Die Beweise für die Multiplikation sind analog zu führen.

Aufgabe 2.7

Die Kongruenz $a \cdot x \equiv a \cdot y \bmod n$ bedeutet, dass $a \cdot (x - y)$ ohne Rest durch n teilbar ist. Falls der ggT von n und a gleich 1 ist, dann muss zwangsläufig der Faktor $x - y$ restlos durch n teilbar sein, d.h. $x \equiv y \bmod n$.

Aufgabe 2.8

a) $3^3 \equiv 1 \bmod 13$ $\quad (3^3)^4 \equiv 1 \bmod 13$ $\quad 3^3 \cdot (3^3)^4 \equiv 1 \bmod 13$

b) $15 \equiv 2 \bmod 13$ $\quad (15)^{83} \equiv 2^{83} \bmod 13$ $\quad 2^6 \equiv -1 \bmod 13$

$(2^6)^{13} \equiv -1 \bmod 13$ $\quad 2^5 \equiv 6 \bmod 13$ $\quad (2^6)^{13} \cdot 2^5 \equiv -6 \equiv 7 \bmod 13$

Aufgabe 2.9

Die Repräsentanten der Restklassen modulo 11 sind 1, 2, 3, 4, 5, 6, 7, 8, 9, 10. Die Repräsentanten der entsprechenden inversen Restklassen sind 1, 6, 4, 3, 9, 2, 8, 7, 5, 10.

Aufgabe 2.10

$2431 = \underline{2310}\cdot 1 + \mathbf{121}$ $\qquad 2310 = 2\cdot 3\cdot 5\cdot 7\cdot 11 = \underline{\mathbf{121}}\cdot 19 + \mathbf{11}$

$121 = \underline{11}\cdot 11 + \mathbf{0}$ $\qquad \mathrm{ggT}(2431, 2310) = 11$

$2431 = \mathbf{11}\cdot 221 = 11\cdot 13\cdot 17$ (Zerlegung in Primfaktoren)

$4669 = \underline{2310}\cdot 2 + \mathbf{49}$ $\qquad 2310 = \underline{49}\cdot 47 + 7$ $\qquad 49 = \underline{7}\cdot 7 + \mathbf{0}$

$\mathrm{ggT}(4669, 2310) = 7$

$4669 = \mathbf{7}\cdot 667 = 7\cdot 23\cdot 29$ (Zerlegung in Primfaktoren)

Aufgabe 2.11

Teil 1:

$1366596 = 1\cdot\underline{1211364} + \mathbf{155232}$ $\qquad 1211363 = 7\cdot\underline{155232} + \mathbf{124740}$
$155232 = 1\cdot\underline{124740} + \mathbf{30492}$ $\qquad 124740 = 4\cdot\underline{30492} + \mathbf{2772}$

$30492 = 11\cdot\underline{2772} + \mathbf{0}$ $\qquad \mathrm{ggT}(1366596,1211364) = 2772 = 2^2\cdot 3^2\cdot 7\cdot 11$

Teil 2:

$12818 = \underline{10395}\cdot 1 + \mathbf{2423}$ $\qquad 10395 = \underline{2423}\cdot 4 + \mathbf{703}$

$2423 = \underline{703}\cdot 3 + \mathbf{314}$ $\qquad 703 = \underline{314}\cdot 2 + \mathbf{75}$

$314 = \underline{75}\cdot 4 + \mathbf{14}$ $\qquad 75 = \underline{14}\cdot 5 + \mathbf{5}$

$14 = \underline{5}\cdot 2 + \mathbf{4}$ $\qquad 5 = \underline{4}\cdot 1 + \mathbf{1}$

$4 = \underline{1}\cdot 4 + 0$ $\qquad \mathrm{ggT}(128818,10395) = 1$

Aufgabe 2.12

von **R** in **R** $\qquad$ von **R** auf **R** $\qquad$ aus **R** auf **R** $\qquad$ aus **R** in **R**

Die Relation $x \equiv y \bmod n$ ist injektiv z. B. für $0 \leq x < n$ und $-n \leq y < 0$.

Aufgabe 2.13

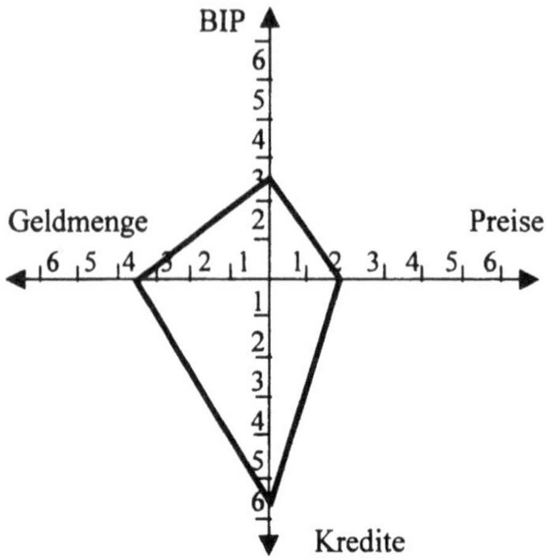

Bild 7.9 Spinnendiagramm zur Aufgabe 2.13

Überprüfung der Aussagen zum Kap. 2

1) wahr 2) wahr 3) falsch 4) wahr 5) wahr

6) wahr

Aufgabe 3.1

a) $1{\cdot}3+2{\cdot}4+3{\cdot}4+4{\cdot}6+5{\cdot}1+6{\cdot}3+7{\cdot}3+8{\cdot}8+9{\cdot}8-7 = 220$	PZ wahr
b) $1{\cdot}3+2{\cdot}5+3{\cdot}4+4{\cdot}0+5{\cdot}5+6{\cdot}2+7{\cdot}9+8{\cdot}7+9{\cdot}4-8 = 209$	PZ wahr
c) $1{\cdot}0+2{\cdot}5+3{\cdot}3+4{\cdot}4+5{\cdot}0+6{\cdot}9+7{\cdot}6+8{\cdot}3+9{\cdot}0-10 = 145$	PZ falsch
d) $1{\cdot}3+2{\cdot}4+3{\cdot}1+4{\cdot}1+5{\cdot}7+6{\cdot}6+7{\cdot}4+8{\cdot}1+9{\cdot}1-2 = 132$	PZ wahr
e) $(4+0+5+0+0+4)+3{\cdot}(1+0+9+1+0+1)+1 = 50$	PZ wahr
f) $(4+0+5+2+0+0)+3{\cdot}(0+6+1+0+0+2)+2 = 40$	PZ wahr
g) $(4+0+8+7+0+2)+3{\cdot}(0+7+1+3+9+7)+4 = 106$	PZ falsch
h) $(4+0+7+4+1+2)+3{\cdot}(0+4+6+2+8+1)+5 = 86$	PZ falsch

Aufgabe 3.2

ISBN: $x = 0$ und $y = 4$ EAN: $x = 5$ und $y = 1$

Aufgabe 3.3

Platzziffern: 1 2 3 4 5 6 7 8 9

Informationsziffern 1: ....3 4 1 2....

Informationsziffern 2: ....1 2 3 4....

Prüfsummenbeitrag 1: $12 + 20 + 6 + 14 = 52$

Prüfsummenbeitrag 2: $4 + 10 + 18 + 28 = 60$

Die Differenz ist kein Vielfaches von 11.

Aufgabe 3.4 $38 - 8 \equiv 0 \mod 10$ $\quad 27 - 7 \equiv 0 \mod 10$

Aufgabe 3.5

Für $z_1 = 5$ und $z_2 = 4$ ergeben sich folgende Reste:

Beitrag 1: $1 \cdot 5 + 1 \equiv 5 \mod 11$ $\quad 2 \cdot 4 + 2 \equiv 10 \mod 11$ $\quad 15 \equiv 5 \mod 10$

Beitrag 2: $1 \cdot 4 + 1 \equiv 4 \mod 11$ $\quad 2 \cdot 5 + 2 \equiv 1 \mod 11$ $\quad 5 \equiv 5 \mod 10$.

Aufgabe 3.6

Alle Scheine sind korrekt gekennzeichnet.

Aufgabe 3.7

S	I	C	H	E	R	H	E	I	T	H	A	T	I	H	R	E	N	P	R	E	I	S
W	I	R	T	S	C	H	A	F	T	S	I	N	F	O	R	M	A	T	I	K	W	I
O	Q	T	A	W	T	O	E	N	M	Z	I	G	N	V	I	Q	N	I	Z	O	E	A

Aufgabe 3.8

Verschlüsselter Code: 051909 192023 011906 012112 091319

200101 200504 010514 051301 1811.

Codierte Botschaft: 091804 212120 061810 112620 202210

320614 291424 062920 172810 1733.

Aufgabe 3.9

Umwandlung der Nachricht „Klausur“ in die Zahlenfolge 11 12 01 21 19 21 18 vermöge A→1, B→2, C→3, usw.

a) Codierung von 11 mittels RSA-Algorithmus mit $p = 5$ und $q = 7$:

Aus $e \cdot d - 1 = k \cdot (5-1) \cdot (7-1) = 24$ für $k = 1$ folgt $e \cdot d = 25$ und damit $e = 5$ und $d = 5$.
Der Ansatz $11^5 \equiv c \mod 35$ führt auf $161051 = 4601 \cdot 35 + 16$, d. h. die Zahl 11 wird in 16 codiert. Analog werden die anderen Glieder der Zahlenfolge codiert zu 16 17 01 21 24 21 23.

b) Decodierung

Für den ersten Zweisteller 16 ist die Kongruenz $16^5 \equiv m' \mod 35$ zu untersuchen. Aus $1048576 = m' + k \cdot 35$ folgt $k = 29959$ und $m' = 11$. Die restlichen Zweisteller werden analog decodiert.

Aufgabe 3.10 0550 0715 0800 0196 1439 0252 1199

Aufgabe 3.11

Mit $2^3 \equiv 1 \mod 7$ folgt $2^{7-1} = 2^3 \cdot 2^3 \equiv 1 \mod 7$.

Wegen $2^{97-1} = (2^{12})^8 \equiv 22^8 \mod 97$ ergibt sich $(22^2)^4 \equiv 96^4 \equiv 1 \mod 7$.

Aufgabe 3.12

Es gelten folgende drei Beziehungen:

a) $m^{561} = (m^{187})^3 \equiv m^{187} \mod 3$ bzw.

$m^{187} = m \cdot m^{186} \equiv m \cdot (m^{93})^2 \equiv m \mod 3$, d. h. $m^{561} \equiv m \mod 3$,

b) $(m^{51})^{11} \equiv m \mod 11$ und c) $(m^{33})^{17} \equiv m \mod 17$.

Alle drei Eigenschaften zusammengenommen ergeben die Behauptung $m^{561} \equiv m \mod 3 \cdot 7 \cdot 11$.

Überprüfung der Aussagen zum Kap. 3

1) falsch 2) falsch 3) wahr 4) falsch

Aufgabe 4.2

a) Tautologie

A	B	A∧B (C)	¬A∧¬B (D)	C∨D	A⇔B
w	w	w	f	w	w
w	f	f	f	f	f
f	w	f	f	f	f
f	f	f	w	w	w

b) Keine Tautologie

A	B	C	B ⇒ C (E)	A ∧ E (F)	F ⇒ C
w	w	w	w	w	w
w	w	f	f	f	w
w	f	w	w	w	w
f	w	w	w	f	w
w	f	f	w	w	f
f	w	f	f	f	w
f	f	w	w	f	w
f	f	f	w	f	w

c) Tautologie

A	B	C	A∨B (D)	A⇒C (E)	B⇒C (F)	D∧E∧F (G)	G⇒C
w	w	w	w	w	w	w	w
w	w	f	w	f	f	f	w
w	f	w	w	w	w	w	w
w	f	f	w	f	w	f	w
f	f	f	f	w	w	f	w
f	f	w	f	w	w	f	w
f	w	f	w	w	f	f	w
f	w	w	w	w	w	w	w

d) Tautologie

A	B	$\neg A \Rightarrow B$ (C)	$\neg A \Rightarrow \neg B$ (D)	$C \wedge D$ (E)	$E \Rightarrow A$
w	w	w	w	w	w
w	f	w	w	w	w
f	w	w	f	f	w
f	f	f	w	f	w

Aufgabe 4.3

a) $(A \vee B) \wedge (\neg B \vee C)$

$= [(A \vee B) \wedge \neg B] \vee [(A \vee B) \wedge C]$

$= (A \wedge \neg B) \vee (B \wedge \neg B) \vee (A \wedge C) \vee (B \wedge C)$

$= (A \wedge \neg B) \vee (A \wedge C) \vee (B \wedge C)$ DNF

$= (A \wedge \neg B \wedge C) \vee (A \wedge \neg B \wedge \neg C) \vee (A \wedge C \wedge B) \vee (B \wedge C \wedge \neg A)$ VDNF

$(A \vee B) \wedge (\neg B \vee C)$ KNF

$= (A \vee B \vee C) \wedge (A \vee B \vee \neg C) \wedge (A \vee \neg B \vee C) \wedge (\neg A \vee \neg B \vee C)$ VKNF

b) $\neg A \vee (B \Rightarrow \neg C) = \neg A \vee (\neg B \vee \neg C) = \neg A \vee \neg B \vee \neg C$ DNF

$= (\neg A \wedge B) \vee (\neg A \wedge \neg B \vee (\neg B \wedge C) \vee (\neg B \wedge \neg C) \vee (B \wedge \neg C)$
$\vee (\neg B \wedge \neg C)$

$= \neg A \wedge B \wedge C) \vee (\neg A \wedge B \wedge \neg C) \vee (\neg A \wedge \neg B \wedge C) \vee (\neg A \wedge \neg B \wedge \neg C)$
$\vee (A \wedge \neg B \wedge C) \vee (\neg A \wedge \neg B \wedge C) \vee (A \wedge \neg B \wedge \neg C) \vee (\neg A \wedge \neg B \wedge \neg C)$
$\vee (A \wedge B \wedge \neg C) \vee (\neg A \wedge B \wedge \neg C)$

$= (\neg A \wedge B \wedge C) \vee (\neg A \wedge B \wedge \neg C) \vee (\neg A \wedge \neg B \wedge C) \vee (\neg A \wedge \neg B \wedge \neg C)$
$\vee (A \wedge \neg B \wedge C) \vee (A \wedge \neg B \wedge \neg C) \vee (A \wedge B \wedge \neg C)$ VDNF

c) $(A \wedge \neg B) \vee (A \wedge C) = A \wedge (A \vee C) \wedge (A \vee \neg B) \wedge (\neg B \vee C)$ KNF

$= (A \vee B \vee C) \wedge (A \vee B \vee \neg C) \wedge (A \vee \neg B \vee C) \wedge (A \vee \neg B \vee \neg C)$
$\wedge (A \vee B \vee C) \wedge (A \vee \neg B \vee C) \wedge (A \vee \neg B \vee C) \wedge (A \vee \neg B \vee \neg C)$
$\wedge (A \vee \neg B \vee C) \wedge (\neg A \vee \neg B \vee C)$

$= (A \vee B \vee C) \wedge (A \vee B \vee \neg C) \wedge (A \vee \neg B \vee C) \wedge (A \vee \neg B \vee \neg C)$ VKNF

d) $B \Rightarrow (A \vee \neg C) = \neg B \vee A \vee \neg C$ DNF

$= (A \wedge \neg B) \vee (\neg A \wedge \neg B) \vee (A \wedge B) \vee (A \wedge \neg C) \vee (\neg A \wedge \neg C)$

$= (A \wedge \neg B \wedge C) \vee (A \wedge \neg B \wedge \neg C) \vee (\neg A \wedge \neg B \wedge C)$
$\vee (\neg A \wedge \neg B \wedge \neg C) \vee (A \wedge B \wedge C) \vee (A \wedge B \wedge \neg C)$
$\vee (\neg A \wedge B \wedge \neg C)$ VDNF

e) $[(A \vee B) \Leftrightarrow \neg C] = [(A \vee B) \wedge \neg C] \vee [\neg(A \vee B) \wedge \neg\neg C]$
$= (A \wedge \neg C) \vee (\neg C \wedge B) \vee (\neg A \wedge \neg B \wedge C)$ DNF

$= (A \wedge \neg C \wedge B) \vee (A \wedge \neg C \wedge \neg B) \vee (\neg C \wedge B \wedge A)$
$\vee (\neg C \wedge B \wedge \neg A) \vee (\neg A \wedge \neg B \wedge C)$
$= (A \wedge \neg C \wedge B) \vee (A \wedge \neg C \wedge \neg B) \vee (\neg C \wedge B \wedge \neg A)$
$\vee (\neg A \wedge \neg B \wedge C)$ VDNF

$[(A \vee B) \Leftrightarrow \neg C] = [(A \vee B) \Rightarrow \neg C] \wedge [\neg C \Rightarrow (A \vee B)]$
$= [\neg(A \vee B) \vee \neg C] \wedge [C \vee (A \vee B)] = [(\neg A \wedge \neg B) \vee \neg C]$
$\wedge (C \vee A \vee B)$
$= (\neg A \vee \neg C) \wedge (\neg B \vee \neg C) \wedge (C \vee A \vee B)$ KNF
$= (\neg A \vee \neg C \vee B) \wedge (\neg A \vee \neg C \vee \neg B) \wedge (\neg B \vee \neg C \vee A)$
$\wedge (\neg B \vee \neg C \vee \neg A) \wedge (C \vee A \vee B)$
$= (\neg A \vee \neg C \vee B) \wedge (\neg A \vee \neg C \vee \neg B) \wedge (\neg B \vee \neg C \vee A)$
$\wedge (C \vee A \vee B)$ VKNF

f) $(A \Rightarrow B) \Rightarrow [(B \Rightarrow C) \Rightarrow (A \Rightarrow C)]$
$= (\neg A \vee B) \Rightarrow [(\neg B \vee C) \Rightarrow (\neg A \vee C)]$
$= (\neg A \vee B) \Rightarrow [(B \wedge \neg C) \vee (\neg A \vee C)]$
$= (A \wedge \neg B) \vee (B \wedge \neg C) \vee \neg A \vee C$ DNF

$= (A \wedge \neg B \wedge C) \vee (A \wedge \neg B \wedge \neg C) \vee (A \wedge B \wedge \neg C)$
$\vee (\neg A \wedge B \wedge \neg C) \vee (\neg A \wedge B \wedge C) \vee (\neg A \wedge B \wedge \neg C)$
$\vee (\neg A \wedge \neg B \wedge C) \vee (\neg A \wedge \neg B \wedge \neg C) \vee (A \wedge B \wedge C)$
$\vee (A \wedge \neg B \wedge C) \vee (\neg A \wedge B \wedge C) \vee (\neg A \wedge \neg B \wedge C)$
$= (A \wedge \neg B \wedge C) \vee (A \wedge \neg B \wedge \neg C) \vee (A \wedge B \wedge \neg C)$
$\vee (\neg A \wedge B \wedge \neg C) \vee (\neg A \wedge B \wedge C) \vee (\neg A \wedge \neg B \wedge C)$
$\vee (\neg A \wedge \neg B \wedge \neg C) \vee (A \wedge B \wedge C)$ VDNF

Aufgabe 4.4

DB: „Der Pendler nutzt die Bahn."
PKW: „Der Pendler nutzt das Auto"
FA: „Der Fahrplan wird ausgedünnt."
BW: „Der Bistrowagen fällt weg."
DP: „Der Dieselpreis liegt unterhalb von 2,- DM/Liter."
KP: „Die Kilometerpauschale ist unabhängig vom Verkehrsträger."

$(FA \vee BW \Rightarrow PKW) \wedge (\neg DP \wedge KP \Rightarrow DB) \wedge \neg BW \wedge FA \wedge DP \wedge KP$
$= [(\neg FA \wedge \neg BW) \vee PKW] \wedge (DP \vee \neg KP \vee DB) \wedge \neg BW \wedge FA \wedge DP$
$\wedge KP$
$= (\neg FA \vee PKW) \wedge FA] \wedge [(DP \vee \neg KP \vee DB) \wedge KP]$
$\wedge [(\neg BW \vee PKW) \wedge \neg BW] \wedge DP$
$= PKW \wedge FA \wedge [(DP \vee DB) \wedge DP] \wedge KP \wedge \neg BW$
$= PKW \wedge FA \wedge DP \wedge KP \wedge \neg BW$

Da die Aussagenverbindung wahr ist, haben alle Aussagen, insbesondere die Aussage PKW, den Wahrheitswert wahr.

Aufgabe 4.5

ICE: „Der Bahnhof ist ICE-Haltepunkt."
SB: „Der Bahnhof hat einen S-Bahn-Anschluss."
UB: „Der Bahnhof hat einen U-Bahn-Anschluss."
BC: „Die Übergabe findet im Bistro-Cafe statt."
WC: „Die Übergabe findet im WC-Bereich statt."
RZ: „Die Übergabe findet im Reisezentrum statt."

$(ICE \Rightarrow \neg WC) \wedge (UB \vee BC) \wedge SB \wedge (UB \Rightarrow WC) \wedge ICE$
$\wedge (\neg SB \vee \neg RZ)$
$= (\neg ICE \vee \neg WC) \wedge (UB \vee BC) \wedge SB \wedge (\neg UB \vee WC) \wedge ICE$
$\wedge (\neg SB \vee \neg RZ)$
$= [(\neg ICE \wedge ICE) \vee (\neg WC \wedge ICE)] \wedge (UB \vee BC) \wedge (\neg UB \vee WC)$
$\wedge [(SB \wedge \neg SB) \vee (SB \wedge \neg RZ)]$
$= \neg WC \wedge ICE \wedge (UB \vee BC) \wedge (\neg UB \vee WC) \wedge SB \wedge \neg RZ$
$= ICE \wedge [(\neg WC \wedge \neg UB) \vee (\neg WC \wedge WC)] \wedge (UB \vee BC)$
$\wedge SB \wedge \neg RZ$
$= ICE \wedge \neg WC \wedge [\neg UB \wedge (UB \vee BC)] \wedge SB \wedge \neg RZ$
$= ICE \wedge \neg WC \wedge \neg UB \wedge BC \wedge SB \wedge \neg RZ$

Da alle Aussagen wahr sind, muss der Wahrheitswert der zusammengesetzten Aussage wahr sein und die Geldübergabe im Bistro-Cafe erfolgen.

Aufgabe 4.6

a) $(B \Rightarrow A) \Rightarrow (\neg A \Rightarrow \neg B) = (\neg B \vee A) \Rightarrow (A \vee \neg B)$

$= \neg(A \vee \neg B) \vee (A \vee \neg B) = ©$

b) $[(B \Rightarrow A) \wedge B] \Rightarrow A = \neg[(\neg B \vee A) \wedge B] \vee A$

$= [(B \wedge \neg A) \vee \neg B] \vee A$
$= [(B \vee \neg B) \wedge (\neg A \vee \neg B)] \vee A = \neg A \vee \neg B \vee A = © \vee \neg B = ©$

c) $[(A \Rightarrow B) \wedge \neg B] \Rightarrow \neg A$

$= \neg[(A \Rightarrow B) \wedge \neg B] \vee \neg A = \neg(A \Rightarrow B) \vee B \vee \neg A$
$= \neg(\neg A \vee B) \vee B \vee \neg A = [(A \wedge \neg B) \vee B] \vee \neg A$
$= [(A \vee B) \wedge (\neg B \vee B)] \vee \neg A = [(A \vee B) \wedge ©] \vee \neg A$
$= (A \vee B) \vee \neg A = (A \vee \neg A) \vee B = © \vee B = ©$

Aufgabe 4.7

$[(A \Rightarrow B) \wedge (B \Rightarrow C)] \Rightarrow (A \Rightarrow C)$

$= [(\neg A \vee B) \wedge (\neg B \vee C)] \Rightarrow (\neg A \vee C)$
$= (A \wedge \neg B) \vee (B \wedge \neg C) \vee \neg A \vee C = [(A \vee B) \wedge (A \vee \neg C)$
$\wedge (\neg B \vee B) \wedge (\neg B \vee \neg C)] \vee \neg A \vee C$

$= [(A \vee B \vee \neg A) \wedge (A \vee \neg C \vee \neg A) \wedge (\neg B \vee \neg C \vee \neg A)] \vee C$
$= \neg B \vee \neg C \vee \neg A \vee C = \neg B \vee \neg A \vee © = ©$

Aufgabe 4.8

$\neg[\forall x \forall y\, (U(x, y))] = \exists x \exists y\, (U(x, y))$
$\neg[\forall x \exists y\, (U(x, y))] = \exists x \forall y\, (\neg U(x, y))$
$\neg[\exists x \forall y\, (U(x, y))] = \forall x \exists y\, (U(x, y))$
$\neg[\exists x \exists y\, (U(x, y))] = \forall x \forall y\, (\neg U(x, y))$

$\neg[\exists x \exists y \forall z\, (V(x, y, z))] = \forall x \forall y \exists z\, (\neg V(x, y, z))$
$\neg[\exists x \forall y \forall z\, (\neg V(x, y, z))] = \forall x \exists y \exists z\, (V(x, y, z))$
$\neg[\forall x \forall y \forall z\, (V(x, y, z))] = \exists x \exists y \exists z\, (\neg V(x, y, z))$

Aufgabe 4.9

a) falsch b) falsch c) wahr e) wahr

Aufgabe 4.10

1) Durch Summation der beiden Ungleichungen $-|x| \leq x \leq |x|$ und $-|y| \leq y \leq |y|$ entsteht

$$-|x|-|y| \leq x+y \leq |x| + |y| \text{ bzw.}$$

$$-(|x| + |y|) \leq x+y \leq |x| + |y|.$$ Daraus folgt die Behauptung.

2) Es sind zwei Fälle zu unterscheiden: a) $x \cdot y \geq 0$ und b) $x \cdot y \leq 0$.

a) Für den ersten Fall folgt die Behauptung unmittelbar.

b) Im zweiten Fall ist $-x \cdot y \geq 0$. Falls x negativ und y positiv ausfällt, gilt $-x = |x|$ und $y = |y|$. Das Produkt der Beträge ist positiv. Ist x positiv und y negativ, dann gilt entsprechend $x = |x|$ und $-y = |y|$. Das Produkt der Beträge ist ebenfalls positiv. Daraus folgt die Behauptung.

Aufgabe 4.11

a) Mit $x \in$ {Menge aller PC} und C(x) als Prädikat Computer auf M ergibt sich die Aussage $\forall x\, [C(x)]$.

b) Mit M = {Menge aller Computer} und dem Prädikat Personalcomputer(x) auf M folgt die Aussage $\exists x\, [P(x)]$.

c) Mit dem Subjektbereich und Prädikat wie in b) entsteht die Aussage

$$\neg[\forall x\, (P(x))\,] = \exists x\, (\neg P(x)).$$

d) Seien I = {IBM-Computer} und E = {EPSON-Drucker} Subjektmengen und sei kompatibel(x, y) ein zweistelliges Prädikat auf $I \times E$. Dann nimmt die gesuchte Aussage folgende Gestalt an:

$$\forall x \forall y\, [\text{kompatibel}(x, y)].$$

e) Mit den Subjektmengen M = {Menge aller Menschen} und N = {Menge aller Länder}, dem zweistelligen Prädikat Bürger_von(x, y) auf $M \times N$ und dem einstelligen Prädikat Stinkstiefel(x) auf M folgt die Aussage

$$\forall y \exists x\, [\text{Bürger\_von}(x, y) \wedge \text{Stinkstiefel}(x)].$$

f) Mit der Subjektmenge M = {Menge aller Menschen} und dem einstelliges Prädikat achten_Eltern(x) auf M lässt sich formulieren

$$\exists x\ [\neg \text{achten\_Eltern}(x)].$$

g) Die Subjektmenge M = {Menge aller Menschen}, das zweistellige Prädikat streiten(x, y) auf M×M und das einstelliges Prädikat freuen(y) auf M führen auf die Aussage

$$\forall x \forall y \exists z\ [\text{streiten}(x, y) \Rightarrow \text{freuen}(z)].$$

h) Mit der Subjektmenge M = {Menge aller Dinge} und dem einstelliges Prädikat gutes_Ding(x) auf M entsteht die Aussage

$$\forall x \forall y \exists z\ [\text{gutes\_Ding}(x) \wedge \text{gutes\_Ding}(y) \Rightarrow \text{gutes\_Ding}(z)].$$

Überprüfung der Aussagen zum Kap. 4

1) falsch 2) falsch 3) falsch 4) falsch

Aufgabe 5.1

Beispielhafte Lösung für die Regel von de Morgan $F_1' \cap F_2' = (F_1 \cup F_2)'$.

Auf der linken Seite der Gleichung ist das Minimum von $(1 - \mu_1(x), 1 - \mu_2(x))$, auf der rechten Seite $1 - \max(\mu_1(x), \mu_2(x))$ zu bilden. Es sind drei Fälle zu unterscheiden:

Fall 1: $\mu_1(x) \leq \mu_2(x)$, Fall 2: $\mu_1(x) \geq \mu_2(x)$, Fall 3: $\mu_1(x) = \mu_2(x)$.

Zu Fall 1: Aus $\mu_1(x) \leq \mu_2(x)$ folgen $-\mu_1(x) \geq -\mu_2(x)$ und $1 - \mu_1(x) \geq 1 - \mu_2(x)$. Auf der linken Seite der Gleichung ergibt sich $1 - \mu_2(x)$. Für die rechte Seite der Gleichung folgt aus $\mu_1(x) \leq \mu_2(x)$ für das Maximum $\mu_2(x)$ und insgesamt $1 - \mu_2(x)$.

Fall 2 wird analog behandelt. Die Lösung im Fall 3 ist offensichtlich.

Aufgabe 5.3

Die Zugehörigkeitsfunktionen wird in nachfolgender Tabelle gezeigt.

x	μ_F	Konzentration	Dehnung
-3	0,05	0,00	0,23
-2	0,11	0,01	0,33
-1	0,33	0,11	0,58
0	1,00	1,00	1,00
1	0,33	0,11	0,58
2	0,11	0,01	0,33
3	0,05	0,00	0,23

Die Bedingung für die 50%-Niveau-Menge lautet $\frac{1}{1+2x^2} \geq \frac{1}{2}$. Die Lösung der Ungleichung führt auf $|x| \leq 0{,}707$.

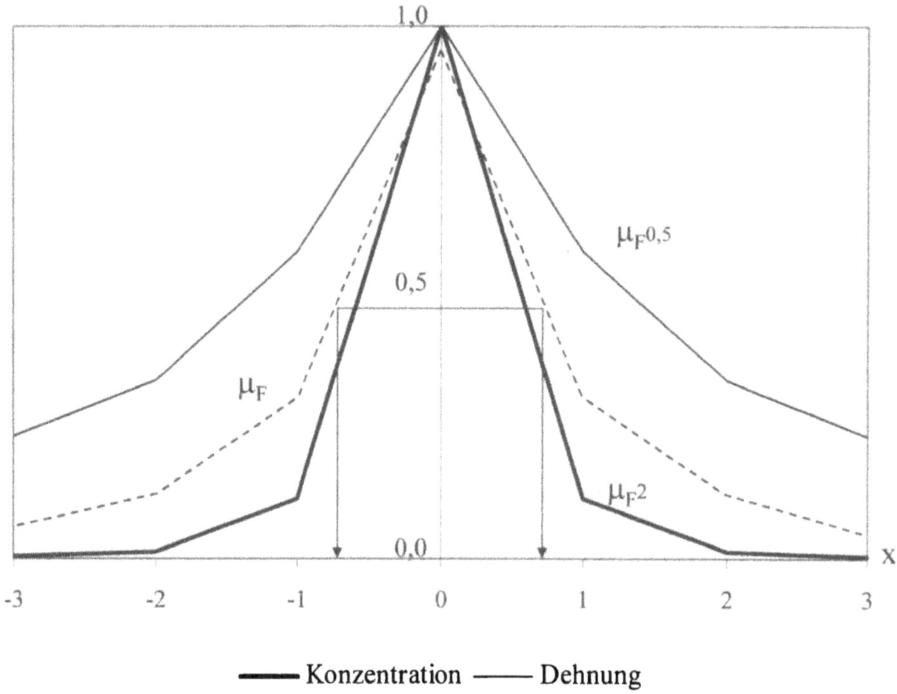

Bild 7.10 Zugehörigkeitsfunktionen zur Aufgabe 5.3

Aufgabe 5.4

x	Absolut_Schnell	Sehr_Schnell	Schnell	Ziemlich_Schnell	Ziemlich_Langsam
20	0	0,00	0,0	0,00	1,00
40	0	0,01	0,1	0,32	0,68
80	0	0,09	0,3	0,55	0,45
100	0	0,25	0,5	0,71	0,29
120	0	0,36	0,6	0,77	0,23
150	0	0,64	0,8	0,89	0,11
180	0	0,81	0,9	0,95	0,05
210	1	1,00	1,0	1,00	0,00

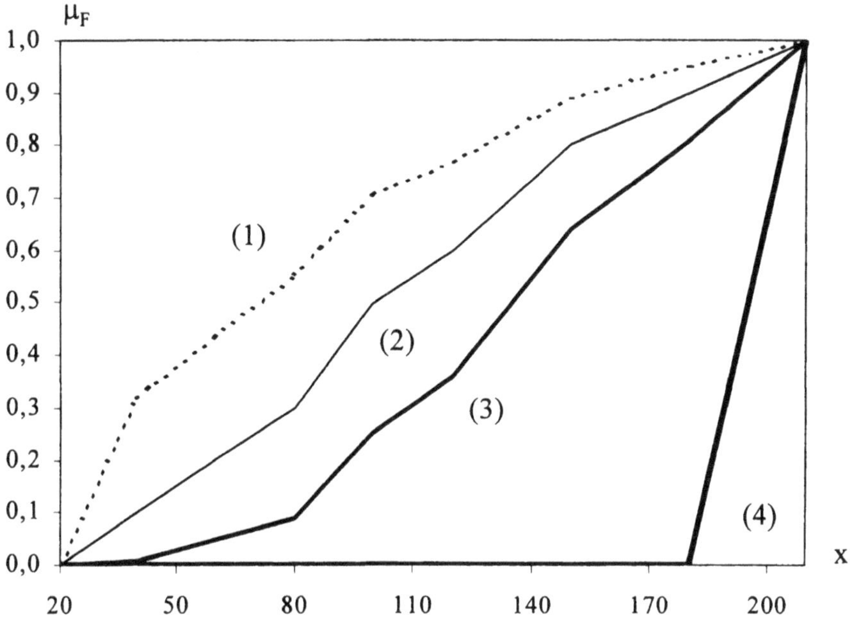

Bild 7.11 Zugehörigkeitsfunktionen zur Aufgabe 5.4 von Ziemlich_Schnell (1) bis Absolut_Schnell (4)

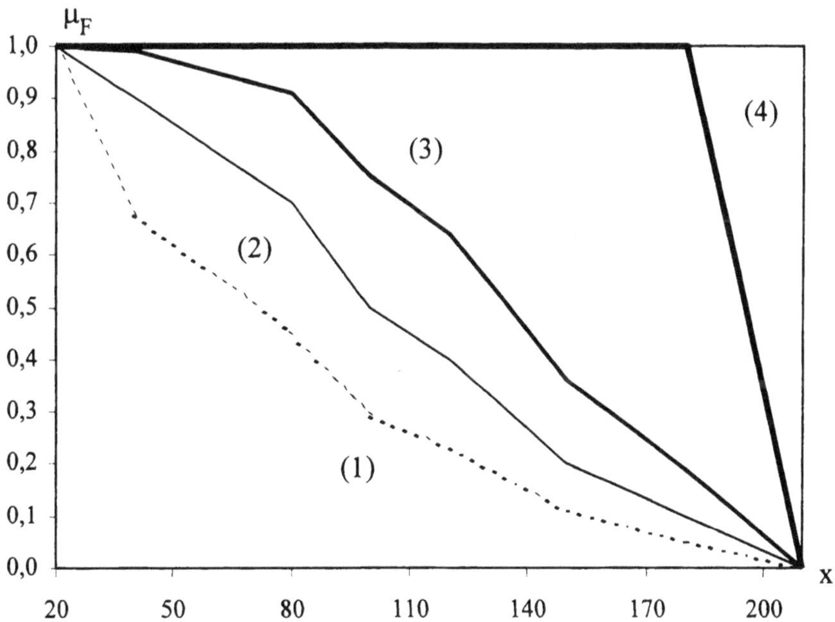

Bild 7.12 Zugehörigkeitsfunktionen zur Aufgabe 5.4 von Ziemlich_Langsam (1) bis Absolut_Langsam (4)

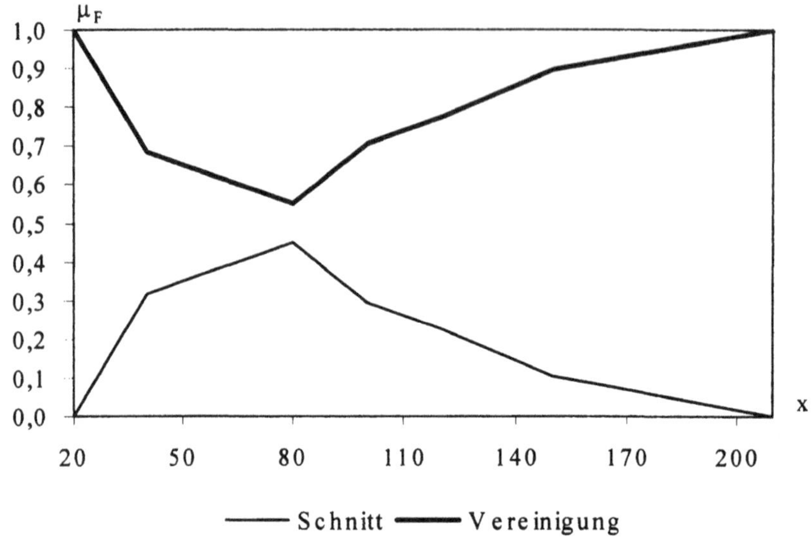

Bild 7.13 Zugehörigkeitsfunktionen zur Aufgabe 5.4 für Ziemlich_Schnell verknüpft mit Ziemlich_langsam

Wegen der Regeln von de Morgan gilt: (Ziemlich_Schnell $\cap$ Ziemlich_Langsam)' = Ziemlich_Langsam $\cup$ Ziemlich_Schnell.

Aufgabe 5.6 Mit größter Sicherheit sind Ralph und Jule Yuppies.

Aufgabe 5.7

R_{max}	1	2	3	4	5
1	1,0	1,0	1,0	1,0	1,0
2	0,9	0,9	0,9	0,9	1,0
3	0,7	0,7	0,7	0,8	1,0
4	0,3	0,3	0,5	0,8	1,0
5	0,0	0,2	0,5	0,8	1,0

R_{min}	1	2	3	4	5
1	0,0	0,2	0,5	0,8	1,0
2	0,0	0,2	0,5	0,8	0,9
3	0,0	0,2	0,5	0,7	0,7
4	0,0	0,2	0,3	0,3	0,3
5	0,0	0,0	0,0	0,0	0,0

$R_{max}*R_{min}$	1	2	3	4	5
1	0,0	0,2	0,5	0,8	1,0
2	0,0	0,2	0,5	0,8	0,9
3	0,0	0,2	0,5	0,7	0,7
4	0,0	0,2	0,5	0,5	0,5
5	0,0	0,2	0,5	0,5	0,5

$R_{min}*R_{max}$	1	2	3	4	5
1	0,5	0,5	0,5	0,8	1
2	0,5	0,5	0,5	0,8	0,9
3	0,5	0,5	0,5	0,7	0,7
4	0,3	0,3	0,3	0,3	0,3
5	0,0	0,0	0,0	0,0	0,0

$R_{max} \cup R_{min} = R_{max}$ $\qquad$ $R_{max} \cap R_{min} = R_{min}$

Aufgabe 5.8

Die Relation ist weder reflexiv, noch symmetrisch, noch transitiv.

Der Bewerber sollte der Abteilung Planung möglichst nicht zugeordnet werden, da die Komposition des Bewerberprofils mit dem Anforderungsprofil auf eine Sicherheit von 0,7 führt. Für alle anderen Abteilungen fällt diese Sicherheit höher aus.

Aufgabe 5.9

R*R	Bari	Matera	Trani	Altamura
Bari	1,0	0,7	0,5	0,7
Matera	0,7	1,0	0,4	0,9
Trani	0,5	0,4	1,0	0,5
Altamura	0,7	0,9	0,5	1,0

R*R ist nicht in R enthalten, denn z. B. der Inhalt von Zelle (2, 1) ist 0,7 bei der Komposition, bei der Ursprungsrelation aber nur 0,4. Die Transitivität ist damit nicht erfüllt. Reflexivität und Symmetrie hingegen sind erfüllt.

Aufgabe 5.10

Liter km/h	6,4	6,6	6,8	7,0	7,2	7,4	7,6	7,8
90	1,0	0,9	0,6	0,5	0,4	0,3	0,1	0,0
100	0,9	0,9	0,6	0,5	0,4	0,3	0,1	0,1
110	0,7	0,7	0,6	0,5	0,4	0,3	0,3	0,3
120	0,6	0,6	0,6	0,5	0,4	0,4	0,4	0,4
130	0,5	0,5	0,5	0,5	0,5	0,5	0,5	0,5
150	0,2	0,2	0,4	0,5	0,6	0,7	0,8	0,8
160	0,1	0,1	0,4	0,5	0,6	0,7	0,9	0,9

Langsames Fahren auf der Autobahn hilft mit hoher Sicherheit Benzin sparen, während sehr schnelles Fahren mit hoher Sicherheit verbrauchssteigernd wirkt.

Überprüfung der Aussagen zum Kap. 5

1) wahr 2) falsch 3) wahr 4) wahr 5) falsch

Aufgabe 6.1

Geschlossene Kantenfolge, Kantenzug, Kreis, Weg, geschlossene Kantenfolge, Kreis.

Aufgabe 6.2

Zusammenhängend sind (2), (3) und (5). Eine Schlinge weist nur (4) auf. Schlicht sind die Graphen (1) und (3). Vollständig ist der Graph (5).

Aufgabe 6.3

Knoten	v_1	v_2	v_3	v_4	v_5
Eingänge	2	2	2	0	6
Ausgänge	3	4	2	3	0

Es gibt sechs Wege mit einer, zwei bzw. drei Kanten: v_2v_5, $v_2v_1v_5$ (zwei Varianten) und $v_2v_3v_5$, $v_2v_3v_1v_5$ (zwei Varianten). Der Graph enthält mit v_4 eine Quelle und mit v_5 eine Senke.

Aufgabe 6.4

Die disjunkten Knotenmengen sind $V_1 = \{v_{10}, v_9, v_8, v_7, v_6\}$ und $V_2 = \{v_1, v_2, v_3, v_4, v_5\}$. Eine vollständige Kuppelei ist $\{v_7v_2, v_5v_9, v_3v_8, v_{10}v_4, v_1v_6\}$.

Aufgabe 6.6

Die Adjazenzmatrix und ihre Potenzen sind

$$\mathbf{A} = \begin{pmatrix} 0 & 1 & 0 & 0 & 1 \\ 1 & 0 & 1 & 0 & 0 \\ 1 & 0 & 0 & 1 & 0 \\ 0 & 0 & 0 & 0 & 1 \\ 0 & 0 & 1 & 1 & 0 \end{pmatrix} \quad \mathbf{A}^2 = \begin{pmatrix} 1 & 0 & 2 & 1 & 0 \\ 1 & 1 & 0 & 1 & 1 \\ 0 & 1 & 0 & 0 & 2 \\ 0 & 0 & 1 & 1 & 0 \\ 1 & 0 & 0 & 1 & 1 \end{pmatrix} \quad \mathbf{A}^3 = \begin{pmatrix} 2 & 1 & 0 & 2 & 2 \\ 1 & 1 & 2 & 1 & 2 \\ 1 & 0 & 3 & 2 & 0 \\ 1 & 0 & 0 & 1 & 1 \\ 0 & 1 & 1 & 1 & 2 \end{pmatrix} \quad \mathbf{A}^4 = \begin{pmatrix} 1 & 2 & 3 & 2 & 4 \\ 3 & 1 & 3 & 4 & 2 \\ 3 & 1 & 0 & 3 & 3 \\ 0 & 1 & 1 & 1 & 2 \\ 2 & 0 & 3 & 3 & 1 \end{pmatrix}$$

Die Summe der Matrizen führt auf

$$\mathbf{B} = \begin{pmatrix} 4 & 4 & 5 & 5 & 7 \\ 6 & 3 & 6 & 6 & 5 \\ 5 & 2 & 3 & 6 & 5 \\ 1 & 1 & 2 & 3 & 4 \\ 3 & 1 & 5 & 6 & 4 \end{pmatrix}.$$

Damit sind alle Elemente der Erreichbarkeitsmatrix **E** verschieden von null. Der Graph G ist folglich stark zusammenhängend.

Aufgabe 6.7

Knoten	v_1	v_2	v_3	v_4	v_5	v_6	v_7	v_8
Knotengrad	2	4	4	2	2	4	4	2

Die Kreise mit vier Knoten haben geometrisch die Gestalt von Dreiecken, Parallelogrammen oder Kreuzen.

Kreuze	**Dreiecke**	**Parallelogramme**
$v_1v_6v_5v_2v_1$	$v_1v_6v_3v_2v_1$	$v_1v_2v_7v_6v_1$
$v_2v_7v_6v_3v_2$	$v_2v_5v_6v_7v_2$	$v_2v_5v_6v_3v_2$
$v_3v_8v_7v_4v_3$	$v_3v_6v_7v_8v_3$	$v_2v_7v_8v_3v_2$
	$v_7v_2v_3v_4v_7$	$v_3v_6v_7v_4v_3$

Eulersche Linien sind:

$v_1v_2v_3v_6v_7v_8v_3v_4v_7v_2v_5v_6v_1$, $v_1v_2v_3v_6v_7v_4v_3v_8v_7v_2v_5v_6v_1$,

$v_1v_2v_3v_8v_7v_6v_3v_4v_7v_2v_5v_6v_1$, $v_1v_2v_3v_4v_7v_8v_3v_6v_5v_2v_7v_6v_1$ und

$v_1v_2v_3v_8v_7v_4v_3v_6v_7v_2v_5v_6v_1$.

Aufgabe 6.8

Ein Graph mit den Knotengraden 2, 2, 4, 4, 6, 6, 6, 6 zeigt das nachfolgende Bild 7.14.

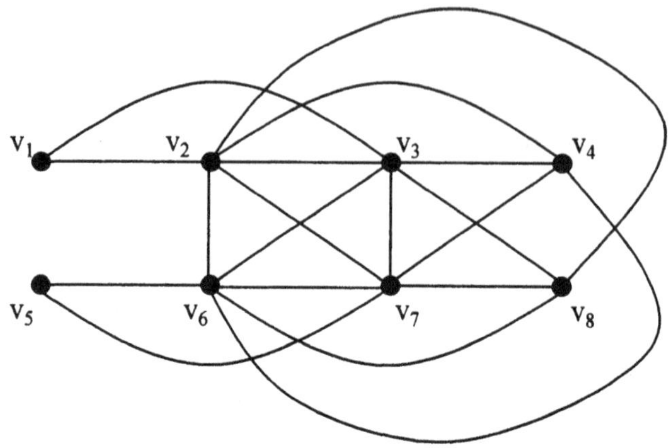

Bild 7.14 Graph zur Aufgabe 6.8

Mit Hilfe einer entsprechenden Kreiszerlegung und -verheftung

Schritt i	Kreise K_i	Heftknoten
1	$v_1\ v_3\ v_2\ v_1$	
2	$v_3\ v_4\ v_7\ v_8\ v_3$	v_3
3	$v_7\ v_5\ v_6\ v_7$	v_7
4	$v_6\ v_4\ v_2\ v_8\ v_6$	v_6
5	$v_2\ v_6\ v_3\ v_7\ v_2$	v_2

ergibt sich als Eulersche Linie

$$v_1v_3v_4v_7v_5v_6v_4v_2v_6v_3v_7v_2v_8v_6v_7v_8v_3v_2v_1.$$

Aufgabe 6.9

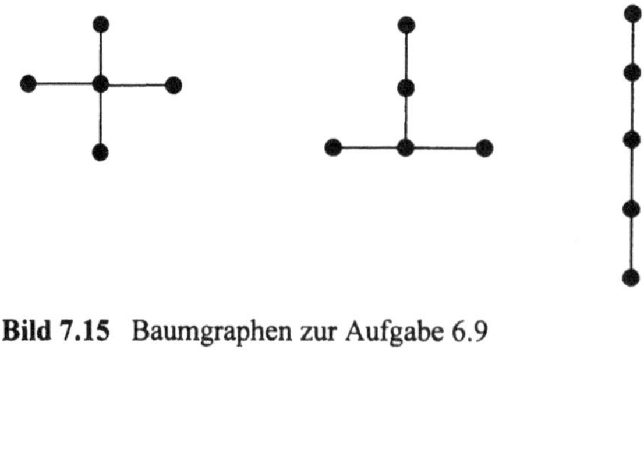

Bild 7.15 Baumgraphen zur Aufgabe 6.9

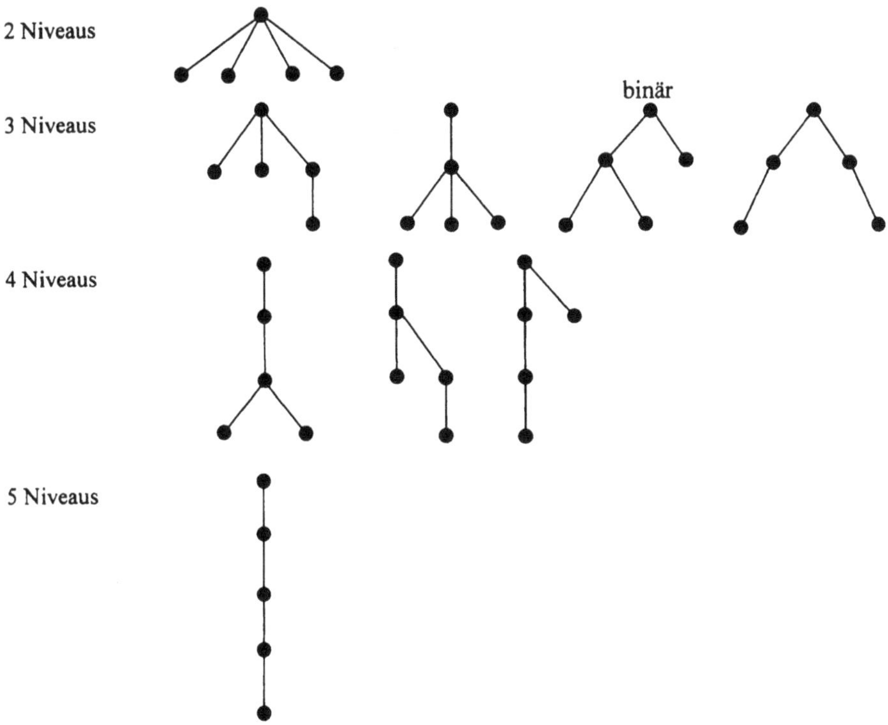

Bild 7.16 Wurzelbäume zur Aufgabe 6.9

Aufgabe 6.10

Ein minimaler gewichteter, spannender Baum ist

$$\{v_1v_2, v_1v_7, v_4v_7, v_1v_6, v_5v_6, v_3v_7\}$$

mit der Länge von 32 Einheiten. Ein maximaler gewichteter, spannender Baum ist

$$\{v_5v_7, v_4v_5, v_3v_4, v_2v_3, v_6v_7, v_1v_6\}$$

mit der Länge von 54 Einheiten.

Aufgabe 6.11

Der kürzeste Weg vom Knoten v_1 zum Knoten v_6 ist $v_1v_5v_6$ und beträgt 20 Längeneinheiten.

	v_1	v_2	v_3	v_4	v_5	v_6	v_7	aktuelle Knotenmenge
	0	∞	∞	∞	∞	∞	∞	v_1 v_2 v_3 v_4 v_5 v_6 v_7
M( )		**12**	∞	∞	14	∞	20	v_2 v_3 v_4 v_5 v_6 v_7
			24	22	**14**	∞	20	v_3 v_4 v_5 v_6 v_7
			24	22		**20**	20	v_3 v_4 v_6 v_7
								v_3 v_4 v_7

Aufgabe 6.12

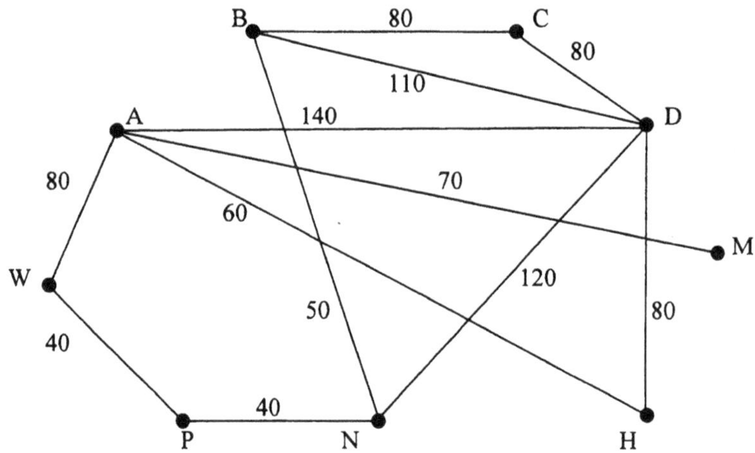

Bild 7.17 Flug-Graph zur Aufgabe 6.12

Ein preisgünstiger spannender Baum mit 500 Dollar als Gesamtpreis ist gegeben mit

(PW, NP, BN, AH, AM, CD, BC, AW).

Aufgabe 6.13

Eine kürzeste Rundreise führt über $F_1F_6F_2F_5F_3F_4F_1$ und besitzt eine Länge von 120 Kilometer.

Die Methode „Einfügen des dichtesten Knotens“ liefert nur eine suboptimale Lösung $F_1F_5F_2F_6F_3F_4F_1$ mit einer Länge von 150 Kilometer.

Aufgabe 6.14

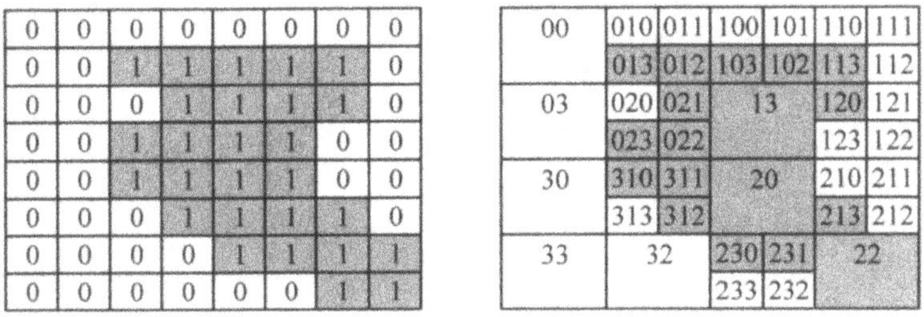

Bild 7.18 Codierte Rastergrafik und Verschlüsselung der Quadratzerlegung zur Aufgabe 6.14

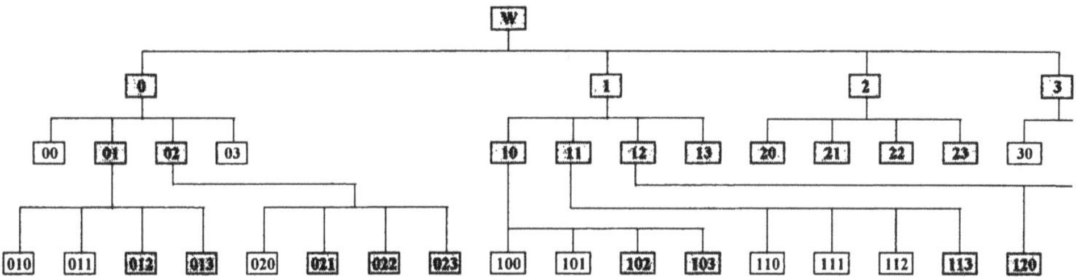

Bild 7.19 Ausschnitt aus dem Baum-Graph zur Aufgabe 6.14

Aufgabe 6.15

Der Graph ist zusammenhängend, schlicht, vollständig, ungerichtet und gewichtet.

Er besitzt eine Eulersche Linie $S_1S_5S_2S_7S_3S_6S_4S_2S_7S_4S_1$ und einen Hamiltonkreis mit $S_1S_4S_3S_7S_6S_5S_2S_1$.

Der Teilgraph der Verbindung zwischen den Städten S_1 bis S_5 ist zusammenhängend. Der kürzeste Weg von S_1 nach S_4 ist $S_1S_5S_4$.

Überprüfung der Aussagen zum Kap. 6

1) wahr 2) wahr 3) falsch 4) wahr

5) falsch 6) falsch 7) falsch

Symbolverzeichnis

N	Menge der natürlichen Zahlen
G	Menge der ganzen Zahlen
R	Menge der reellen Zahlen
$\in$	Elementbeziehung
$\subseteq$	Teilmengenbeziehung
$\cap$	Mengenschnitt
$\cup$	Mengenvereinigung
$\varnothing$	leere Menge
$\times$	Kreuzprodukt von Mengen
M'	Komplement einer Menge M
P(M)	Potenzmenge
$\|M\|$	Kardinalzahl von M
R^{-1}	inverse Relation
I	identische Relation
*	Komposition von Relationen
$\equiv$	Kongruenzrelation
R_i (n)	Restklasse zum Nucleus n und Rest i
a mod n	Restbildung von a bezüglich des Teilers n
$a \mid b$	restlose Teilbarkeit von a durch b
ggT (a, b)	größter gemeinsamer Teiler von a und b
$\neg$	Aussagennegation
$\wedge$	Aussagenkonjunktion
$\vee$	Aussagendisjunktion
$\Leftrightarrow$	Aussagenäquivalenz
$\Rightarrow$	Aussagenimplikation
©	Tautologie
O	Kontradiktion
$\forall$	All-Quantor
$\exists$	Existenz-Quantor
$\exists!$	Existenz- und Einzigkeits-Quantor
μ_F (x)	Zugehörigkeitsfunktion
F	Fuzzy-Menge
F_M	vollständige Fuzzy-Menge
$F_\varnothing$	leere Fuzzy-Menge
F_α	Niveau-Menge
F'	Komplement einer Fuzzy-Menge
F^2	Konzentration
$F^{0,5}$	Dehnung
R_F	Fuzzy-Relation
max (x, y)	Maximumfunktion

min (x, y)	Minimumfunktion
V	Knotenmenge eines Graphen
E	Kantenmenge eines Graphen
d (v)	Grad eines Knotens v
d (G)	Knotengrad eines Graphen
d (v_i, v_j)	Abstand zwischen zwei Knoten
d (F, v)	Abstand zwischen einer Kantenfolge F und einem Knoten v
M (v)	Markierung eines Knotens v
W (G)	Gewicht eines Graphen

Abbildungsverzeichnis

Tabellenverzeichnis

Literaturverzeichnis

Aigner, M.: Diskrete Mathematik, Vieweg-Verlag, 3. Auflage, 1999

Bartholome, A.; Rung, J.; Kern, H.: Zahlentheorie für Einsteiger, Vieweg-Verlag, 1996

Bauer, F. L.: Entzifferte Geheimnisse, Springer-Verlag, 1995

Beedgen, R.: Elemente der Informatik, Vieweg-Verlag, 1993

Beyrer, K. (Hrsg.): Streng geheim, Museumsstiftung Post und Telekommunikation, 1999

Böhme, G.: Fuzzy-Logik, Springer-Verlag, 1993

Bothe, H.-H.: Fuzzy-Logik, 2. Auflage, Springer-Verlag, 1995

Braun, H.; Feulner, J.; Malaka, R.: Praktikum Neuronale Netze, Springer-Verlag, 1996

Clark, J.; Holton, D. A.: Graphentheorie, Spectrum Akademischer Verlag Heidelberg, 1994

Forster, O.: Algorithmische Zahlentheorie, Vieweg-Verlag, 1996

Horster, P. (Hrsg.): Angewandte Mathematik, insbesondere Informatik, Vieweg-Verlag, 1999

Köhler, H.: Lineare Algebra, Hanser Verlag, 1987

Körth u. a.: Wirtschaftsmathematik Bd. 1, Verlag Die Wirtschaft München, 1992

Lehner, F.: Übungsbuch Wirtschaftsinformatik I, Oldenbourg-Verlag, 1992

Lipschutz, S.: Datenstrukturen, McGraw Hill, 1987

Lipschutz, S.: Set Theory and Related Topics, McGraw Hill 1998

Mendelson, E.: Boolsche Algebra und logische Schaltungen, McGraw Hill, 1982

Rosenstengel, B.; Winand, B.: Petri-Netze, Vieweg-Verlag, 1991

Schulz, R. H.: Codierungstheorie, Vieweg-Verlag, 1991

Seraphin, M.: Neuronale Netze und Fuzzy-Logik, Franzis Verlag, 1994

Siefkes, D.: Formalisieren und Beweisen, Vieweg-Verlag, 1992

Wenzel, H.; Heinrich, G.: Übungsaufgaben Analysis I, Teubner-Verlag Leipzig, 1990

Wessels, H.: Logik, Logos-Verlag Berlin, 1998

Whitehead, A. N.; Russel, B.: Principia Mathematica, Suhrkamp-Verlag, 1990

Wobst, R.: Abenteuer Kryptologie, Addison-Wesley, 1997

Zahdeh, L. A.: Fuzzy Set, Information and Control 8, 338 - 353

Zimmermann, W.: Operations Research, Oldenbourg-Verlag, 9. Auflage, 1999

Stichworte

www.ingramcontent.com/pod-product-compliance
Lightning Source LLC
LaVergne TN
LVHW010548300926
849162LV00002B/266

9783486257830